U0747605

Striding Towards the Era of Autonomous Network:
IP Autonomous Driving Network

迈向自智网络时代：
IP 自动驾驶网络

主　编 / 李振斌　曾昕宗

副主编 / 陈林坤　李向伟

人民邮电出版社

北　京

图书在版编目（CIP）数据

迈向自智网络时代：IP自动驾驶网络 / 李振斌，曾昕宗主编. -- 北京：人民邮电出版社，2025. --（自智网络丛书）. -- ISBN 978-7-115-66521-8

Ⅰ. U463.61

中国国家版本馆CIP数据核字第2025GS5050号

内 容 提 要

本书以IP自动驾驶网络概念为切入点，系统阐述自智网络背景下的IP承载网演进，网络运维过程中的网络管理，网络维护工程师、网络设备、网络管控系统与业务运营系统之间的交互过程，以及系统架构建议和关键技术方案，力求清晰地呈现IP自动驾驶网络的方案和技术全貌，帮助读者深入理解IP承载网面临的挑战和相关的技术演进方案。

本书面向IP承载网的运营管理人员、IP网络产品相关的设计开发人员、IP网络技术的研究人员，以及对数据通信技术感兴趣的广大读者，旨在帮助读者全面了解IP自动驾驶网络，助力IP承载网技术和产业的发展。

◆ 主　　编　李振斌　曾昕宗
　　副 主 编　陈林坤　李向伟
　　责任编辑　郭　家
　　责任印制　马振武

◆ 人民邮电出版社出版发行　　北京市丰台区成寿寺路11号
　　邮编　100164　电子邮件　315@ptpress.com.cn
　　网址　https://www.ptpress.com.cn
　　固安县铭成印刷有限公司印刷

◆ 开本：710×1000　1/16
　　印张：18.75　　　　　　　　2025年6月第1版
　　字数：356千字　　　　　　　2025年6月河北第1次印刷

定价：109.00元
读者服务热线：(010)81055410　印装质量热线：(010)81055316
反盗版热线：(010)81055315

编 委 会

主　　编：李振斌　曾昕宗

副 主 编：陈林坤　李向伟

执行主编：李长礼　许亚杰

委　　员：赵耀　杨杰　杨赞伟　吴钦　汪嘉城

　　　　　尹志东　吴波　李静雅

技术审校：黄河　王富国　张勇　温瑞勇

作者简介

李振斌：华为首席协议专家。负责华为 IP 领域的协议研究和标准推动工作。2000 年加入华为，在 10 多年的时间里，作为架构师和系统工程师等先后负责了华为 IP 操作系统 VRP 和 MPLS 子系统的架构、设计与开发工作，2015—2017 年担任 SDN 架构师，负责控制器的研究、架构设计与开发等工作。自 2009 年起，积极参与 IETF 标准创新工作，持续推动了 SDN 南向协议、SRv6、5G 承载、Telemetry 和 APN 等的协议创新和标准化，主导和参与编写的 IETF RFC/ 草案累计 100 余篇，申请专利 170 多项，主编《SRv6 网络编程：开启 IP 网络新时代》《IPv6 网络切片：使能千行百业新体验》《"IPv6+"网络技术创新：构筑数字经济发展基石》等多本技术专著。2019—2023 年间曾担任 IETF 互联网架构委员会（Internet Architecture Board，IAB）委员，承担互联网架构管理工作。

曾昕宗：华为运营商 IP 领域高级专家，自 2005 年起专注 IP 领域的工作。曾担任 MPLS 和 PCE 领域的设计师和技术负责人，先后担任 IP 领域网络控制器产品 Agile Controller-WAN 和 iMaster NCE-IP 的首席架构师。对运营商 IP 领域的应用场景和解决方案有全面、深入的理解，特别是在 MPLS、SRv6 等技术体系下的协议演进与实现，以及网络运维系统的架构设计等方面，具有丰富的实践经验。

陈林坤：华为 iMaster NCE-IP 产品解决方案首席专家，负责华为运营商 IP 网络运维解决方案的设计工作。从 2007 年开始，一直从事网络运维系统领域的工作，先后参与了 DMS、iManager U2000-IP、iMaster NCE-IP 产品的核心功能开发与设计。对于运营商 IP 领域的组网场景与企业广域网络场景及运维解决方案有深入的理解与丰富的设计经验。

李向伟：华为数据通信运维领域产品软件总工程师，负责产品的软件架构设计和规划。从 2006 年开始一直在数据通信网络管理软件领域工作，先后主导华为 iManager U2000-IP 和 iMaster NCE-IP 产品的软件架构设计与开发。在运营商 IP 网络运维系统的架构设计及软件实现技术方面，具有深刻的见解和丰富的实践经验。

推 荐 语

本书不仅为我们呈现了一幅 IP 自动驾驶网络的完整画卷，更深入地剖析了 IP 承载网所面临的挑战和相关的技术演进方案。通过阅读本书，读者可以全面了解 IP 自动驾驶网络的理念、技术和实践，掌握未来网络发展的脉络，为推动 Net5.5G 技术进步和产业发展贡献自己的力量。希望本书能够成为广大读者了解 IP 自动驾驶网络技术的宝贵资料，为通信行业的未来发展注入新的活力。

——中国通信标准化协会理事长　闻　库

华为组织撰写的《迈向自智网络时代：IP 自动驾驶网络》一书，从系统架构、标准发展、应用场景和关键技术等多个维度深入阐述与分享了华为在该领域多年的研究成果。作为一位长期关注 IP 自动驾驶网络与网络智能化发展的研究者，我深感本书的出版恰逢其时，它为我们提供了丰富的理论知识和实践案例，对与自智网络相关的产学研用有重要的参考和借鉴价值。我相信，本书的出版将有助于激发研究人员、工程师和企业家的创新灵感，推动 IP 自动驾驶网络与各行各业的深度融合和广泛应用。同时，我也希望广大读者能够从中汲取智慧和经验，践行科技创新理念，共同为构建更加智慧、高效、安全的下一代互联网贡献自己的力量，助力新质生产力的发展。

——中国联通研究院副院长　唐雄燕

《迈向自智网络时代：IP 自动驾驶网络》不仅是一本技术指南，更展现了对未来网络形态的思考与探索。我由衷地向广大读者推荐本书，无论您是工程师、研究人员，还是企业管理者，本书都将在您探索自智网络的道路上，带给您启发和灵感。希望本书能激发更多人对 IP 自动驾驶网络的关注和兴趣，共同推动数据通信产业乃至整个通信行业的持续创新与发展。

——华为 NCE 数据通信领域总裁　王　辉

序1

通信技术作为人类进步的阶梯，自古以来便肩负着文明交流的使命。从古代的烽火狼烟、飞鸽传书，到现代的无线电波、光纤传输，通信技术的每一次革新都极大地推动了人类社会的发展。如今，我们正处于一个数字化、网络化、智能化交织的时代，IP 网络以其独特的灵活性、可扩展性和易接入性等，成为推动这一变革的核心力量。

随着 5G 的成熟和 Net5.5G 概念的提出，IP 承载网作为信息社会的基础设施，其演进方向备受关注。Net5.5G 所定义的六大关键特征——跨域网络智能化、绿色超宽、高韧性低时延、IPv6 增强、广域异构物联和泛在网络安全，不仅为我们描绘了一幅未来网络的宏伟蓝图，也对 IP 承载网的技术创新和服务能力提出了更高的要求。

然而，技术的演进并非一帆风顺。移动互联网业务的快速发展，带来了市场格局的深刻变革。运营商面临着收入增速放缓、投资回报下滑的挑战，原有的利润空间被新兴的 OTT厂商不断侵蚀。如何使 IP 承载网更好地创造价值，为运营商和服务提供商带来双赢，成为一个亟待解决的问题。

正是在这样的时代背景下，本书应运而生。本书由华为资深工程师团队编写，他们凭借在路由器设备、网络管控系统等领域 20 多年的丰富经验和深厚积淀，将自动驾驶网络的概念引入 IP 承载网领域，系统地探讨了网络规划与建设、网络维护、业务运营等各个环节中人与系统之间的交互，以及系统的架构建议和关键技术方案等。

本书不仅为我们呈现了一幅 IP 自动驾驶网络的完整画卷，更深入地剖析了 IP 承载网所面临的挑战和相关的技术演进方案。通过阅读本书，读者可以全面了解 IP 自动驾驶网络的理念、技术和实践，掌握未来网络发展的脉络，为推动 Net5.5G 技术进步和产业发展贡献自己的力量。

希望本书能够成为广大读者了解 IP 自动驾驶网络技术的宝贵资料，为通信行业的未来发展注入新的活力。

中国通信标准化协会理事长

序 2

数字经济时代，以人工智能生成内容为代表的人工智能技术正在推动下一代互联网的创新发展。自智网络作为下一代互联网的重要特征之一，其核心依托 IPv6 技术的演进，并深度融合人工智能等新一代信息技术，引领和推动数字信息基础设施的新一轮变革。自智网络通过引入人工智能、大数据等先进数字技术，实现网络的智能化运维和管理，使网络具备自我感知、自我优化、自我决策和自我演进的自智能力。

中国联通作为网络智能化创新的先行者，近期目标是到 2025 年实现 L4 自智网络。自智网络也称为自动驾驶网络，其发展可以类比智能汽车的发展，分为不同的等级。L1 的手工网络需要工具辅助，L2 的半自动网络基于固定规则实现自动化，L3 可以实现基于预测的自动化，L4 通过系统自决策实现意图驱动的智能化，L5 的自智网络则可实现完全无人化。目前我们正处于从 L3 到 L4 的发展阶段，网络实现了部分的自动化，并朝着高度智能化快速演进。当前自智网络发展还面临多方面的挑战：一是自智网络需要依赖先进的算力、算法和模型等来实现自我感知和自我决策；二是不同行业和不同场景对自智网络的需求不同，保证多场景的适应性是难题；三是产业链相关各方的协同面临挑战，自智网络标准体系和产业生态有待完善。对此，产业链相关各方需要加强合作与沟通，共同努力，推动网络智能化技术不断创新和进步，加快实现高等级自智网络。

华为组织撰写的《迈向自智网络时代：IP 自动驾驶网络》一书，从系统架构、标准发展、应用场景和关键技术等多个维度深入阐述与分享了华为在该领域多年的研究成果。作为一位长期关注 IP 自动驾驶网络与网络智能化发展的研究者，我深感本书的出版恰逢其时，它为我们提供了丰富的理论知识和实践案例，对与自智网络相关的产学研用有重要的参考和借鉴价值。我相信，本书的出版将有助于激发研究人员、工程师和企业家的创新灵感，推动 IP 自动驾驶网络与各行各业的深度融合和广泛应用。同时，我也希望广大读者能够从中汲取智慧和经验，践行科技创新理念，共同为构建更加智慧、高效、安全的下一代互联网贡献自己的力量，助力新质生产力的发展。

唐雄燕

中国联通研究院副院长

序 3

在全球数字化潮流的推动下，通信网络作为信息社会的基石，正以令人瞩目的速度不断进化。从最初的语音通话到如今的万物互联，每一次飞跃都凝聚着技术的创新与突破。作为支持这一切变革的关键基础设施，IP 承载网正迈入一个全新的阶段——自智网络时代。本书正是对这一时代的深刻洞察与对未来蓝图的详细描绘。

在过去的几十年里，IP 承载网承载了世界上绝大部分的信息流动，从互联网到企业专网，再到家庭宽带，它支撑着日益复杂的应用场景，成为连接世界的中枢。本书以 IP 承载网为核心，深入剖析自动驾驶网络在 IP 领域的实施框架、技术架构、应用场景，以及未来发展趋势等。作者团队凭借多年的经验积累和对行业趋势的深刻理解，以严谨的逻辑和创新的视角，构建了一个完整而清晰的 IP 自动驾驶网络知识体系。

作为华为数据通信 NCE 网络产品线的负责人，我深刻感受到自智网络对行业未来发展的重要性。自动驾驶网络不仅是 IP 承载网智能化的核心路径，更是提升网络效率、提升服务体验、提高网络安全性和可靠性的关键手段。通过自动化和智能化技术，IP 承载网将能够应对海量设备连接、高速数据流动和多样化服务的需求，全面提升网络的韧性和适应能力。

华为始终致力于实现"把数字世界带入每个人、每个家庭、每个组织，构建万物互联的智能世界"的愿景。IP 承载网作为这一愿景的重要组成部分，必须变得更加智能化和自动化，以应对未来海量连接、高可靠性、高质量、安全可信、绿色节能等多方面的挑战。我们希望通过自动驾驶网络的创新，推动网络不断演进，满足万物互联时代的多样化需求。

《迈向自智网络时代：IP 自动驾驶网络》不仅是一本技术指南，更展现了对未来网络形态的思考与探索。我由衷地向广大读者推荐本书，无论您是工程师、研究人员，还是企业管理者，本书都将在您探索自智网络的道路上，带给您启发和灵感。希望本书能激发更多人对 IP 自动驾驶网络的关注和兴趣，共同推动数据通信产业乃至整个通信行业的持续创新与发展。

让我们携手并进，迈向自智网络时代！

王辉

华为 NCE 数据通信领域总裁

前　言

"通信"作为人类的基本需求，一直伴随着人类社会的发展而有序演进。在数字化、网络化、智能化的当下，通信所承担的职责也从"丰富人们的沟通和生活"，向着"构建万物互联的智能世界"转变。以 IP 为特征的数据通信，也凭借其灵活、易扩展、易接入等特征，成为整个通信技术体系里重要的组成部分。

时代在快速变化，机遇与挑战并存。IP 承载网作为每个国家的核心基础设施，承载着更快地推动技术进步和更好地服务于国计民生的双重职责。随着 5G 的成熟以及 Net5.5G 概念的提出，IP 承载网的演进正在加速。Net5.5G 定义了数据通信网络的六大关键特征：跨域网络智能化、绿色超宽、高韧性低时延、IPv6（Internet Protocol version 6，第 6 版互联网协议）增强、广域异构物联及泛在网络安全。在这一技术背景下，探讨 IP 承载网的演进方向，以支撑未来网络的发展，显得尤为重要。与此同时，移动互联网业务的快速发展也带来了新的挑战。运营商面临收入增速放缓以及股东投资回报长期跑输市场平均水平的问题，原有运营商的利润不断被 OTT（Over The Top，指互联网公司越过运营商，发展基于开放互联网的各种视频及数据服务业务）厂商侵蚀。在这样的市场环境下，如何使 IP 承载网更好地创造价值，为运营商和服务提供商带来双赢，成为产业界关注的问题。

网络的机遇与挑战提供了需求，快速发展的数字化和智能化技术提供了方法，自动驾驶网络的概念应运而生，其目标是创建一个高度智能化、自动化和高效的网络环境，使网络能够像人脑一样，具有自我学习和自我调整的能力，从而在不断变化的环境中持续提供卓越的服务。本书以 IP 自动驾驶网络的概念和技术为基础，详细介绍自动驾驶网络在 IP 承载网领域的应用。本书内容涵盖网络规划、建设、维护、优化和运营的全生命周期，探讨如何演进和建设下一代 IP 网络，并分析在此过程中面临的挑战及解决方案。

- 第 1 章：IP 自动驾驶网络综述。本章介绍为什么把自动驾驶网络的概念引入 IP 网络，以及定义什么是 IP 自动驾驶网络，并从目标、代际特征、架构原则和流程方法等方面阐述 IP 自动驾驶网络的实施框架，最后介绍产业和标准体系里 IP 自动驾驶网络的相关进展，帮助读者建立针对 IP 自动驾驶网络的全面知识体系。

- 第 2 章：IP 自动驾驶网络的典型应用场景。本章围绕 IP 承载网的特征，以及 IP 承载网在网络规划、建设、维护和优化等环节的关键特性，介绍引入自动驾驶网络技术后的典型应用场景。通过这些具体的场景，希望能让读者对 IP 自动驾驶网络有一个具体的了解。

- 第 3 章：IP 自动驾驶网络的系统架构。本章重点描述 IP 自动驾驶网络如何实现，首先基于应用场景识别挑战和问题；接着引出自动驾驶网络的系统架构，包括整个自动驾驶解决方案的构成，对具体组成部分的能力要求，以及给出在 IP 自动驾驶网络演进过程中，某些能力不具备的情况下的实施策略。

- 第 4 章：IP 自动驾驶网络的关键技术。本章介绍 IP 自动驾驶网络关键技术的要点以及演进路径。

- 第 5 章：IP 自动驾驶网络的应用与实践。本章结合典型的实践案例，介绍目前 IP 自动驾驶网络的现网实践及实际成果，希望能以这些实践为基础，激发更多的创新应用和方案。

- 第 6 章：IP 自动驾驶网络的未来展望。本章畅想自动驾驶网络的未来图景，希望 IP 承载网可以更好地服务人们的工作和生活。

目　录

第 1 章

IP 自动驾驶网络综述

2018 年 9 月，自动驾驶网络的理念在日内瓦举办的 UBBF（Ultra-Broadband Forum，全球超宽带高峰论坛）上被首次提出。这一理念与汽车领域的自动驾驶概念虽应用场景迥异，但核心目标殊途同归，二者均利用现代技术实现更高的自动化水平，以提高效率、安全性和性能，减少人为错误为共同目标。自动驾驶网络的方案和技术自此开始快速发展。2019 年，TM Forum（TeleManagement Forum，电信管理论坛）发布了首个自智网络产业白皮书，自动驾驶网络的理念也在业界专家的推动下，以 AN（Autonomous Networks，自智网络）的名称被正式提出，自智网络的产业和技术发展进入了快车道，从产业共识，到标准体系，再到产业实践，自智网络的分级定义快速迭代演进。

华为作为最早加入此领域的解决方案供应商，从 2019 年 10 月开始，就开始把自动驾驶网络的概念引入网络建设和维护中。本书后文也将以自动驾驶网络为描述主体，代表应用了自智网络技术和解决方案的网络系统。通用的 IP（Internet Protocol，互联网协议）网络是指使用 IP 进行数据传输的网络，但是 IP 的概念太过宽泛，从终端设备到骨干网的传输设备，从数据中心网到企业园区网，从互联网访问到语音通话，只要是使用 IP（协议）的，都可以是 IP 网络的一部分。IP 承载网作为整个 IP 网络体系里的核心部分，通常由运营商或大企业运营，负责传输实时通信数据、互联网流量、企业应用等多种数据。本书以 IP 承载网为基础，展开介绍自动驾驶网络的技术方案，后文提到的 IP 网络，如无特别说明，也指 IP 承载网。

本章根据 IP 承载网的演进过程，首先介绍 IP 自动驾驶网络的产生以及自动驾驶网络带来的价值；接着从自动驾驶网络的演进、架构，以及如何实施和推进等几个问题出发，详细介绍实施自动驾驶网络的框架全景；最后全面呈现产业界当前针对 IP 自动驾驶网络的相关标准及其发展情况。

1.1　向自智网络进化的 IP 承载网

IP 承载网、无线 / 有线接入网和光传送网是网络架构中具有不同功能、扮演不同角色的 3 个关键组成部分，它们在技术特征、应用场景和设计目标上有明显的区别，但又相互协作，共同构建了现代通信网络的基础。无线接入网以 Wi-Fi（Wireless Fidelity，无线保真）、4G/5G 等无线通信和连接技术为基础，主要用于移动通信和无线互联网接入；有线接入网通过传统的拨号接入、以太网接入、宽带接入等方式连接用户和互联网；光传送网以光纤通信技术为基础，提供极高带宽、远距离传输的数据传输服务；IP 承载网作为承载 IP 的网络层，负责在网络之间传输数据，以 IGP（Interior Gateway Protocol，内部网关协议）/BGP（Border Gateway Protocol，边界网关协议）/MPLS（Multi-Protocol Label Switching，多协议标记交换）等网络互联协议为基础，使用路由器、交换机和其他网络设备来管理数据传输。相对于无线接入网和光传送网，IP 承载网具有高度的灵活性和可扩展性，能够适应不断变化的业务需求，但也带来网络拥塞、时延和安全威胁等挑战。

IP 承载网的发展经历了从简单的连通性网络到高度复杂的智能化网络系统的过程。随着技术的不断演进和网络需求的多样化，IP 网络基础设施和运营方式也在持续进化。

1. 早期阶段：基础连通性网络（20 世纪 60 年代末—20 世纪 90 年代）

在 IP 承载网的发展历程中，早期阶段的核心在于保证基础的连通性网络，这一时期的关键进展奠定了互联网的基础。可以从以下 3 个维度来看待这一阶段的演进。

（1）ARPANET 和 TCP/IP：互联网的起源

互联网的起源可以追溯到 20 世纪 60 年代末，最初的网络项目 ARPANET（Advanced Research Projects Agency Network，高级研究规划局网络）是由 DARPA（Defense Advanced Research Projects Agency，美国国防高级研究计划局）资助的，旨在研究分布式网络技术。ARPANET 的目标是通过分散的网络结构，实现可靠的通信。它于 1969 年首次在美国西海岸的 4 个节点之间建立了网络连接，使用了分组交换技术，以确保即使某些节点失效，网络仍然可以继续运作。

20 世纪 70 年代，TCP（Transmission Control Protocol，传输控制协议）/IP 逐渐发展起来，成为 ARPANET 的核心通信协议。TCP/IP 的关键理念是将数据分成小包，进行独立传输，然后在目标节点重新组装。这种灵活的方式使得网络的可靠性和容错能力得以提升。TCP/IP 为后来的互联网协议奠定了基础，成为全球网络通信的通用标准。

到 1980 年，世界上既有使用 TCP/IP 的美国军方的 ARPANET，也有很多使用其他通信协议的各种网络。为了将这些网络连接起来，NSFNET（National Science Foundation Network，美国国家科学基金会网络）逐步建立和运营起来，通过在每个网络内部使用网络自己的通信协议，在和其他网络通信时使用 TCP/IP 的方式，NSFNET 把多个网络互联起来，这确立了 TCP/IP 在网络互联方面的地位。到了 20 世纪 90 年代，随着浏览器技术的出现，WWW（World Wide Web，万维网）时代也拉开了帷幕。

（2）网络设备和基础设施：报文转发

在 IP 承载网中，负责处理 IP 报文转发的网络设备是整个网络的核心。早期的局域网仅使用网卡、集线器、交换机和网桥等设备，这些设备主要在物理层和数据链路层进行报文转发。1986 年，思科公司推出了一款名为 AGS（Access Gateway Server，接入网关服务器）的多协议路由器，首次实现了不同协议的计算机网络之间的数据传输。这一创新使原来不兼容的计算机网络能够通过路由器相互连接。

早期的路由器连接能力有限，能处理的业务量较小，因此对数据处理能力的要求并不高。随着技术的发展，路由器在网络基础设施中的地位逐渐上升，为更复杂的网络提供更高的性能和灵活性。

（3）路由协议的演进：控制网络通信

随着 ARPANET 和互联网的扩展，网络间的路由和数据传输变得越来越复杂。为了确保数据能够正确地从一个节点到达另一个节点，路由协议的演进至关重要。早期的路由协议主要是 IGP，用于管理内部网络的路由。

其中，RIP（Routing Information Protocol，路由信息协议）是早期使用的主要协议之一。RIP 通过每隔一定时间向网络中的其他路由器广播路由表，确保网络的路由信息更新。随着网络规模的扩大，现在被广泛使用的 IS-IS（Intermediate System to Intermediate System，中间系统到中间系统）路由协议和 OSPF（Open Shortest Path First，开放最短通路优先协议），也在 20 世纪 80 年代末诞生，更好地实现在复杂网络环境下的路由快速收敛以及避免路由环路。这些路由协议的演进，为网络的稳定和连通性提供了关键支持。

（4）网络结构的演进：从局域网到广域网

早期阶段的网络结构主要集中在局域网。局域网是指在较小范围内部（例如校园或企业内部）建立的网络。最初的局域网使用不同的连接方式，如同轴电缆直连和环形拓扑。

20 世纪 70 年代末，以太网的出现改变了局域网的构造方式。它基于共享介质的网络架构，允许多个设备通过广播方式通信。以太网的主要特点是提供了一种简单、可靠且可扩展的连接方式。随着技术的发展，以太网技术逐渐取代了其他局域网技术，成为组网的主流技术。

在局域网基础上，城域网和骨干网的概念逐渐形成。城域网是指在城市范围内连接多个局域网的网络，而骨干网则是负责在更大范围内传输数据的网络。这些网络结构的演进，从局域网到城域网，再到骨干网，为互联网的扩展和全球连接提供了坚实的基础。

2. 快速发展阶段：高速综合承载网成熟（20 世纪 90 年代—21 世纪 10 年代）

从 20 世纪 90 年代到 21 世纪 10 年代，IP 承载网进入了快速发展的阶段，逐步成长为现代社会通信的核心基础设施之一。

（1）万物互联业务的发展

在 20 世纪 90 年代，互联网开始从学术和研究环境走向大众市场。ISP（Internet Service Provider，互联网服务提供商）的出现，使得家庭和企业用户能够方便地接入互联网。这一时期，电子邮件、万维网和文件传输等业务迅速发展，互联网的用户数量呈指数级增长。人们开始通过互联网进行电子商务、社交互动和在线娱乐等，这使得网络流量大幅增加，推动了 IP 承载网的发展。

万物互联的概念在这一时期开始迅速发展，随着互联网技术的普及，更多的设备和系统连接到网络。企业和工业领域开始引入网络化的设备，形成了早期的 IoT（Internet of Things，物联网）。这些变化带来了新的网络需求，需要网络支持大量设备同时连接，并且确保数据传输的可靠性。

（2）网络设备和基础设施的发展

随着互联网技术的不断发展，网络设备的需求也愈加复杂。报文处理不再只是简单的转发，还需要支持 QoS（Quality of Service，服务质量）、路由查找，以及二层帧头的剥离和添加等复杂操作。受限于处理器性能不足，早期路由器的查表转发能力无法满足日益增长的网络业务需求，因此 ATM（Asynchronous Transfer Mode，异步传输方式）交换机曾一度成为互联网中的核心设备，取代了传统路由器在 IP 承载网中的地位。

到 20 世纪 90 年代末，互联网流量逐年成倍增长，路由器的性能得到显著提升，重新夺回了被 ATM 抢占的市场。千兆位 / 秒级别的路由交换机开始普及，逐渐形成了从接入层到汇聚层再到骨干层的多级路由设备体系。这一体系在当今网络中仍然被广泛采用。

在转发技术方面，ASIC（Application Specific Integrated Circuit，专用集成电路）技术成为制造硬件转发芯片的核心技术。ASIC 芯片内含多个硬件表格和查找引擎，能够迅速检索路由表等关键信息，大幅提高数据转发速度。继 ASIC 之后，NP（Network Processor，网络处理机）实现了更高的灵活性。网络处理机具备可编程能力，由多个微处理器和硬件协处理器组成，支持并行处理。这一架构允许路由器通过软件控制处理流程，能够灵活应对流量调度、QoS、拥塞控制，以及路由表查找等复杂操作，显著提升了路由器的性能。

路由设备的架构也经历了从转发与控制功能由单一板卡完成的集中式架构，到转发与控制功能分别由独立的转发板和主控板完成的分布式架构，再到由多个节点协同完成转发与控制功能的多框集群架构等多种形式。这些架构变化使得路由设备能够支持多种业务和百吉比特级别的数据路由与交换能力，为现代互联网的高速发展提供了坚实基础。

（3）路由协议的发展

从 20 世纪 90 年代开始，路由协议的发展伴随着互联网的不断扩展和网络需求的变化，为现代互联网提供了坚实的基础，确保网络的可扩展性、可靠性和灵活性。

万物互联的重要协议——BGP 不断丰富和成熟，成为自治域间建立通信连接的核心协议，把全世界的独立子网连接了起来。随着以 IS-IS 和 OSPF 为代表的动态 IGP 的成熟和完善，解决了自治域内复杂网络拓扑下网络扩展性和收敛速度方面的问题。MPLS 技术的发展增强了网络可扩展性，并提升了流量工程能力。MPLS 允许数据包携带标签，路由器可以根据标签进行快速的路由选择。这种机制提高了网络的传输效率，减少了传统路由协议的开销。此外，以 IGMP（Internet Group Management Protocol，互联网组管理协议）和 PIM（Protocol Independent Multicast，协议无关多播）为代表的组播协议也在这个阶段被广泛应用。组播是一种同时向多个目标发送数据的方式，特别适用于需要广播或分发数据的应用，如网络电视、在线教育等。

IPv6 作为下一代互联网协议，也在 1994 年开始被提出和发展起来，IPv6 不仅解决了 IPv4（Internet Protocol version 4，第 4 版互联网协议）地址耗尽的问题，还简化了地址配置，提高了路由效率和可扩展性，同时可以更有效地处理移动性和安全机制。IPv6 的出现，为互联网的进一步扩展奠定了基础。

（4）网络可靠性和质量的发展

随着互联网的广泛应用，用户对网络服务质量的要求不断提高。以 IntServ（Integrated Service，综合服务）体系和 DiffServ（Differentiated Service，区分服务）体系为代表的一系列 QoS 技术快速发展，从数据面的 IP 流的分类、计量和标记，缓存管理，队列调度，拥塞控制等，到控制面的 MPLS TE（MPLS Traffic Engineering，基于 MPLS 的流量工程），再到管理面的 SLA（Service Level Agreement，服务等级协定）建模、SLA 接纳控制、SLA 业务配置和 SLA 一致性监测与控制，QoS 允许网络根据不同业务的优先级分配带宽，确保关键业务在高流量情况下能够正常运行。

与此同时，为了提高网络的可靠性，网络运营商开始引入冗余和备份机制。双路由器、多链路和备份线路等技术，使得网络即使在某些部分出现故障的情况下，仍能保持连通。网络管理和监控工具也得到发展，帮助网络管理员及时发现和解决潜在的问题。

（5）组网结构的发展

网络结构的演进也是一个重要的方面。随着互联网的扩展，城域网和骨干网的规模不断扩大，形成了更加复杂的网络拓扑。IP 承载网基于网络层次划分，发展出包括接入层、汇聚层、核心层在内的城域网；基于承载业务划分，发展出固定业务承载网、移动业务承载网、数据业务承载网、综合业务承载网等复杂的网络形式。在这个阶段，网络结构的复杂性增加，IP 承载网和接入网、光传送网深度互联，各司其职，组成了真正意义上的万物互联网络。

3. 现代阶段：自动化和智能化（21 世纪 10 年代至编写本书时）

在当今全行业数字化转型的推动下，IP 承载网正面临不断增长的通信和网络连接需求。SDN（Software Defined Network，软件定义网络）和 NFV（Network Functions Virtualization，网络功能虚拟化）、云计算与数据中心、网络可信、大数据与 AI、可持续性和绿色发展等方面的要求推动了 IP 承载网的持续发展。

（1）SDN 与 NFV

为了显著提高网络的可扩展性和灵活性，SDN 和 NFV 应运而生。SDN 使得网络能像通用软件一样，易于被修改，易于增加新业务，使网络更加敏捷。SDN 架构的核心是在网络中引入一个 SDN 控制器，实现转控分离和集中控制，通过这个集中的控制器，把用户的需求转换为转发器的配置和转发指令，从而让网络可以快速响应用户多样化的需求，减少了对传统转发设备的依赖。NFV 利用虚拟化技术在标准化的通用 IT（Information Technology，信息技术）设备（如 x86 服务器、存储和交换设备等）上实现各种网络功能。NFV 的目标是取代通信网络中私有、专用和封闭的网元，实现统一、通用"硬件平台 + 业务逻辑软件"的开放架构。NFV 与 SDN 结合形成控制器加转发器的完整解决方案，为网络运营商提供了更高的灵活性，降低了网络建设和运营的成本。

随着网络规划、建设、维护、优化、运营等端到端流程的加入和丰富，原有网络运营体系中的网络管理、OSS（Operational Support System，运行支撑系统）、网络控制器等多个独立部件逐步融合，SDN 和 NFV 的架构和技术被吸收和借鉴，演进到自智网络的架构体系。

（2）云计算与数据中心

云计算和数据中心的迅速发展，推动了 IP 承载网的演进。数据中心的规模不断扩大，需要更高的带宽和更可靠的网络连接。云计算通过将计算和存储资源集中化，实现了数据的集中管理和快速访问，网络需要具备更高的传输速度和可靠性，以确保云服务的质量。云计算的灵活性和弹性，需要网络具备更快速和敏捷的资源调配能力，支持更复杂的业务应用。

（3）网络可信

随着硬件性能的提升、软件功能的丰富，以及网络结构的复杂化，确保软硬件系统安全、可靠地持续运行成为一个重要挑战。另外，随着 ICT（Information and Communication Technology，信息通信技术）产业对社会经济的支撑能力越来越强，IP 承载网作为核心基础设施，也承载了越来越多的高价值业务与数据，如何保证 IP 承载网安全和可信地运营成为一个关键问题。在这个背景下，网络的可信性成为一个重要要求。

网络可信是指网络在满足业务需求之外，同时具备 Resilience（韧性）、Security（安全性）、Privacy（隐私性）、Safety（安全性）、Reliability（可靠性）、Availability（可用性）这6 个特征的确定性程度。韧性是指网络在受到攻击时能够承受并保持在有定义的运行状态（包括降级），且能够恢复并适应攻击以保证任务达成的能力。安全性指系统对恶意威胁的防护能力，确保网络中的信息保持机密性、完整性和可用性。隐私性指系统具备保护用户（含组织和个人）信息的能力，使得用户能够行使其个人信息的收集、使用、保有、披露和处置的权利和义务。安全性指系统失效不会导致不可接受的风险，不会危害自然人的生命或健康。可靠性指在给定的条件和时间范围内能无失效地执行要求的能力。可用性指系统能够按要求执行状态的能力。

网络可信通过一整套系统工程方法，从场景、特征与目标、执行流程、价值观等几个维度，让 IP 承载网提供值得信任的服务。

（4）大数据与 AI

AI 技术的发展使网络走向智能化成为可能。这一趋势不仅带来了更高效的网络管理和自动化，而且推动了网络性能、灵活性和安全性的全面提升。AI 技术与网络的融合，促使网络系统具备自主决策和自我优化的能力，为未来网络的智能化奠定了基础。

通过机器学习和数据分析，网络能够实时监控自身状态，自动检测异常行为并采取相应措施，具备了自我修复和自我优化的特性，不仅减少了人工干预，还提高了稳定性；网络可以预测流量模式，动态调整资源，确保在高峰时期也能高效运行，提高了效率，减少了能源消耗；网络可以识别潜在的安全威胁，并自动采取措施，防止网络攻击，提升了安全性；网络运营商可以通过数据分析，为用户提供个性化服务，开发新的商业模式。

（5）可持续性和绿色发展

随着全球环保意识的增强，可持续性和绿色发展成为 IP 承载网的重要目标。网络运营商开始关注能源消耗和碳排放，寻找更加环保的网络解决方案。通过引入智能化的能源管理和优化策略，IP承载网可以降低能源消耗，支持绿色环保的发展理念。网络可以通过虚拟化技术和智能化调度，减少对物理硬件的需求，降低能源消耗。同时，绿色发展的理念也推动了网络设备的创新，推进研发更加节能的网络设备。

纵观IP承载网的发展，从一开始的基础连接功能，到如今的复杂服务能力，已经经历了显著的变化。最初，IP承载网的重点在于基本的连通性网络和数据传输，通过路由协议确保不同网络之间的通信。随着互联网的迅速普及，网络的规模逐渐扩大，网络的复杂性逐渐增加，IP承载网也开始引入更多的可靠性和可扩展性特征，例如MPLS技术和SRv6技术，以应对流量激增和网络拓扑的复杂性。

随着对网络质量和性能的要求不断提高，IP承载网发展出了支持服务质量和流量工程的能力，确保在高负载情况下维持稳定的网络性能。同时，为了应对日益严峻的网络安全威胁，网络提供了更高级的安全机制，包括防火墙、入侵检测和预防系统。

现如今，5G的应用逐步成熟，生成式AI技术不断推动着行业创新。IP承载网需要满足更加多样化和动态化的需求，尤其是在5G承载、云计算和物联网等领域，其关键能力将体现在更高的自动化和智能化水平等方面，以实现网络自我优化、自我修复和自我调整。

未来的IP承载网将成为一个高度自动化和智能化的自治系统，能够满足各种业务需求，并确保网络始终安全、可靠、绿色地运行。不妨设想一下未来网络的工作场景。

场景一，在城市的工业园区，一座新的智能制造工厂即将开建。当运营商将规划意图输入网络运营管理系统时，系统会自动生成最优的网络扩容方案，包括预算和实施计划。运营官审核计划后，系统自动生成详细的施工方案、网络布线和设备连接图等。随后，系统将任务分解给现场实施工程师。工程师在现场完成安装和上电，网络运营管理系统则自动完成设备配置、上线测试和验收等，确保网络扩容顺利完成并投入运营。通过紧密的人网协同，高效完成网络规划和建设。

场景二，在西藏的探险小队突遇事故，需要紧急开展骨折重建手术。网络运营管理系统立即开通了一条从当地诊所到上海某中心医院的手术专线，提供毫秒级的时延和99.999%的可靠性连接服务。通过这个网络连接，在上海的专家可以操控机器人远程完成手术，帮助探险小队转危为安。这种低时延、高可靠的网络服务，保障了关键时刻人的生命安全。深度的自动化，让网络服务与需求无缝衔接。

场景三，在网络运行中心，网络管控系统突然检测到从北京到上海的企业专线出现了转发丢包的情况。系统立即触发业务路由器进行精确故障诊断，发现上海某接入点存在恶意

DoS（Denial of Service，拒绝服务）攻击。系统迅速计算并下发流量阻断策略，成功隔离了恶意流量，恢复了企业专线的正常运营。同时，系统还生成了故障分析和处置报告，供网络管理员审核。网络管控系统实时监测网络设备、板卡、光模块的运行情况，发现工作在北京机房的某设备光模块收发参数异常，存在故障风险。系统立即在凌晨的运维窗口内，驱动在机房内的机器人完成光模块更换，确保设备 7×24h 持续、健康运行。无人化的网络运行中心，网络零差错运行。

网络管控系统实时监控业务和网络流量情况，并预测未来的网络负载，在流量达到峰值前提前疏导网络流量，确保繁忙业务的稳定性。与此同时，在网络闲时，系统将流量汇聚到部分路由器，并将轻载的路由器降频运行，以节省电力资源。这种智能化的流量管理策略，不仅提高了网络的效率，还实现了绿色节能，符合可持续发展的理念。

IP 承载网在向未来演进的过程中，需要一套完整的架构和方案支撑，IP 自动驾驶网络实施框架应运而生。在这个框架下，围绕着 IP 自动驾驶网络能带来哪些好处，网络应该如何演进，需要什么样的架构和关键技术，以及如何推进和实施这几个核心问题，定义 IP 承载网的价值主张，网络演进的代际特征、架构和关键技术，具体的流程和实施方案等，逐步实现 IP 网络自智目标。

1.2 IP 自动驾驶网络的实施框架

IP 自动驾驶网络的实施需要一套完整的解决方案，包含多个维度。这一实施框架涉及人、产品、组织和流程等要素，每个要素之间都相互关联、相互影响。因此，实施框架的设计需要基于系统工程的方法，从战略到执行的各个层面进行定义，确保从概念到具体操作的一致性。通过自我迭代和持续改进，这个框架能够不断演进，以实现更高的自动化和智能化水平，并在这一过程中持续创造价值。鉴于 IP 自动驾驶网络的实施框架与通用自智网络的框架一致，仅在 IP 承载网的应用场景上有所差别，图 1-1 引用自 TM Forum 的"Autonomous Networks: Empowering Digital Transformation−Evolving from Level 2/3 towards Level 4"，并增加了 IP 承载网特有的业务内容。

整个自动驾驶网络实施框架以愿景和目标为出发点，无论是几项基本主张，还是分解出来的核心要素，具体的运营流程和实践，皆是为了实现愿景和目标。

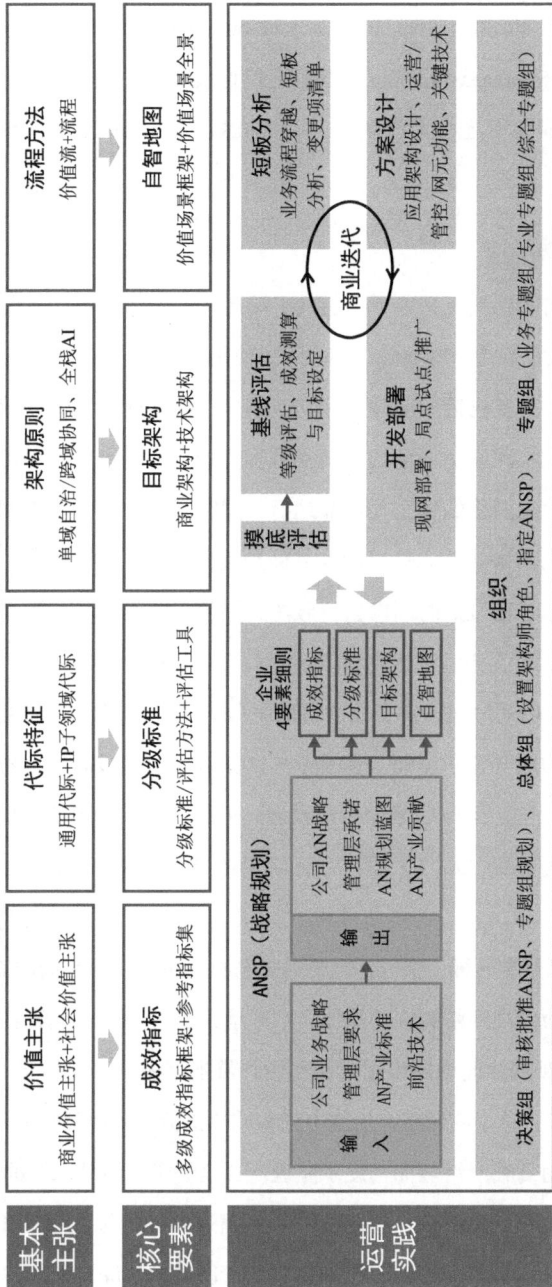

图 1-1　IP自动驾驶网络整体实施框架

本章将重点介绍 IP 自动驾驶网络实施框架的方法论。对于那些需要依据标准确定的内容，例如分级标准和评估方案等，我们将依照国际和行业的权威标准组织的标准，如 TM Forum、CCSA（China Communications Standards Association，中国通信标准化协会）、ETSI（European Telecommunications Standards Institute，欧洲电信标准组织）等组织的标准，以及各运营商的行业及企业标准。本章不旨在重新制定一套标准规范，而是致力于解释和应用这些已有的标准。

1. 愿景和目标

IP 自动驾驶网络的愿景定义如下：通过实现自配置、自修复、自优化的 IP 承载网基础设施，向网络用户提供零等待、零接触、零故障的使用体验。

在这个愿景中，主要包括两部分目标。一部分目标是面向网络运营和管理者，旨在通过无须人工干预的方式实现网络业务的自动受理和开通。通过自动化故障响应和处理机制，提高网络维护效率，确保网络的安全与可靠运行。同时，通过实时监控网络运行数据，持续优化网络性能，最大化网络效能。另一部分目标是面向网络用户，提供"零等待"体验：用户提出网络需求后，能够在极短时间内获得服务，无须长时间等待。网络故障将实现分钟级闭环处理，而一些成熟的业务则可达到秒级闭环处理。还提供"零接触"服务，无论是企业用户还是个人用户，均可通过电子商务化的自助服务平台进行订购、变更、维护、优化等操作，满足用户随时随地的服务需求。而"零故障"目标需要通过极高的业务可用率来实现，这不仅可以提高用户满意度，还可以减少用户投诉。未来，网络的可靠性将提升 10～100 倍，业务可用率普遍能够达到 99.9999%。这些目标将引导我们实现一个高效、自动化且用户体验极高的网络环境。

为了实现上述愿景和目标，需要深入探讨和解决如下 4 个核心问题。

问题一，IP 自动驾驶网络的好处是什么？这是关于"为什么"采用自动驾驶网络的问题。需要明确 IP 自动驾驶网络能为网络运营商和用户带来哪些具体的利益，如成本节约、效率提升、用户体验改善等。这个问题将在价值主张和成效指标部分展开解读。

问题二，IP 自动驾驶网络应如何逐步演进？这是关于"做什么"的问题。需要规划 IP 自动驾驶网络从初级阶段到高级自动化阶段的具体演进路径，包括短期和长期的目标、阶段性成果以及可能的技术里程碑。这个问题将在代际特征和分级标准部分展开解读。

问题三，IP 自动驾驶网络需要什么样的架构？这是关于"如何做"的问题。探讨构建 IP

自动驾驶网络所需的技术架构，包括必要的硬件设施、软件系统、数据处理和安全机制等。这个问题将在架构原则和目标架构部分展开解读。

问题四，IP 自动驾驶网络如何实施和推进？这个问题涉及实施策略和方法。需要制订详细的实施计划，包括项目的启动、执行、监控和优化等，以及如何克服可能遇到的技术和管理挑战。这个问题将在流程方法和自智地图部分展开解读。

2. 价值主张和成效指标

价值主张承接自动驾驶网络的愿景。为了实现 IP 自动驾驶网络的愿景，可以参考图 1-2，定义和具体化 IP 承载网场景下的价值主张，并通过成效指标来支撑价值主张，逐层分解和定义，形成具备支撑关系的成效指标树。

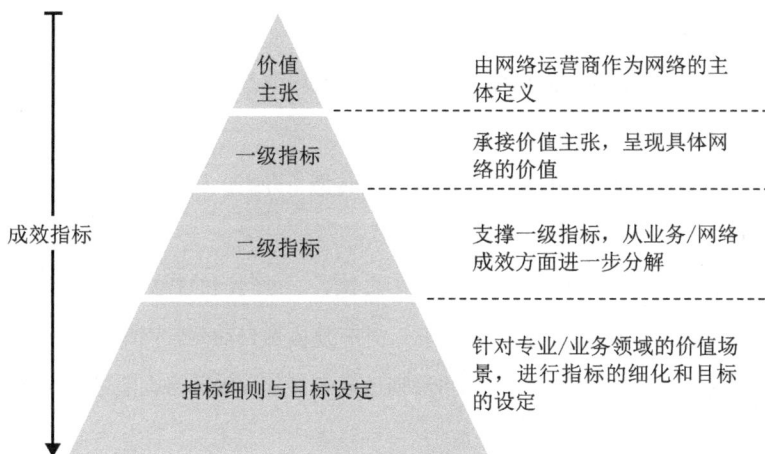

图 1-2　支撑价值主张的成效指标树

尽管每个网络运营商的价值主张应根据其特定的网络运营目标来设定，但我们认为在 IP 承载网的顶层价值主张方面存在普遍一致性。这一价值主张借鉴了 TM Forum 标准的定义。以下是 IP 承载网价值主张的典型示例，分为 4 个核心领域，以提升网络的整体价值。

（1）提升网络变现能力

● 通过能力封装和在线设计加载，缩短业务 TTM（Time to Market，上市时间），助力运营商快速抢占市场先机或应对竞争。

● 提供 NaaS（Network as a Service，网络即服务）和扩展服务型业务，实现 SLA 的变现，创造新增收入。

- 支持精准营销和装维服务，降低获客成本，优化现有用户的价值管理。

（2）提升用户体验

- 实现电商化服务，包括网络测速、在线变更和故障自检等功能，增强自助服务能力。
- 通过体验监测、流失预测及隐患预测等功能，提升 SLA 达标率，优化用户体验，减少故障和投诉。
- 构建业务开通和故障自处理能力，提升业务开通和故障处理的效率。

（3）提升资源效率

- 通过自动规划和自动配置，实现精准规划和快速建设，提升投资回报率和净资产收益率。
- 构建全网的智能编排和协同调度能力，充分利用现有网络资源，提升网络利用率。
- 推动网络与业务的联动，实现网络质量与节能的协同优化，提升能源利用效率。

（4）提升人员效率

- 通过提升网络运维效率，简化操作流程，提升人均设备维护量和业务支持量，缩短作业耗时。
- 通过专业化技能培训和课程赋能，助力员工转型、升级，从事市场拓展、模型训练等高价值工作。

为了将上述价值主张具体化，并使之成为可执行、可验证的指标，需要定义一套成效指标。这些指标将直接关系运营商的价值主张，并有效衡量自动驾驶网络给运营商、用户及整个行业带来的商业价值。这些量化指标将清晰地展示自动驾驶网络在演进和升级过程中创造的价值。

成效指标同样具有较强的定制性，需要根据各个 IP 承载网的具体情况由网络运营主体来定义。在此基础上，我们参考 TM Forum 标准的部分定义，提供满足 IP 承载网要求的通用成效指标，如图 1-3 所示。

通过对一级指标以及二级指标的分解来支撑四大价值主张。具体的组织和运营商在实际操作中，可以根据自身业务需求进一步细化和定制指标。例如，可以将二级指标"业务交付时长"具体化为"云专网业务开通时长"和"以太专线业务开通时长"等，以此精确描述各业务实例的性能。通过这种方法，不仅可以确保每项价值主张都有相应的执行标准和效果验证，还能够确保这些标准在实际应用中具有高度的适应性和实用性。这样的做法有助于推动自动驾驶网络技术的实际落地，并在整个行业中得到推广和标准化。

价值主张	一级指标	二级指标
提升人员效率	劳动生产率	人均维护设备规模 / 人均交付业务数量 / 人均转型、升级比例 / 作业自动化率 / ⋯
提升资源效率	资源利用率	资源预覆盖率 / 资源精准投放率 / 哑资源盘活率 / 设备节电比例 / ⋯
提升客户体验	用户满意度	业务交付时长 / 及时率 / 业务可用率 / MTTR / 投诉处理时长 / 及时率 / 首呼问题解决率 / 客户自助服务率 / ⋯
提升网络变现能力	网络价值变现收入	网络业务收入 / SLA 变现收入 / 精准营销收入 / 装维随销收入 / ⋯

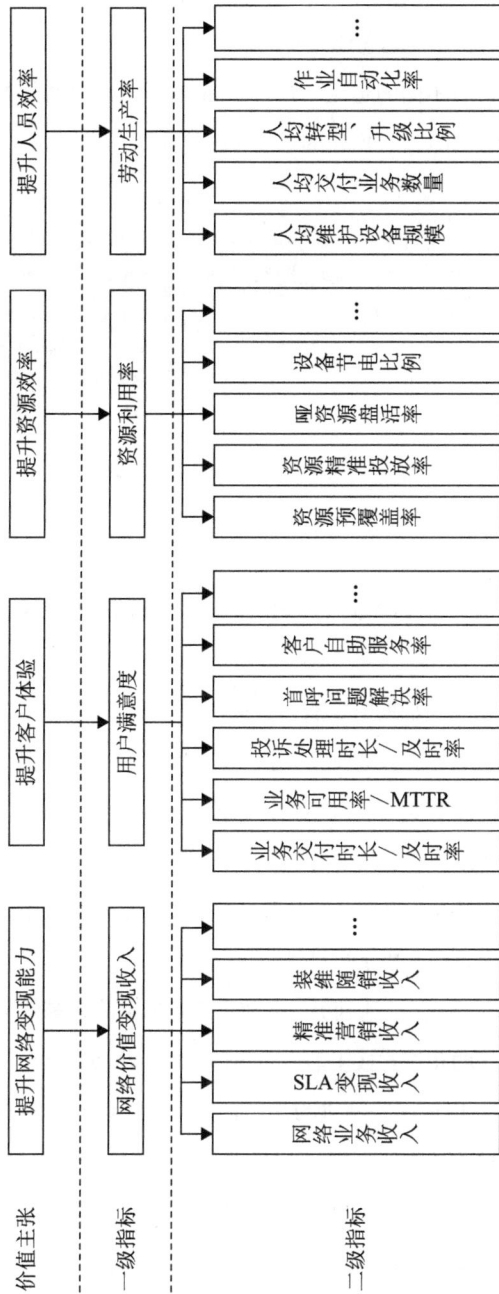

图 1-3 满足 IP 承载网要求的通用成效指标

3. 代际特征和分级标准

代际特征从"如何实施"的角度定义实施方案，旨在为自动驾驶网络的演进设定清晰的发展节奏。这样做可以在执行层面迅速建立共识。

不同的组织对代际特征有不同的定义，TM Forum 基于人和机器的参与度，定义了图 1-4（引用自 TM Forum 标准 IG1218[1]）所示的通用代际特征。

自智网络等级	L0：人工运维	L1：辅助运维	L2：部分自智网络	L3：条件自智网络	L4：高度自智网络	L5：完全自智网络
执行	P	P/S	S	S	S	S
感知	P	P/S	P/S	S	S	S
分析	P	P	P/S	P/S	S	S
决策	P	P	P	P/S	S	S
意图/体验	P	P	P	P	P/S	S
适用性	不涉及	选定场景				所有场景

P 人（手动）　　　S 系统（自主）

图 1-4　通用代际特征

自智网络划分为 L0～L5 这 6 个代际，其中 L0 代表最低等级，L5 代表最高等级，各等级的系统能力如下。

- L0——人工运维：系统提供辅助监控能力，所有动态任务都需要人工执行。
- L1——辅助运维：系统可根据预先配置，执行特定的重复性子任务，以提高执行效率。
- L2——部分自智网络：在特定外部环境中，系统可以根据预定义的规则/策略，面向特定单元使能自动化闭环运维。
- L3——条件自智网络：在 L2 的基础上，系统可以实时感知环境变化，并在特定网络专业领域中进行自优化和自调整，以适应外部环境。
- L4——高度自智网络：在 L3 的基础上，系统可在更复杂的跨多网络领域环境中，实现业务和用户体验驱动网络的预测式或主动式的闭环管理，从而进行分析并做出决策。
- L5——完全自智网络：电信网络演进的终极目标，系统具备面向多业务、多领域、全生命周期的全场景闭环自治能力。

IP 承载网的自动驾驶代际特征和分级标准应围绕价值创造过程来具体化，并为每个过程定义相应的代际特征。以下内容概述了 IP 承载网价值创造过程中的 5 个主要阶段——规划、建设、维护、优化和运营，以及这些阶段包含的 8 个子过程。各子过程在不同等级的代际特征将被明确定义。

对于已广泛实现的前 3 个等级，即 L0～L2，本节不过多描述，这 3 级整体代际特征如下。

- L0——人工处理：主要依靠经验，全面依赖人工操作。
- L1——工具协同：使用专业工具辅助人工，提高特定领域的工作效率。
- L2——网络自动化：人指挥网络运行，网络被动接收人的执行要求并自动执行，针对特定场景给出辅助分析，需要人工进行决策。

从 L3 开始，我们将详细定义各等级代际特征，这 3 级整体代际特征如下。

- L3——网络服务化：网络在人的监管下运行，基于人的意图执行功能，并做出分析和决策推荐，人必须保持交互并做出指挥。
- L4——网络智能化：网络根据意图运行，人的辅助不是必需的，网络基于意图完成功能执行和决策，人在执行流程外。
- L5——网络全自智：网络根据意图自主运行，实现 IP 承载网全场景分析、决策、自动化端到端自智。

此外，代际特征的定义还需考虑各运营商和网络的具体价值主张，因为不同的运营商和网络可能有不同的目标和需求。本节提供一个通用的特征定义框架，具体如表 1-1 所示，以帮助网络运营主体根据自身情况定制。

为了更好地支撑各个流程和功能的实施、验收和评估等，还需要基于代际特征，将每个价值创造过程再细化成子功能，分别定义具体的行为标准。我们按照图 1-5 对每个价值创造过程做分解抽象建模。

每个价值创造子过程都会被分解成需求输入阶段的意图管理部分，以及实施阶段的感知、分析、决策和执行等几个价值创造活动。

- 意图管理：理解用户业务和管理运维意图，并驱动感知、分析、决策和执行等，确保网络能持续满足用户的需求。
- 感知：通过 IFIT（In-situ Flow Information Telemetry，随流检测）、IOAM（In-band Operation, Administration, and Maintenance，带内操作、管理和维护）等各种感知技术，感知网络的配置、控制、转发、性能、故障等状态，并持续管理这些状态。
- 分析：对网络当前状态及历史数据进行分析，结合用户意图生成满足用户需求的操作动作和执行策略选项与建议。
- 决策：基于 AI，以及对执行结果的仿真，做出执行决策。
- 执行：通过配置、控制等各种方式，完成网络配置自动化以及网络集中控制等动作。

表 1-1 L3～L5 详细代际特征

价值创造过程	价值创造子过程	代际特征		
		L3：网络服务化	L4：网络智能化	L5：网络全自智
规划	01 网络规划	自动生成网络规划	预测网络发展，系统推荐规划	全部场景下，由系统自动识别规划需求，完成规划设计的需求映射、资源勘查、规划、设计、仿真、数据制作、数据下发、调测优化和业务验证的完整全流程闭环的智能化，当 AI 模型需要迭代时，支持在线学习自动优化
建设	02 设计部署	系统辅助完成建设计划与验收，设备即插即用	系统驱动完成建设，自动验收	
维护	03 监控排障	网络状态实时多维（时间维度"历史+现在"，业务维度多类型数据分层）可视，网络故障实时发现，系统辅助诊断，系统辅助抢通与修复	网络状态可预测，问题提前预防，网络故障系统自动诊断，系统驱动完成抢通与修复	
	04 例行巡检	系统辅助完成隐患分析，生成巡检报告	系统自动巡检，主动推送巡检报告	
	05 网络变更	系统支撑完成变更评估与验收，升级不断服	系统驱动完成变更，变更零风险	
优化	06 网络优化	单目标优化	多目标优化，系统自动调优	
运营	07 业务开通	业务发放自动化	业务发放前仿真，发放后验证，免人工审核	
	08 网络投诉	投诉系统辅助诊断与处置	投诉系统自动诊断与处置，投诉预警	

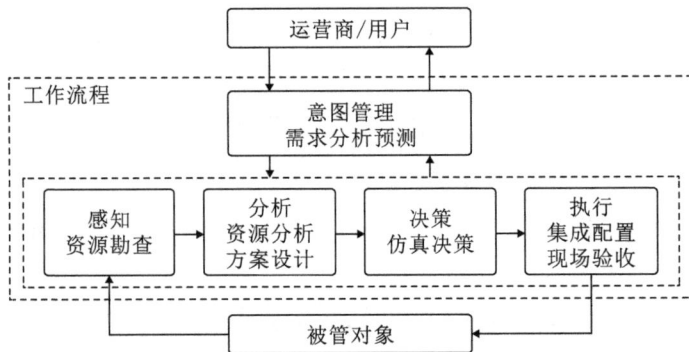

图 1-5 基于代际特征分解的行为标准模型

下面以表 1-2 为例，基于上述价值创造活动展开，定义具体的分级标准。完整价值创造过程的分级标准由 TM Forum 和 CCSA 等标准组织进行规范化，具体内容可参考各标准组织的定义，这里不赘述。

表 1-2　监控排障活动的具体分级标准

价值创造活动	能力	分级标准	
		L3：网络服务化	L4：网络智能化
意图管理	监控策略	系统预置监控模板及保障策略，运行时由人根据场景选择模板及保障策略，包括保障的业务范围、网络范围等，完成监控任务部署	系统根据业务级别和网络承载业务的情况，自动计算监控范围，以及部署监控任务
感知	异常识别	系统实时采集配置、控制、转发、性能、故障等状态，关联各个类型的数据，识别业务、网络的异常状态。系统根据故障发生时间、网络拓扑、业务配置等，剔除异常噪声，包括去除重复告警、相关性告警聚类等，缩小后续处理范围	针对历史和实时的网络运行状态，预测业务和网络的异常状态，提前预警
分析	异常诊断	系统基于预置的策略和大模型能力，识别异常信息之间的关系，进行精确定位：将人工经验固化为 AI 特征或者知识图谱帮助识别异常信息之间的关系，自动查找关联信息，识别异常原因	系统自动学习新场景中的故障传播关系，持续增强异常诊断能力
	方案生成	预置修复流程，系统自动匹配异常处理模式生成修复方案：系统根据定界、定位结果，自动匹配修复流程，生成修复方案	系统根据历史的异常处置和修复行为，持续学习和优化修复方案
决策	评估决策	系统提供仿真结果并推荐优选修复方案，网络工程师审核系统推荐的最佳方案，进行人工确认	系统自动完成仿真和决策：系统基于事前仿真计算结果，自动决策出最佳方案
执行	修复执行	系统根据决策后的异常处置方案，自动完成方案的全部步骤的执行，并根据策略出错回滚	系统自动执行异常处置方案
	业务验证	系统自动完成异常处置后的功能验证，确保系统恢复正常，输出异常处置报告	同 L3 能力

有了完整的代际特征以及分级标准，如何评估同样是一个重要的话题，执行代际评估一方面可以快速掌握现状，用于制订优化改进计划，另一方面可以对实施计划做验收，确保目

标达成。推荐采用表 1-3 所介绍的两种方法执行评估。

表 1-3　自动驾驶网络分级评估方法

对比项	评估方法	
	Inside-Out 评估（详细评估）	**Outside-In 评估（快速评估）**
评估对象	价值创造子过程	价值创造子过程
评估最小单元	针对价值创造子过程—价值创造活动—能力，单独评估每个能力项	针对价值创造子过程—价值创造活动—能力，通过调研问题评估
评估形式	矩阵式	问卷式
评估目的	详细评估 / 识别各能力的短板	快速评估价值创造过程的大致等级
评估工作投入	较大（每个价值创造子过程有 50～80 个评估项，每项有 5～8 个价值创造活动，每个活动评估 10 个任务）	较小（每个价值创造子过程有 5～10 个问卷项）
评估结果精度	高	中
应用场景	实施过程中的精细化评估，详细识别能力短板	摸底评估、短平快、Workshop 等场景

详细评估方案通过对各个子项的评估结果做加权平均的方式得出总的等级；快速评估方案通过人工评估结果给出分级评估。这里针对"03 监控排障"价值创造子过程给出快速评估的示例，如表 1-4 所示。

表 1-4　03 监控排障快速评估示例

价值创造子过程	价值创造活动	能力	问题	选项
03 监控排障	意图管理	监控策略	在异常监控策略设置方面，哪种情况更符合您当前的运维状况？	基于分级标准设置选项，共 L0～L5 这 6 个选项
	感知	异常识别	在异常识别方面，哪种情况更符合您当前的运维状况？	
	分析	异常诊断	在异常诊断方面，哪种情况更符合您当前的运维状况？	
		方案生成	在修复方案方面，哪种情况更符合您当前的运维状况？	

续表

价值创造 子过程	价值创造 活动	能力	问题	选项
03 监控排障	决策	评估决策	在修复方案的选择和决策方面,哪种情况更符合您当前的运维状况?	基于分级标准设置选项,共L0~L5这6个选项
	执行	修复执行	在修复执行方面,哪种情况更符合您当前的运维状况?	
		业务验证	在修复后网络恢复正常运转评估方面,哪种情况更符合您当前的运维状况?	

基于以上每个问题的选择结果,计算每个能力的满足等级,比如某运营商网络对应的监控策略选择L3,异常识别选择L4,异常诊断、方案生成选择L3,评估决策选择L2,修复执行和业务验证选择L3,经过加权平均,"03 监控排障"价值创造子过程评估为L3等级。其他价值创造子过程也做类似评估,汇总得出整个网络的综合评级。

4. 架构原则和目标架构

代际特征和分级标准定义了黑盒功能,IP承载网作为一个复杂的体系,由运营系统、网络管控系统、网元、运营团队等多个独立的系统组成,需要将各个黑盒功能明确地分解到各个系统上,才能让各个系统协同工作,形成真正的IP自动驾驶网络体系。这个课题由自动驾驶网络的目标架构承载,目标架构定义如图1-6所示。

自动驾驶网络的核心特点在于利用自治域作为基础,实现数字业务闭环的自动化与智能化,包括业务、服务和资源的运营,其目标是优化用户体验、最大化资源利用率,并实现全生命周期的运营自动化与智能化。自动驾驶网络通过3个分层结构,针对不同的运营团队,实现分层的能力管理,并支持所有场景与业务需求。

- 资源运营层:主要为单个自治域提供网络资源和自动化能力。
- 服务运营层:面向多个自治域,提供IT服务以及网络的规划、设计、上线、发布、保障和优化运营能力等。
- 业务运营层:针对自动驾驶网络业务,支持用户、生态和合作伙伴的使能和运营。

为了实现层间的全生命周期交互,自动驾驶网络通过以下4个闭环实现端到端的自动驾驶网络功能。

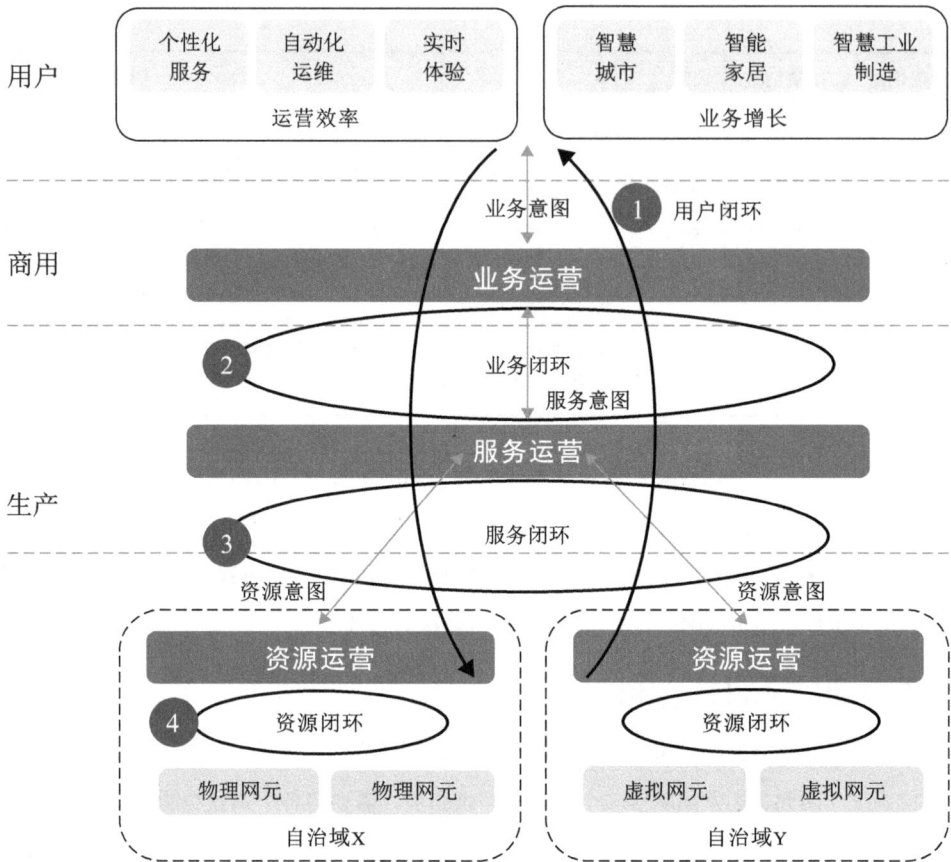

图 1-6　目标架构定义

注：图片引用自 "Autonomous Networks: Empowering digital transformation–from strategy to implementation"
（IG1305）。

- 用户闭环：涉及 3 个层级之间以及与其他 3 个闭环的交互，通过意图驱动的极简 API
  （Application Program Interface，应用程序接口）实现，支持用户服务的交付。

- 业务闭环：涵盖业务运营层与服务运营层之间的交互，业务闭环在实现过程中可能会调
  用相关的服务闭环和资源闭环。

- 服务闭环：连接服务运营层与资源运营层的闭环，其实现可能触发相关的资源闭环。

- 资源闭环：针对自治域的网络及 ICT 资源运营之间的交互。

　　自动驾驶网络的业务涵盖多个层级和闭环系统，一方面，各个自治域系统独立完成本域
内的功能闭环；另一方面，在面向最终用户提供服务时，需要多个自治域系统协同工作。因
此我们在确定各个系统的功能和职责边界时，把单域自治、跨域协同作为 IP 自动驾驶网络方

案设计的总体架构原则，参见图 1-7。

图 1-7　单域自治、跨域协同的总体架构原则

注：图片引用自 "Autonomous Networks: Empowering digital transformation–from strategy to implementation"（IG1305）。

自治域作为基本单元，根据网络功能和运营需求实现特定环节的闭环自动化。这种方法不仅降低了技术复杂性，还有效屏蔽了不同厂商解决方案之间的差异，支持自动驾驶网络的端到端业务需求。

自治域的界定基于各运营商的具体网络运营需求和业务决策。自治域的配置可以依据多种因素，如业务类型、网络技术、部署地点及维护组织结构等。例如，从网络基础设施角度看，自治域实例可以分为接入网、城域骨干网、核心网、边缘网络和用户网络等；从业务角度看，可以分为 SD-WAN（Software-Defined Wide Area Network，软件定义广域网）、VoLTE（Voice over Long-Term Evolution，长期演进语音承载）、CDN（Content Delivery Network，内容分发网络）等。在典型的 IP 承载网中，通常涵盖一个或多个 BGP 的 AS（Autonomous System，自治系统）域，将自动驾驶网络的自治域与 IP 路由 AS 域做合理的匹配，非常有利于网络资源层的功能聚合和闭环管理。

自治域运营的基本原理如下。

- 单域自治：各自治域根据业务目标独立运行于自动闭环模式，通过 API 抽象化，向用户隐藏域内的技术方案、运营流程和单元功能细节等。

- 跨域协同：通过意图简化接口，多个自治域可以与上层服务运营交互，实现跨域协同，从而有效管理网络 /ICT 服务的整个生命周期。

更详细的架构方案，还将在第 3 章展开，这里不赘述。

5. 流程方法和自智地图

网络自动化及智能化的演进是一个复杂的系统工程，涉及运营商的多个组织和系统，以及多厂家设备与系统的互联互通与协同。以往的网络运营转型实践，由于部门墙、自下而上推进等原因，往往是点状创新实践，缺乏全局视角，不利于打通 E2E（End-to-End，端到端）网络运营生产流程，不利于整体目标达成和商业价值实现，从而影响网络自智的进程。为了帮助运营商从全局视角，设定和分解自动驾驶网络演进目标，快速评估网络自动化、智能化所处阶段，规划能力建设方向和优先级，自智地图应运而生。通过构建自智地图，明确自动驾驶网络规划部署的实施范围和优先级，可以认为自智地图是推进各方面工作的沙盘。

构建自智地图时，可参考 TOGAF（The Open Group Architecture Framework，开放组架构框架）的价值流分析流程，如图 1-8 所示，而价值流分析流程中的对象与 IP 自动驾驶网络场景下的对象之间的映射关系可参考表 1-5。

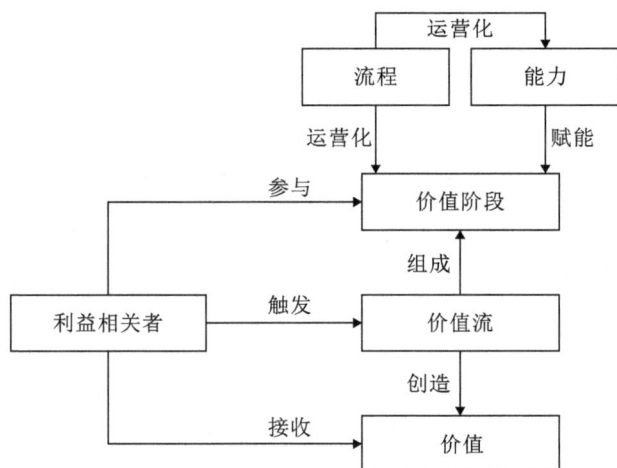

图 1-8　TOGAF 的价值流分析流程

表 1-5　自动驾驶网络场景下的对象映射

TOGAF 相关对象	对应自动驾驶网络体系
利益相关者	用户 / 前端、网络运维人员
价值	价值主张（用成效指标衡量）
价值流	面向用户 / 前端、面向网络两类价值流
价值阶段	面向用户 / 前端：售前、售中、售后。面向网络：规、建、维、优
流程	价值创造过程
能力	价值创造子过程、价值创造活动、能力

可以看出，在构建自智地图时，需要先从"利益相关者"出发，基于核心价值流和价值阶段识别出对应的流程和能力基线，并结合运营商自动驾驶网络的自智等级以及业务 / 网络变化的趋势，给出实施优先级的建议，供实践者按图索骥，指导自动驾驶网络后续的价值流分析、短板识别及运营等相关活动。

为了帮助读者更好地理解和构建所在特定网络的自智地图，下面提供一个典型的 IP 承载网的自智地图样例，根据面向用户和面向网络两类价值流，分别展开定义每个具体的价值流对应的价值创造子过程，并且根据重要程度为每个子过程设定实施优先级，从而形成面向特定价值创造过程的自智地图，其中面向用户的价值创造过程自智地图参考表 1-6，面向网络的价值创造过程自智地图参考表 1-7。

表 1-6　面向用户的价值创造过程自智地图

价值创造子过程	价值流				
	5G 承载业务	云互联专线业务	入云专线业务	互联网专线业务	宽带上网业务
业务开通	高	高	高	高	高
业务保障	高	高	中	高	中
网络投诉	高	高	高	高	中

表 1-7　面向网络的价值创造过程自智地图

价值创造子过程	价值流		
	IP RAN（无线电接入网）	Metro（综合承载网）	IP Core（骨干网）
网络规划	中	中	中
设计部署	中	中	中
监控排障	高	高	高
例行巡检	中	中	中
网络变更	高	高	高
网络优化	高	高	高

再完美的设计，若无法落实和实践，终究只是纸上谈兵。自动驾驶网络实施框架提供了通用的方法指导，供各网络运营主体参考，以制订具体的实施计划。

自动驾驶网络运营实践包括两个核心部分：自动驾驶网络战略规划和自动驾驶网络商业迭代。

- 自动驾驶网络战略规划：运营商集团层面进行网络自动化和智能化转型的顶层设计。核心任务包括明确公司级自动驾驶网络战略，与管理层互锁目标和承诺，实例化自动驾驶网络蓝图的 4 个要素，并确定产业贡献策略和技术创新方向，指导网络商业迭代的实施。

- 自动驾驶网络商业迭代：子网层面承接集团战略的具体实践过程，通过迭代循环加速战略落地和目标达成。

为了加快自动驾驶网络的规模化部署，业界总结了"商业迭代 4 步法"，即基于价值场景开展"基线评估—短板分析—方案设计—开发部署"的迭代循环。通过商业迭代，运营商可以推动自智等级和成效提升，实现端到端业务闭环和商业闭环。

（1）基线评估

基线评估是指明确运营商现网各专业 / 业务的自智等级和成效指标基线值，并设定提升目标，具体包括如下步骤。

第一步，面向选定的价值场景，按照既定的分级标准和成效指标，开展现网评估。

第二步，获得自智等级和成效指标基线值。

第三步，结合业务发展要求和投资计划，设定提升目标。

（2）短板分析

短板分析是指识别业务流程中的断点和自智能力短板，输出关键变革项，具体包括如下步骤。

第一步，分析基线和目标之间的差距，通过流程穿越，识别出现断点和短板的原因。

第二步，将自智等级和成效提升目标分解到流程的各个环节，输出关键变革项清单。

（3）方案设计

方案设计是指基于目标架构，对关键变革项进行分解，细化对 BSS（Business Support System，业务支撑系统）层 /OSS 层 / 网络层（设备网络管理 + 网元）的功能要求，具体包括如下步骤。

第一步，将能力需求转化为功能开发需求。

第二步，通过应用架构设计和系统功能分配，输出流程变革需求、OSS/OMC（Operation and Maintenance Center，操作维护中心）/ 网元功能建设需求、系统开发清单和试点方案等。

（4）开发部署

开发部署是指在子网进行试点部署，验证效果并总结经验，然后在更多子网中推广，具体包括如下步骤。

第一步，以系统开发清单和试点方案作为输入内容，开展子网试点部署和转产。

第二步，通过跨子网复制推广，确保自智等级和成效提升目标，达成商业价值目标。

第三步，在产业内分享经验，进行标准化贡献。

通过详细的运营实践方法，自动驾驶网络的设计和规划能够有效转化为实际的网络部署和运营。这不仅确保了战略和目标的落地，还通过持续的商业迭代，实现了网络的自动化和智能化，从而推动整个行业的发展。

1.3　IP 自动驾驶网络业界标准

过去几十年来，标准化一直是业界实现不同系统之间互联互通的有效手段，3GPP（3rd Generation Partnership Project，第三代合作伙伴计划）、IETF（Internet Engineering Task Force，因特网工程任务组）、IRTF（Internet Research Task Force，因特网研究任务部）、TM Forum、ETSI、CCSA 等标准组织开发的标准构筑了网络互联互通的标准基石，促成了网络如今的繁荣生态。伴随着自动驾驶网络在不同等级之间演进的过程，网络互联互通的标准也面临着新的局面，需要各标准组织协同定义自动驾驶网络相关标准体系。

当前，定义自动驾驶网络标准的组织涉及的领域较为广泛，纵观各个标准组织的相关标准，可以按照如下几个维度来划分。

- 国际标准 / 国内标准：主要从标准组织定位来划分。自动驾驶网络涉及的国际标准组织主要包括 TM Forum、ETSI、IETF、IRTF 等，国内标准组织主要是 CCSA。

- 通用标准 / 领域标准：主要从自动驾驶网络标准覆盖领域与范围的角度划分。通用标准主要定义自动驾驶网络相关概念、通用架构、通用分级方法论、接口框架、关键技术等，是业界通用的自动驾驶网络相关标准，为领域标准提供方法论与标准框架参考；领域标准主要聚焦于标准组织所专长的专业技术领域，比如，3GPP 主要定义移动通信网络领域相关的自动驾驶网络标准，IETF 主要定义 IP 承载网领域相关的自动驾驶网络标准等。

1.3.1 标准组织总览

2019 年，TM Forum 联合英国电信、中国移动、法国 Orange、澳大利亚 Telstra、华为和爱立信 6 个伙伴发布业界首个自智网络产业白皮书。随后，包括 TM Forum、ETSI、IETF、IRTF 与 CCSA 在内的各大标准组织，相继立项自智网络相关的课题和标准。各组织聚焦各自所负责的领域，开展标准工作，并借助 Multi-SDO（Multi-Standards Development Organization，多方标准组织）推动 AN 技术合作会议的开展，使得自智网络标准体系逐步得到完善，初步形成了通用领域标准与专业领域标准协同的标准体系。这一体系从 5 个维度对标准进行了定义，包括分级、评估、架构、接口和关键技术等。图 1-9 展示了推动自智网络标准定义的各组织之间的协作关系。

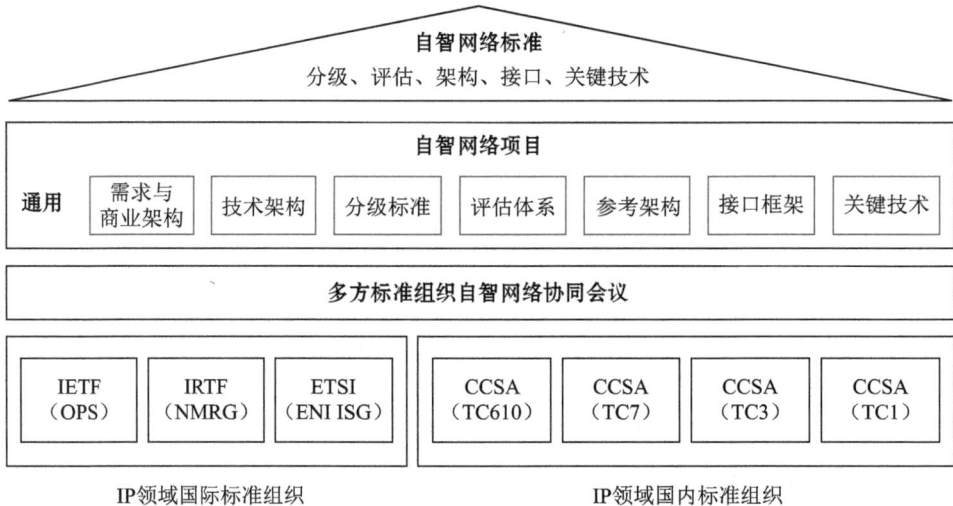

图 1-9　IP 领域自智网络标准组织协作关系

可以看出，在自智网络的国际标准领域，TM Forum ANP（Autonomous Networks Project，自智网络项目）定义的标准系列已经成为整个体系的总纲。IETF 专注于 OPS Area（Operations and Management Area，运营与管理领域）的标准系列，其工作组定义了从网元到网络管控系统的一系列自智网络标准。IRTF 的 NMRG（Network Management Research Group，网络管理研究组），专注于自智网络的意图驱动技术、意图接口等方向的标准技术研究。ETSI 的 ENI ISG（Experiential Networked Intelligence Industry Specification Group，体验式网络智能行业规范工作组）围绕 IP 网络的分级评估、大模型数据处理以及功能编排技术开展标准技术研究；

CCSA 的各个技术工作委员会则围绕 IP 网络分级评估、网络数字孪生、大模型推理、训练和测评等方面开展标准技术研究，并制定相关标准。

这些组织的努力，不仅推动了自智网络技术的发展，也为未来网络的智能化和数字化转型奠定了坚实的基础。

1.3.2　TM Forum 自智网络标准进展

作为一个全球性的行业协会，TM Forum 致力于推动通信和数字服务提供商的业务转型和创新。该组织提供了一系列框架、工具和 API，帮助成员公司优化业务流程、改善服务交付，并提升用户体验。

在国际标准体系中，TM Forum 是较早发起自智网络标准定义的。自 2019 年 7 月启动自智网络项目以来，TM Forum 已经发布了一系列指南和标准，为实现自智网络愿景提供了清晰的步骤和指导。如图 1-10 所示，TM Forum ANP 标准框架分为三大主题：愿景、BA（Business Architecture，商业架构）和 TA（Technical Architecture，技术架构）。这一框架从通用的角度

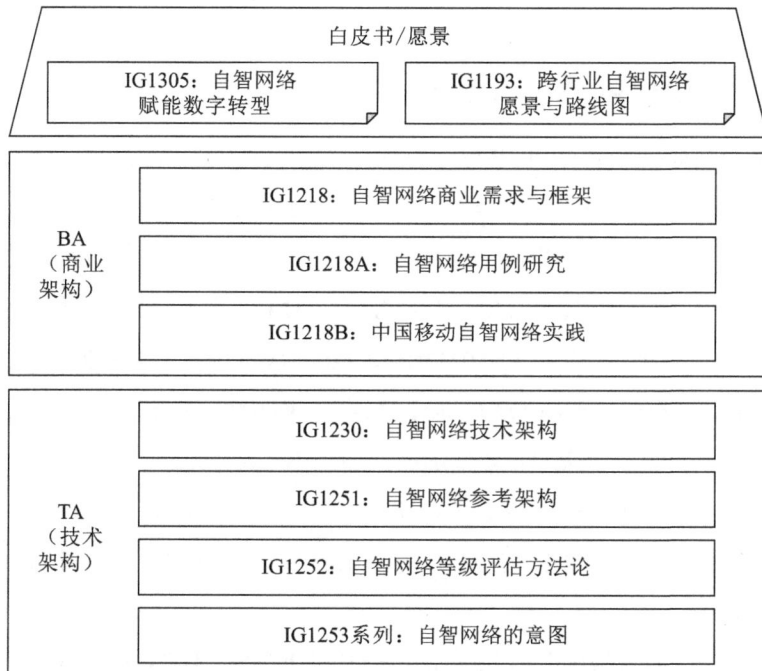

图 1-10　TM Forum ANP 标准框架

定义自智网络的整体方法论和参考架构等，为各领域标准组织提供通用参考。同时，通过多方标准组织协同运作，使各个标准组织在自智网络标准核心理念上保持协同。

在 TM Forum ANP 标准框架中，比较关键的标准文稿如下[2-13]。

- 参考架构：IG1251（自智网络参考架构）和 IG1230（自智网络技术架构）。
- 分级评估：IG1252（自智网络分级评估方法论）。
- 接口框架：IG1253C（意图生命周期管理和接口定义）。
- 关键技术：IG1253A（意图通用模型）、IG1253B（意图扩展模型）、IG1253D（意图管理能力简介）与 IG1253E（意图在自动驾驶网络中的应用）。

TM Forum 强调，自智网络的关键技术集中在意图接口、意图建模和能力描述上。意图接口的 OpenAPI（Open Application Program Interface，开放应用程序接口）规范在 TM Forum 921A 中进行了详细定义，为那些需要深入了解 TM Forum 意图接口的读者提供了参考。

在 IG1253[7] 中，意图被定义为"对期望的形式化规范定义"，它包括对技术系统的要求、目标和约束等，这一定义凸显了意图在自智网络中的核心作用。

1.3.3　ETSI 自智网络标准进展

ETSI 的 ENI ISG 主要致力于网络智能化运维相关标准的研究和制定，特别是在 IP 网络的分级评估，以及大模型数据格式和功能需求的定义方面展开工作。

参考 TM Forum 的通用自智网络分级标准，ENI ISG 在 2023 年启动了 IP 领域的分级标准制定相关工作。到 2023 年底，ENI ISG 已经在国际上顺利发布了针对 IP 广域网络的自动驾驶分级标准——ENI 035。同时，ENI 035 标准也被国际知名的多厂商互通评测机构 EANTC（European Advanced Networking Test Center，欧洲高级网路测试中心）采纳，作为参考标准，完成了对 IP 网络云网专线场景自动驾驶分级评估的测评，测评用例参考表 1-8。在这次测评中，涵盖规、建、维、优、营 5 个阶段的建设、维护和优化 3 个环节，完成了对 14 个测试用例的测试，并发布首个厂商自动驾驶网络分级评估测评报告，报告显示，该厂商的自智网络等级已经达到 L3.8。

2024 年，ENI ISG 开始启动数据中心分级标准研究和制定，目前该标准仍在立项阶段。

表 1-8　IP 网络云网专线场景自动驾驶分级评估的测评用例

场景	用例编号	描述
业务发放	用例 1	意图管理：业务开通意图翻译能力测试
	用例 2	感知：资源勘测能力测试
	用例 3	分析和决策：方案决策能力测试
	用例 4	执行：方案实施和验证能力测试
网络监控和排障	用例 5	意图管理：故障分析意图翻译能力测试
	用例 6	感知：业务故障感知能力测试
	用例 7	分析：业务定界定位能力测试
	用例 8	决策：故障评估决策能力测试
	用例 9	执行：故障方案实施和业务验证能力测试
网络优化	用例 10	意图管理：网络路径优化意图翻译能力测试
	用例 11	感知：隧道质量检测感知能力测试
	用例 12	分析：优化方案识别能力测试
	用例 13	决策：调优方案决策能力测试
	用例 14	执行：方案实施和效果验证能力测试

　　随着更多生成式 AI 技术应用的发展和落地，2023 年 9 月，ETSI 的 ENI 产业联盟完成 3 项大模型相关的国际标准立项，如表 1-9 所示，这些标准涉及大模型数据格式和数据处理、编排功能，以及知识管理功能等。

表 1-9　ETSI ENI 大模型相关标准

标准分类	标准项目名称	项目等级 / 状态
数据格式与处理	LLM（Large Language Model，大语言模型）网络领域应用的数据源、数据类型和格式、数据处理方法以及相关网络系统的接口[14]	国际标准 / 立项
功能需求	网络 OAM（Operation, Administration, and Maintenance，操作、管理和维护）大型模型的编排功能需求[15]	国际标准 / 立项
	网络知识管理的功能模块、网络大模型知识网络运营流程[16]	国际标准 / 立项

1.3.4 IETF/IRTF 自智网络标准进展

作为 IP 领域的核心国际标准组织，IETF 专注于工程和标准制定的短期问题，而平行组织 IRTF 则专注于与互联网相关的长期研究问题。在自智网络的标准化进程中，IETF 的工作重点涵盖网络自动化、网络可观测性和网络智能化等方面，IRTF 聚焦于意图驱动网络和网络数字孪生的相关研究。相关技术工作主要在 IRTF 的 NMRG 以及 IETF 的 OPS 中展开。

1. IRTF NMRG 的自智网络标准进展

IRTF NMRG 主要聚焦自智网络相关标准技术的研究，包括意图驱动接口、性能管理意图模型、数字孪生网络架构研究、AI 在网络管理中的研究等。例如，2017 年，IRTF NMRG 启动意图驱动网络定义标准化，采纳了意图驱动网络的理念，意图驱动也成为 NMRG 标准化的一个重要方向。2020 年，IRTF NMRG 启动网络数字孪生理念和架构标准项目，该标准主要探讨数字孪生在网络技术中的挑战和价值，并提出网络数字孪生的五大核心要素，分别是数据、模型、映射、接口和逻辑，同时给出了 3 层 3 域双闭环的参考架构，3 层指的是物理网络层、孪生网络层和网络应用层，3 域指的是数据域、模型域和管理域，双闭环指的是内闭环和外闭环。

2. IETF OPS 的自智网络标准进展

IETF OPS 是 IETF 中负责运营与管理领域标准制定的组织，其下的多个子工作组定义了自智网络相关标准。

- OPSAWG（Operations and Management Area Working Group，运维管理域工作组）是该领域的联合工作组，定义了自智网络模型驱动管理架构与相关 YANG（Yet Another Next Generation，下一代数据建模语言）模型接口的标准，并发布了一系列连接业务网络模型标准，包括 VPN（Virtual Private Network，虚拟专用网络）业务发放、VPN 性能监控、业务接入点可视化和意图驱动业务保证模型等。同时，在 2021 年发布了基于模型驱动的业务和网络管理自动化框架[17]，定义了自顶向下的业务发放流程及自底向上的业务保证。

- NETMOD（Network Model，网络模型）工作组主要定义与网络管理相关的接口元模型以及通用管理接口模型。

- NETCONF（Network Configuration Protocol，网络配置协议）工作组主要定义网络配置管理协议相关标准。

- IVY（Network Inventory YANG，网络存量 YANG 模型）工作组主要定义网络存量可视化相关标准，包括软件器件可视化、硬件器件可视化、网元位置可视化和拓扑关联映射等。

- NMOP（Network Management Operations，网络管理运维）工作组主要定义网络运维部署相关标准，包括 Incident 智能运维、Incident 术语、网络异常检测、YANG Push 与数据总线集成等。

- GREEN 工作组主要定义绿色节能可视化标准，包括术语、指标定义和 YANG 模型标准等。

- ANIMA（Autonomic Networking Integrated Model and Approach，自主网络集成模型与方法）工作组主要聚焦于定义管理和控制自组织网络的操作协议和流程。

到目前为止，IETF 自智网络关键技术主要涉及自动化、可视化、智能化 3 个方向。

在自动化方向，主要关注配置管理自动化相关的协议和接口标准。

- 自动化相关的协议包括 NETCONF 网络管理基础协议[18]（RFC 6241）和 RESTCONF 网络管理协议[19]（RFC 8040）、NMDA（Network Management Datastore Architecture，网络管理数据存储架构）[20]（RFC 8342）、NMDA 网络管理增强协议定义[21-22]（RFC 8526、RFC 8527）、设备自动上线技术[23]（RFC 8572）、YANG 1.1 建模语言[24]（RFC 7950）、YANG Library[25]（RFC 8525）、NACM（NETCONF Access Control Model，NETCONF 访问控制模型）网络配置接入控制[26]（RFC 8341）和设备模型能力通告[27]（RFC 9196）。

- 自动化接口是一种用于自动化网络管理的接口，它可以帮助网络管理员自动化配置、监控和管理网络设备，从而提高网络的可靠性和效率。RFC 8299 中定义了 L3VPN（Layer 3 Virtual Private Network，三层虚拟专用网）业务发放 YANG 模型[28]，RFC 8466 定义了 L2VPN（Layer 2 Virtual Private Network，二层虚拟专用网）业务发放 YANG 模型[29]，RFC 9182 和 RFC 9291 分别定义了 L3VPN 的网络接口模型[30]和 L2VPN 的网络接口模型[31]。RFC 9375 定义了 VPN 性能监控 YANG 模型标准[32]，RFC 9408 定义了业务附着点网络接口模型[33]。网络切片业务模型和网络切片资源模型已完成立项，目前正逐步走向发布状态。

在可视化方向，主要关注 Telemetry（遥测技术）和随流检测相关的自动化标准的制定，相关工作主要由 NETCONF 工作组和 NETMOD 工作组展开。

- YANG Push 订阅发布机制[34-37]（RFC 8639、RFC 8640、RFC 8641、RFC 8650）。该机制通过周期性地主动向采集器上传设备信息，提供更实时、更高速、更精确的网络可视化功能。通过对采集到的数据的收集、存储和分析，可以为网络配置调整提供依据。

- 变频订阅发布。变频订阅发布是一种对被测信息内容、外界环境条件或任务变化有自适应能力的遥测技术。自适应遥测系统经常将自身的性能与外界变化的要求相比较，并自动地对需要调整的参数进行选择、控制或调节，使系统尽可能在最有效的状态下工作。

- 运维数据标记 Node Tag。运维数据标记是一种对运维数据进行分类标记的技术，可以实现数据多维可视化。

- UDP（User Datagram Protocol，用户数据报协议）上送和分布式订阅方案主要解决分布式订阅数据上传面临的多单板、线卡集中数据上传性能瓶颈问题，通过将主控板订阅分解为多线卡的订阅，实现对 publisher（发布者）的配置订阅和 UDP 通道上送。

- IPPM（IP Performance Measurement，IP 性能测量）工作组制定了完备的随流检测测量技术，包括数据面交替染色技术[38-40]（RFC 9341、RFC 9342、RFC 9343）、IOAM 技术[41]（RFC 9197）。

- 网络可视化接口。网络可视化接口是一种用于实现网络数据可观测的接口技术，能够帮助运维人员快速理解和掌握网络拓扑情况、网络流量情况及网络业务情况等，并且可以对复杂的网络结构和流量数据做出有效的分析和决策。从 2015 年开始，IETF 陆续发布了网络拓扑系列模型[42-45]（RFC 8345、RFC 8346、RFC 8944、RFC 8795）。

在智能化方向，IETF 正处于积极探索阶段，例如，已经成立 NMOP 工作组，主要探索 AI 技术在网络运维管理中的应用，旨在提升网络运维效率。还有一些已经发布的智能化标准，例如，IETF OPSAWG 发布的基于意图的业务保证模型标准，主要解决意图闭环问题。IETF NETMOD 工作组已经启动了智能时间调度，可以用于设备统计数据快照周期调度上报、OAM 任务调度，时变网络拓扑和资源管理调度等。同时，NETMOD 工作组还在制定 ECA（Event-Condition-Action，事件 – 条件 – 动作）策略管理模型，通过定义事件、条件和动作等来实现设备自组织管理。

1.3.5　CCSA 自智网络国内标准进展

CCSA TC3 为网络与业务能力标准技术工作委员会，致力于讨论信息通信网络（包括核心网、IP 网）的总体需求、体系架构、功能、性能、业务能力、设备、协议，以及相关的 SDN/NFV 等网络技术。由于数字孪生网络是以数字化方式创建物理网络实体的虚拟孪生体，且可与物理网络实体之间尽可能实时交互映射的网络系统，因此可以支撑网络规划、建设、维护、优化等全生命周期的高度自动化和智能化。为了推进数字孪生网络高效发展，加速产业和标准化进程，CCSA TC3 成立了“数字孪生网络”子工作组。子工作组成立至今，已经完成数个行业标准、团体标准以及研究课题。其中的关键标准文稿及进展如下。

- 行业标准《数字孪生网络　架构及技术要求》：已完成。
- 行业标准《数字孪生网络　孪生网络层数据域通用技术要求》：通过标准草案送审稿。
- 团体标准《数字孪生网络　网络数字地图应用技术要求》：通过标准草案报批稿。
- 团体标准《基于数字孪生网络的企业资产管理总体技术要求》：通过标准草案征求意见稿。

CCSA TC7 为网络管理与运营支撑标准技术工作委员会，主要致力于网络管理与维护、电信运营支撑系统相关领域的研究及标准制定。为了支撑网络管理与维护、电信运营支撑系统向高阶无人化智能发展，采用的关键技术有网络数字孪生和大模型。近年来，CCSA TC7 发布了多项网络运营管理智能化方面的行业标准，填补了我国自智网络标准的空白，为网络运营管理智能化的发展做出了不可替代的重要贡献。其中的关键标准文稿如下。

- 行业标准《自智网络　体系架构》。
- 行业标准《信息通信网运营管理智能化水平分级评估技术要求　IP 网络》。
- 行业标准《信息通信网运营管理智能化水平分级技术要求　切片分组网络（SPN）》。
- 行业标准《信息通信网智能化运营管理需求与用例　IP 网络维护》。
- 行业标准《信息通信网智能化运营管理需求与用例　切片分组网（SPN）维护》。
- 行业标准《信息通信网运营管理智能化水平分级评估技术要求　通用部分》。
- 行业标准《信息通信网运营管理智能化水平分级技术要求　通用部分》。
- 行业标准《数据中心运营管理系统技术要求和智能化分级评估方法》。

目前，CCSA TC7 已经启动了大模型标准体系建设项目。2024 年 3 月，CCSA TC7 会议通过了 6 项大模型相关的立项，包括 1 项行业标准和 5 个研究课题。6 个立项涵盖总体技术、应用大模型、服务与接口、大模型评估、大模型训练与数据管理。根据 CCSA TC7 的讨论，未来 CCSA TC7 将建立一个更加全面的大模型标准体系，即在上述标准中新增场景流程和测试与评估，如表 1-10 所示。

表 1-10　CCSA TC7 大模型标准

标准分类	标准项目名称	项目状态	牵头单位
总体技术	网络运营管理大模型总体技术要求	行业标准立项	北京邮电大学、中国电信、中国联通、中国移动
应用大模型	大模型与知识图谱在网络运营管理过程中的融合应用要求	研究课题立项	中国移动
服务与接口	大模型辅助的意图管理技术研究	研究课题立项	中国移动
大模型评估	网络运营管理大模型推理与服务能力评估方法研究	研究课题立项	中国信息通信研究院、中国电信、中国联通、中兴通讯
大模型训练	面向信息通信网运营管理的大模型训练及应用技术研究	研究课题立项	中国移动、中兴通讯
数据管理	网络运营管理大模型数据管理要求	研究课题立项	中国电信、华为、中国信息通信研究院

CCSA TC1 为互联网与应用标准技术工作委员会，主要致力于互联网基础设施和应用共性技术、数据中心、云计算、大数据、AI 和各种应用相关的讨论。TC1 讨论的《数据中心网络数字地图技术要求》目前已经通过征求意见稿，其主要用于制定数据中心网络数字地图总体技术要求和标准，以推进数据中心网络数字化进程，实现数据中心跨多云、跨多网络、跨多厂商的智能协同运维运营，解决数据中心多网络架构、多厂商异构，及各管理系统信息孤岛的问题。

2023 年 2 月，CCSA TC1 实现 4 项通用大模型标准送审，牵头单位是中国信息通信研究院、华为和百度等。4 个项目涉及通用大模型的技术和应用评估，包括模型开发、模型能力、模型应用、可信要求等，具体可参考表 1-11。

表 1-11　CCSA TC1 通用大模型标准

标准分类	标准项目名称	项目状态	牵头单位
通用大模型及评估	大规模预训练模型技术和应用评估方法第 1 部分：模型开发	送审阶段	中国信息通信研究院、华为、百度
	大规模预训练模型技术和应用评估方法第 2 部分：模型能力	送审阶段	中国信息通信研究院、华为、百度
	大规模预训练模型技术和应用评估方法第 3 部分：模型应用	送审阶段	中国信息通信研究院、华为、百度
	大规模预训练模型技术和应用评估方法第 4 部分：可信要求	送审阶段	中国信息通信研究院、华为、百度

CCSA TC610 为 SDN/NFV/AI 标准与产业推进工作委员会，主要致力于推动 SDN/NFV 行业应用和需求研究，以及 SDN 网络架构和解决方案研究。CCSA TC610 推动 SDN/NFV 互联互通测试认证，输出 SDN/NFV 网络和系统互联互通技术规范，搭建统一的 SDN/NFV 集成互通测试平台，并推动建立 SDN/NFV 产业生态，引导 SDN 产业链各方联合开展基于 SDN/NFV 的应用和业务创新。

鉴于云网专线自动化需求尤为迫切，CCSA TC610 发布的团体系列标准在自智网络的架构下，进一步定义了基于 IP 网络基础设施提供云网专线服务及 IP 网络基础能力要求，具体参考表 1–12。

表 1–12   CCSA TC610 IP 网络云网专线标准

标准分类	标准项目名称	项目状态	牵头单位
产品服务类	自智网络服务体验分级评估技术要求——云网专线	2023 年 11 月已发布	中国信息通信研究院、中国联通、华为等
	自智网络服务体验分级评估测试方法——云网专线	2023 年 11 月已发布	中国信息通信研究院、中国联通、华为等
IP 网络基础能力	自智网络基础能力分级标准及分级评估技术要求——云网专线	2023 年 11 月已发布 2.0	中国信息通信研究院、华为等
	自智网络基础能力分级评估测试方法——云网专线	2023 年 11 月已发布 2.0	中国信息通信研究院、华为等

1.3.6 跨组织合作

为了推动自智网络形成产业共识，跨组织合作是尤为重要的。跨组织合作的主要目标是围绕自智网络的概念、愿景、框架和关键技术等进行跨组织协同，并就未来的职责和协作进行讨论，从而能更好地推进自智网络产业发展。自 2020 年 9 月 28 日起，TM Forum 召集并定期举行多方标准组织间的自智网络协调会议，参与组织包括但不限于 GSMA、NGMN（Next Generation Mobile Networks Alliance，下一代移动网络联盟）、ETSI、3GPP、CCSA、IETF、ITU-T（International Telecommunication Union-Telecommunication Standardization Sector，国际电信联盟–电信标准化部门）等。通过这些会议，行业技术专家能够及时交流信息，形成对自智网络跨组织合作的如下共识。

（1）术语：自智网络的一些标准术语，例如意图、闭环、自智等级、自治/管理域等。

（2）自智网络标准化的全景图。

（3）自智网络运维用例。

1.3 节重点介绍了 IP 自动驾驶网络相关标准的内容，鉴于标准的快速发展和更新，为了获取最新的内容，建议读者访问各个标准组织的官方网站进行查询。

1.4 参考文献

［1］ TM Forum. Autonomous networks business requirements and framework v2.0.0 [EB/OL]. (2021−11−22) [2022−09−15].

［2］ TM Forum. Autonomous networks: empowering digital transformation−from strategy to implementation [EB/OL]. (2022−09−08) [2024−04−30].

［3］ TM Forum. Autonomous networks: empowering digital transformation−evolving from Level 2/3 towards Level 4 [EB/OL]. (2023−09−14) [2024−04−30].

［4］ TM Forum. Autonomous networks reference architecture v1.0.0 [EB/OL]. (2022−09−02) [2024−04−30].

［5］ TM Forum. Autonomous networks technical architecture v1.0.0 [EB/OL]. (2023−02−13) [2024−04−30].

［6］ TM Forum. Autonomous network levels evaluation methodology v1.2.0 [EB/OL]. (2023−08−04) [2024−04−30].

［7］ TM Forum. Intent in autonomous networks v1.0.0 [EB/OL]. (2022−09−23) [2024−04−30].

［8］ TM Forum. Intent modeling v1.0.0 [EB/OL]. (2021−07−26) [2024−04−30].

［9］ TM Forum. Intent extension model v1.0.0 [EB/OL]. (2021−01−21) [2024−04−30].

［10］ TM Forum. Intent life cycle management and interface v1.1.0 [EB/OL]. (2021−07−26) [2024−04−30].

［11］ TM Forum. Intent manager capability profiles v1.0.0 [EB/OL]. (2022−01−21) [2024−04−30].

［12］ TM Forum. Using intent in AN - use cases, scenarios and examples v1.0.0 [EB/OL]. (2023−

08−22) [2024−04−30].

[13] Experiential Networked Intelligence(ENI); Definition of IP networks autonomicity level [EB/ OL]. (2023−12−01) [2024−04−30]. ETSI-GR ENI 035 v 4.1.1.

[14] Dataset for large language model applied in the network field [EB/OL]. (2023−09) [2024− 04−30]. ETSI ENI ISG ENI 039.

[15] Orchestration functional requirements specification for network OAM large models [EB/ OL]. (2023−10) [2024−04−30]. ETSI ENI ISG ENI 040.

[16] Network knowledge management enhanced large models for network OAM [EB/OL]. (2023−10) [2024−04−30]. ETSI ENI ISG ENI 041.

[17] WU Q, BOUCADAIR M, LOPEZ D, et al. A Framework for automating service and network management with YANG [R/OL]. (2021−01−01) [2024−04−30]. RFC 8969.

[18] ENNS R, BJÖRKLUND M, SCHOENWAELDER J, et al. Network configuration protocol (NETCONF) [R/OL]. (2011−06) [2024−04−30]. RFC 6241.

[19] BIERMAN A, BJÖRKLUND M, WATSEN K, et al. RESTCONF protocol [R/OL]. (2017−01) [2024−04−30]. RFC 8040.

[20] BJÖRKLUND M, SCHÖENWÄELDER J, SHAFER P A, et al. Network management datastore architecture (NMDA) [R/OL]. (2018−03) [2024−04−30]. RFC 8342.

[21] BJÖRKLUND M, SCHÖENWÄEDER J, SHAFER P A, et al. NETCONF extensions to support the network management datastore architecture [R/OL]. (2019−03) [2024−04−30]. RFC 8526.

[22] BJÖRKLUND M, SCHEÖENWÄELDER J, SHAFER P A, et al. RESTCONF extensions to support the network management datastore architecture [R/OL]. (2019−03) [2024−04−30]. RFC 8527.

[23] WATSEN K, ABRAHAMSSON M, FARRER I, et al. Secure zero touch provisioning (SZTP) [R/ OL]. (2019−04) [2024−04−30] . RFC 8572.

[24] BJÖRKLUND M. The YANG 1.1 data modeling language [R/OL]. (2016−08) [2024−04−30] . RFC 7950.

［25］ BIERMAN A, BJÖRKLUND M, SCHÖENWÄELDER J, et al. YANG library [R/OL]. (2019−03) [2024−04−30] . RFC 8525.

［26］ BIERMAN A, BJÖRKLUND M. Network configuration access control model [R/OL]. (2018−03) [2024−04−30] . RFC 8341.

［27］ LENGYEL B, CLEMM A, CLAISE B. YANG modules describing capabilities for systems and datastore update notifications [R/OL]. (2022−02) [2024−04−30]. RFC 9196.

［28］ WU Q, LITKOWSKI S, TOMOTAKI L, et al. YANG data model for L3VPN service delivery [R/OL]. (2018−01) [2024−04−30]. RFC 8299.

［29］ WEN B, FIOCCOLA G, XIE C, et al. A YANG data model for layer 2 virtual private network (L2VPN) service delivery [R/OL]. (2018−10) [2024−04−30]. RFC 8466.

［30］ BARGUIL S, GONZALES DE DIOS O, BOUCADAIR M, et al. A YANG network data model for layer 3 VPNs [R/OL]. (2022−02) [2024−04−30]. RFC 9182.

［31］ BOUCADAIR M, GONZALES DE DIOS O, BARGUIL S, et al. A YANG network data model for Layer 2 VPNs [R/OL]. (2022−09) [2024−04−30]. RFC 9291.

［32］ WU B, WU Q, BOUCADAIR M, et al. A YANG data model for network and VPN service performance monitoring [R/OL]. (2023−04) [2024−04−30]. RFC 9375.

［33］ BOUCADAIR M, GONZALEZ DE DIOS O, BARGUIL S, et al. A YANG network data model for service attachment points (SAPs) [R/OL]. (2023−06) [2024−04−30]. RFC 9408.

［34］ VOIT E, CLEMM A, PRIETO A G, et al. Subscription to YANG notifications [R/OL]. (2019−09) [2024−04−30]. RFC 8639.

［35］ VOIT E, CLEMM A, PRIETO A G, et al. Dynamic subscription to YANG events and datastores over NETCONF [R/OL]. (2019−09) [2024−04−30]. RFC 8640.

［36］ CLEMM A, VOIT E. IETF RFC 8641 subscription to YANG notifications for datastore updates [R/OL]. (2019−09) [2024−04−30]. RFC 8641.

［37］ VOIT E, RAHMAN R, NILSEN-NYGAARD E, et al. Dynamic subscription to YANG events and datastores over RESTCONF [R/OL]. (2019−11) [2024−04−30]. RFC 8650.

［38］ FIOCCOLA G, COCIGLIO M, MIRSKY G, et al. Alternate-marking method [R/OL].
(2022−12) [2024−04−30]. RFC 9341.

［39］ FIOCCOLA G,COCIGLIO M, SAPIO A, et al. Clustered alternate-marking method [R/
OL]. (2022−12) [2024−04−30]. RFC 9342.

［40］ FIOCCOLA G, ZHOU T, COCIGLIO M, et al. IPv6 application of the alternate-marking
method [R/OL]. (2022−12) [2024−04−30]. RFC 9343.

［41］ BROCKNERS F, BHANDARI S, MIZRAHI T. Data fields for in situ operations, administration,
and maintenance (IOAM) [R/OL]. (2022−05) [2024−04−30]. RFC 9197.

［42］ CLEMM A, MEDVED J, VARGA R, et al. A YANG data model for network topologies [R/
OL]. (2018−03) [2024−04−30]. RFC 8345.

［43］ CLEMM A, MEDVED J, VARGA R, et al. A YANG data model for layer 3 topologies [R/
OL]. (2018−03) [2024−04−30]. RFC 8346.

［44］ DONG J, WEI X, WU Q, et al. A YANG data model for layer 2 network topologies [R/OL].
(2020−11) [2024−04−30]. RFC 8944.

［45］ LIU X F, BRYSKIN I, BEERAM V P, et al. IETF RFC 8795 YANG data model for traffic
engineering (TE) topologies [R/OL]. (2020−08) [2024−04−30]. RFC 8795.

第❷章
IP 自动驾驶网络的典型应用场景

随着 IT 的飞速发展，IP 网络作为连接世界的桥梁，其重要性日益凸显。IP 自动驾驶网络解决方案，依托于先进的算法和大数据分析及机器学习等先进的技术，实现了网络资源的智能调度、故障的快速处理以及性能的持续优化等。这些特性使得 IP 网络在应对复杂多变的网络环境时，能够展现出更高的灵活性、稳定性和可靠性。本章将深入剖析 IP 自动驾驶网络在两大核心场景——运营商 IP 网络组网场景与企业 IP 网络组网场景下的典型应用，并详细阐述相应的自动驾驶方案及其运维特性。

在运营商网络中，IP 自动驾驶网络技术已成为提升网络运营效率、优化用户体验的关键。从移动承载网到城域综合承载网，再到骨干网，自动驾驶技术均发挥着不可替代的作用。它帮助运营商实现了网络资源的精准分配，确保了数据传输的高效性和稳定性；同时，通过实时监控和智能分析，快速响应网络故障，降低了维护成本，提升了用户满意度。

此外，在企业专网领域，IP 自动驾驶网络技术同样展现出了极高的应用价值。不同行业的企业根据自身业务需求，定制化地部署了自动驾驶网络，实现了网络资源的优化配置和高效利用。无论是金融行业的低时延、高安全需求，还是政务领域的跨部门信息共享、协同办公需求，教育行业的远程教学、智慧校园建设需求，IP 自动驾驶网络技术都能提供强有力的支持。

本章将进一步探讨实现 IP 自动驾驶网络的具体方案，重点阐述如何巧妙融合智慧设备、管控平台和云端应用等，共同构筑起一个高度智能化的网络运维生态系统。该系统旨在实现网络运维的即时响应（零等待）、远程无接触操作（零接触）、故障前置预防与即时消除（零故障），并赋予网络"自配置""自优化""自修复"的能力，引领网络运维进入全新纪元。

最后，本章将围绕网络规划、建设、维护及优化四大核心场景，详细阐述 IP 自动驾驶网络技术的运维特性，深入探讨这些特性如何帮助运营商与企业提升网络运维效率、降低运维成本、优化用户体验。通过深入剖析这些特性，我们将为读者呈现一个全面、立体的 IP 自动驾驶网络技术图景。

2.1 运营商 IP 网络组网场景

在运营商 IP 网络组网场景中，融合了家庭宽带、移动基站及企业接入网等接入侧网络，并与移动承载网、城域综合承载网、骨干网等共同组成 IP 统一运营网络，如图 2-1 所示。这一网络不仅满足了家庭、个人用户及企业用户对网络访问的迫切需求，还构建了一个无缝连接、高效传输的信息传输网络。

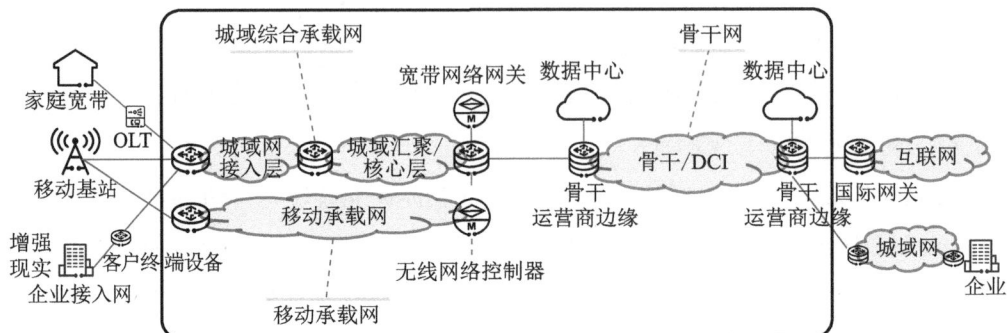

图 2-1　运营商 IP 网络组网场景

注：DCI 为 Data Center Interconnect，数据中心互联；OLT 为 Optical Line Terminal，光线路终端。

移动承载网使用 IP 技术实现无线通信的承载，作为连接移动基站与基站控制器的桥梁，负责高效、准确地传递信息和指令，为 5G 时代下的万物互联提供基础网络连接支撑。

城域综合承载网作为接入网与骨干网之间的关键枢纽，通过对业务流量的汇聚、转发与调度等，实现了不同类型业务在城域范围内的有效传输。随着网络结构的扁平化，城域综合承载网的汇聚层和核心层逐渐融合，进一步提升了网络的传输效率和灵活性。城域综合承载网不仅承载着本地用户的访问需求，还作为骨干网的延伸，将本地业务流量高效地输送至更广阔的网络世界。

骨干网作为运营商网络的核心，负责连接各个城域综合承载网、IDC（Internet Data Center，互联网数据中心）、IGW（International Gateway，国际网关）等重要节点，实现了全球范围内的网络互联。骨干网以其大带宽、低延迟的传输特性，确保了海量数据在全球范围内的快速流通与实时交互。同时，骨干网还具备强大的安全防护与故障处理能力，为网络的稳定运行提供了有力保障。

本节将深入探讨运营商 IP 网络中的三大核心组成部分——移动承载网、城域综合承载网与骨干网，揭示它们如何协同工作，以满足家庭、个人用户及企业用户多样化的网络访问需求。

2.1.1 移动承载网

1. 网络概述

在移动通信技术的飞速发展中，移动承载网作为移动通信网络的核心纽带，正以前所未有的姿态引领着信息传输方式的变革。如图 2-2 所示，移动承载网不仅是连接移动基站与基站控制器的桥梁，更是整个移动通信网络高效运转的关键所在。

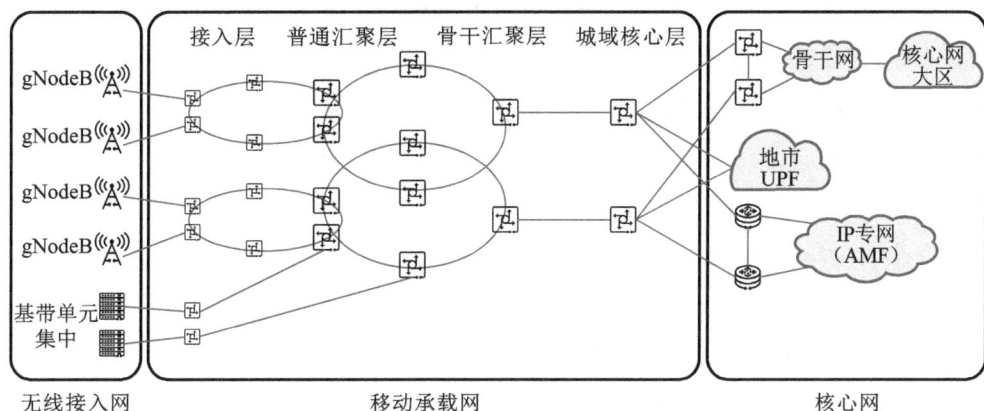

图 2-2　移动承载网在移动通信网络中的位置

注：UPF 为 User Plane Function，用户面功能；AMF 为 Access and Mobility Management Function，接入和移动性管理功能。

移动承载网作为通信网络架构中的重要一环，与接入网和核心网共同构成了移动通信网络的稳固基石。如果说核心网是通信网络的"大脑"，负责处理和分析海量数据，接入网则是网络的"四肢"，直接面向用户，提供接入服务，移动承载网便是连接这两者的"神经网络"，负责高效、准确地传递信息和指令。它如同一条信息高速公路，确保数据在基站与核心网之间畅通无阻，为整个网络的稳定运行提供坚实保障。

面对 5.5G 时代与云化业务的双重浪潮，移动承载网正经历着前所未有的变革。为响应 5.5G 网络对超大带宽、超低时延及高度灵活智能的迫切需求，5.5G 承载网正积极拥抱新技术，重塑网络架构，融合前沿的传输解决方案。这一革新不仅将极大地拓宽数据传输的边界，更将赋予网络前所未有的敏捷性与智能性，为 5G 时代下的万物互联提供坚不可摧的基础设施支撑。

2. 组网与业务

数字化社会的浪潮正重塑着通信网络的格局，推动其步入一个前所未有的变革纪元。移动通信技术的飞速发展，不仅极大地丰富了人们的日常生活，更激发了我们对更高性能、更广泛覆盖的网络的不懈追求。从 1G 的"萌芽"到 5.5G 的"绽放"，每一次技术的飞跃都是对移动数据流量激增、设备连接数量爆炸式增长以及新兴业务与应用场景层出不穷的积极响应。

在 5.5G 时代，用户对于网络的需求已远远超越了传统的通信范畴，追求在各类生活与工作场景中都能享受到超高清视频、沉浸式 VR（Virtual Reality，虚拟现实）、流畅云桌面、即时在线游戏等极致网络体验。无论是人口密集、流量需求巨大的住宅区与办公楼，还是高速移动环境下的地铁、高铁车厢，5G 网络正以其大带宽和低时延特性，满足着这些高要求、高标准的业务需求。

同时，5.5G 的"触角"已深入物联网的广阔天地，与工业制造、医疗健康、交通运输等多个垂直行业深度融合，开启了"万物互联"的新篇章。它不仅要支撑海量机器、设备的无缝连接与高效协同，还需满足工业控制、远程医疗、自动驾驶等场景对高可靠、低时延通信的严苛要求，从而推动社会各领域的数字化转型与智能化升级。

基于未来移动互联网和物联网的主要场景和业务需求特征，2020 年的全球移动带宽论坛，定义了 5.5G 六大业务场景，如图 2-3 所示。

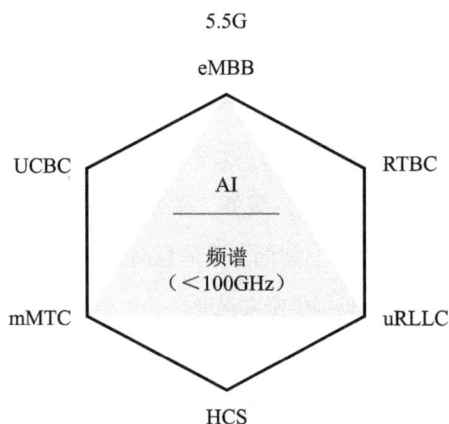

图 2-3　5.5G 六大业务场景

（1）更大带宽、更低时延的 eMBB

eMBB（Enhanced Mobile Broadband，增强移动宽带）作为 5G 最先大规模商用的业务，

专注于提升人与人之间的信息交互体验。它要求承载网提供连续广域和局部热点的高容量覆盖，满足高移动性、高连续性、高速率及高密度的带宽需求。高清视频直播、虚拟现实、云存取、高速移动上网及 AI 等新兴应用，均依赖于 eMBB 的高性能支持。为应对这一挑战，承载网需引入新型高速以太网接口，提供 25GE、50GE 乃至 400GE 速率接入端口，以高性价比的方式实现带宽的飞跃。

（2）支持海量用户连接的 mMTC

mMTC（massive Machine Type Communications，大规模机器通信）侧重于人与物之间的信息交互，广泛应用于环境监测、智能抄表、智能农业等场景。其特点在于小数据包、低功耗、低成本及海量连接，要求每平方千米支持数百万连接数密度。承载网需为此类应用提供灵活、高效、低成本的连接方案，确保海量数据的可靠传输与处理。

（3）超低时延和超高可靠的 uRLLC

uRLLC（ultra Reliable and Low Latency Communications，超可靠低时延通信）专为车联网、工业控制等关键应用设计，要求达到毫秒级端到端时延及接近 100% 的业务可靠性。为实现这一目标，承载网需优化设备转发模型与队列调度，降低单设备轻载时延至微秒级。同时，通过 MEC（Mobile Edge Computing，移动边缘计算）下沉及灵活的连接策略，解决传输距离带来的时延问题，确保业务的实时性与可靠性。

（4）上行带宽能力 10 倍提升的 UCBC

UCBC（Uplink Centric Broadband Communication，上行超宽带）场景要求上行带宽能力相对 5G 能力基线提升 10 倍，满足企业生产制造等场景下，机器视觉、海量用户连接等上传需求，加速千行百业智能化升级。同时，UCBC 能大幅提升手机在室内深度覆盖的用户体验，可大幅提升上行容量和深度覆盖的用户体验。

（5）打造沉浸式体验的 RTBC

RTBC（Real-Time Broadband Communication，实时宽带交互）场景支持大带宽和低交互时延，目标是在给定时延下和一定的可靠性要求下将带宽提升 10 倍，打造人与虚拟世界交互的沉浸式体验。

（6）提供高精度定位与感知的 HCS

HCS（Harmonized Communication and Sensing，通信感知融合）主要使能的是车联网和无人机两大场景，支撑自动驾驶是关键需求。通过将蜂窝网络 Massive MIMO（Multiple-Input Multiple-Output，多输入多输出）的波束扫描技术应用于感知领域，使得 HCS 场景下既能够提供通信，又能够提供感知；如果延展到室内场景，还可提供定位服务。

5.5G 的业务场景都需要移动承载网来承载。移动承载网面临大带宽、低时延、高可靠、高精度时钟同步、差异化承载及灵活连接等挑战，需通过技术升级、优化转发模型、增强同步能力、实施网络切片及实现灵活连接等全面应对策略来确保业务的顺畅运行与未来发展。

- 大带宽：面对 eMBB 等带宽密集型业务，承载网需持续升级，采用更高速率的接口与组网技术，如 400GE 组环等，以满足未来业务发展的需求。

- 低时延、高可靠：针对 uRLLC 业务，承载网需通过优化转发模型、队列调度，以及引入 MEC 等方式，实现超低时延与超高可靠；同时，提供灵活的连接策略，应对网络云化后的网格化、不确定连接需求。

- 高精度时钟同步：5.5G 业务对时钟同步精度要求极高，传统时钟同步方案已难以满足需求，承载网需具备带内同步传输能力，确保各环节节奏统一，业务顺畅流转。

- 差异化承载：5.5G 时代的业务多样化，承载网需支持端到端切片技术，实现不同业务间的严格隔离与独立运维。这有助于减小新业务上线对整体网络的影响，提升网络运营效率。

- 灵活连接：随着 5.5G 业务的发展，业务流向呈现网格化趋势，承载网需具备端到端的 3 层调度能力，实现基站与云间互联业务的灵活连接，提升网络灵活性与效率。5.5G 引入了新的业务接口类型（例如 Xn、N2、N3），详情如下。

  - Xn：5G 基站之间的互联业务，等同于 4G 的 X2 业务。

  - N2：5G 基站到核心网信令面的接口，从 5G 基站到 5G 核心网的 AMF 网元，等同于 4G 的 S1-C 接口。

  - N3：5G 基站到核心网用户面的接口，从 5G 基站到 5G 核心网的 UPF 网元，等同于 4G 的 S1-U 接口。

由于多样化的业务需求，尤其是 5G 业务的多向性诉求，要求承载网具备"VPN+ 隧道"等多样化承载能力，同时将存量业务和 5G 业务统一切换到 SR（Segment Routing，分段路由）隧道承载，整个网络由网络管控系统进行管理和控制。

IP RAN（IP Radio Access Network，IP 化的无线电接入网）和 PTN（Packet Transport Network，分组传送网），是目前分组回传承载方案中应用广泛的两种技术方案。PTN 设备是增强 2 层、简化 3 层的分组传送设备，其主要特点是提供分组内核技术以实现多业务回传和类似 SDH（Synchronous Digital Hierarchy，同步数字体系）的简化运维，发挥 PTN 在 MPLS-

TP（Multi-Protocol Label Switching-Transport Profile，多协议标记交换－传送子集）方面的优势，聚焦端到端静态移动承载和企业专线承载、行业专线承载市场，构建端到端分组传送型承载解决方案。IP RAN 设备定位于 IP 移动承载网，满足用户动态管道、L3 到边缘等场景需求，共同构建端到端路由型承载解决方案。

IP RAN 普遍采用核心环、汇聚环、接入环组网架构，如图 2-4 所示。IP RAN 连接基站和基站控制器，完成核心网用户面在城域核心环或者汇聚环位置的部署，构筑完整的移动承载网。

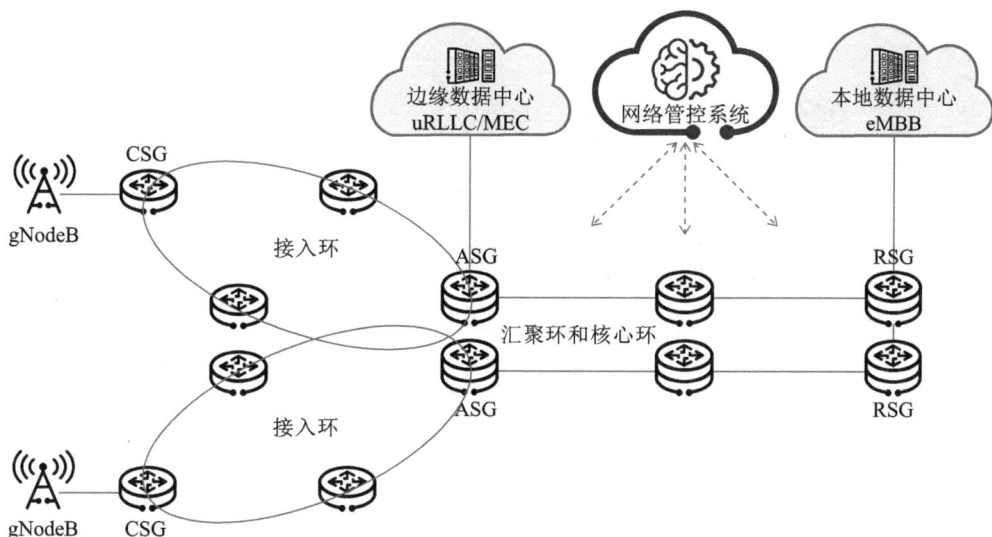

图 2-4   5.5G IP RAN 组网架构

IP RAN 中涉及的关键网络角色定义如下。

- CSG（Cell Site Gateway，基站侧网关）：负责接收和处理来自基站的各类业务信号，并将其基于 IP 转发给汇聚设备进行传输。

- ASG（Aggregation Site Gateway，汇聚侧网关）：负责接收来自各个基站侧网关处理后的业务信号，完成不同接入环转发或者信号转换处理。

- RSG（Radio Service Gateway，无线业务侧网关）：与基站控制器连接的网关，用于处理无线业务相关的信号。

PTN 5G 承载网的典型组网架构如图 2-5 所示。移动承载网需要构建从基站侧网关到核心网网关之间的连接，基站侧网关到核心网网关之间包含接入环、汇聚环和核心环等。其中，汇聚环又可以细分为接入汇聚和骨干汇聚两层。

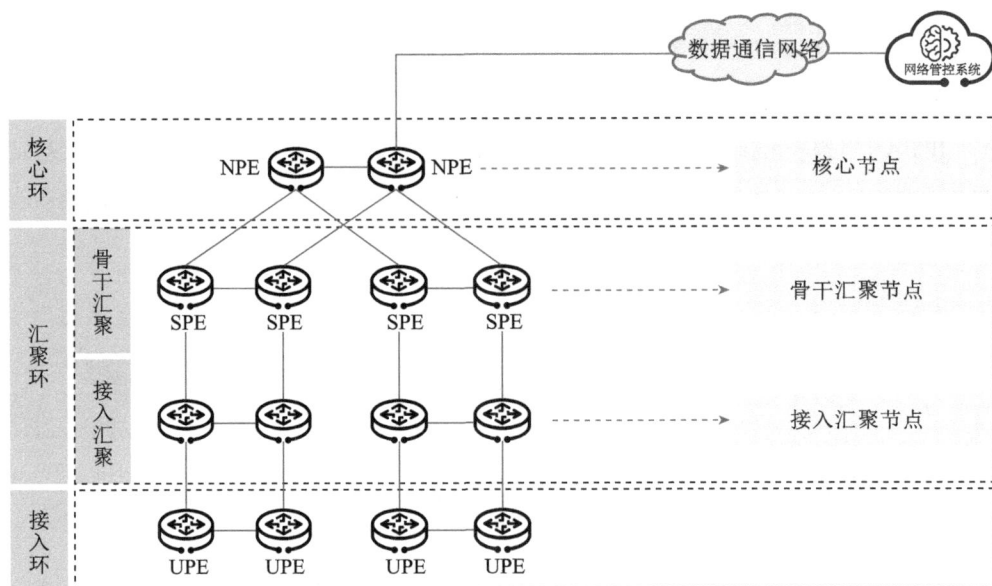

图 2-5　PTN 5G 承载网的典型组网架构

PTN 中涉及的关键网络角色定义如下。

- UPE（User-End Provider Edge，用户侧运营商边缘设备）：直接连接基站。
- SPE（Superstratum Provider Edge，上层运营商边缘设备）：用于汇聚 UPE 的流量传递给上层核心节点，并完成不同接入环之间的数据传递。
- NPE（Network Provider Edge，网络侧运营商边缘设备）：连接 EPC（Evolved Packet Core，演进型分组核心网）等核心网网元设备。

其中，网络规划中通常会选择骨干汇聚节点作为 SPE，也可以根据节点组网规划来选择接入汇聚节点作为 SPE。

3. 关键挑战

移动承载网面临着接入基站规模大、网络业务复杂的挑战。如果网络运维不能灵活、智能、高效、开放地进行，将对运营商和运维工作人员产生巨大影响。目前的网络运维模式复杂，传统的控制面和数据面深度耦合，部署全局业务策略时需要逐一配置每台设备，这严重制约了网络的演进。随着 5G 网络规模的扩大和新业务的引入，这种模式已经无法满足网络发展的需求，具体体现在如下几个方面。

（1）接入设备数量大，基础配置慢

从 1G 到 4G，使用的电磁波频率越来越高，5G 则使用了频率更高的毫米波。虽然高频波可以实现更高的传输效率，但也带来了传输距离短、覆盖能力弱的问题。这意味着在覆盖同一个区域时，需要的 5G 基站数量会大于 4G 基站数量。承载网自动驾驶方案需要解决海量基站在接入 CSG/UPE 时的基础配置问题，以实现基站开启后的业务配置和运维。

（2）VPN 业务开通复杂

随着基站数量的增加，相应的 VPN 实例数量和管理复杂度也显著增加。相比 4G 网络，5G 网络的核心网相关网元下移至基站侧，其他扮演不同角色的网元也皆有不同程度的下移。网元下移导致业务流量走向发生了变化，部分流量可直接通过接入汇聚节点或骨干汇聚节点传输，无须再从基站侧绕行到核心网侧。

（3）多业务隔离与 SLA 保障难

虽然 4G 时代移动流量需求呈指数级增长，但每比特流量单价不断降低。进入 5G 时代，仅依靠传统数据业务很难实现收入上的新增长，主要业务创新将与其他行业的数字化转型息息相关，这将需要大幅提高 5G 网络灵活性以承载更多业务，并提供确定性 SLA 保障以满足用户和业务运营的需求。运营商的移动和固定网络业务需求不断增长，多种业务运营在同一网络上，为保证各种业务带宽互不抢占，需要不同业务的网络互相隔离，这就要求移动承载网能快速进行网络切片部署，支持不同业务的隔离。同时针对业务 SLA 进行持续监控。一旦发现 SLA 劣化，立即通过网络实时优化，以保障业务 SLA。

（4）时钟同步精度高

在无线通信网络中，确保各个基站的时钟同步在特定的精度范围内是至关重要的，若同步精度不足，可能会导致在进行基站切换操作时出现通信中断或语音通话仅单向传输等故障。基站切换的场景非常广泛，例如在乘坐交通工具时进行通话，就会不断切换基站。5G 网络具有载波聚合、多点协同和超短帧等特点。这些特点对时钟同步精度提出了很高的要求。另外，由于 5G 的基本业务采用 TDD（Time-Division Duplex，时分双工）制式，该制式需要精确的时间同步，才能实现高可靠、高精度、高效率的时钟和时间同步传输能力，以确保各环节都能统一节奏，从而保证业务正常流转。

4. 自动驾驶网络方案

随着 5G 时代新业务、新频段和新技术的广泛应用，运维模式亟待革新，智能化水平亟待提升。为此，引入了移动承载网的自动驾驶网络方案，该方案依托站点自动化、业务自动化、网络切片、业务保障、智能排障与智能时钟等运维特性，不仅可以显著提高网络的敏捷性与开放性，还有效降低了网络建设与运维的成本，为 5G 时代的网络运维注入了新活力。详情可参考表 2-1。

表 2-1　移动承载网的自动驾驶网络方案

自动驾驶场景	关键挑战	自动驾驶运维特性
移动承载网	接入设备数量大，基础配置慢	站点自动化
	VPN 业务开通复杂	业务自动化
	多业务隔离与 SLA 保障难	网络切片
		业务保障
		智能排障
	时钟同步精度高	智能时钟

下面详细介绍移动承载网的自动驾驶运维特性，包括站点自动化、业务自动化、网络切片、业务保障、智能排障、智能时钟。

站点自动化：在基站开启时要实现连接基站的接入设备的基础配置（IGP、SR 等）自动化，以及基站业务自动化发放。

业务自动化：结合 MEC 下沉等移动承载网的多样业务，提供无缝的 E2E 资源管理呈现、业务发放能力。

网络切片：采用 FlexE 接口或信道化接口将一张物理网切割为多个带宽硬隔离的切片，每个切片独立布放业务，相互不影响，满足用户一网多用的诉求。通过网络切片的自动化切片规划、切片自动化部署、切片拓扑可视、切片上业务开通的自动诊断，以及切片的带宽一键式调整等能力，实现网络切片的全生命周期自动化运维，提高运维效率。

业务保障：通过网络资源监控，对网络资源进行实时闭环调度，最大化资源利用率。移动承载业务保障实现业务流级 SLA 可视和故障定界定位。为满足 5G 网络运维诉求，通过对业务报文进行测量，配合 Telemetry 秒级数据上报，特别呈现业务报文经过的网络路径与每段路径的 SLA，方便运维用户快速定位到影响业务质量的故障位置。

智能排障：基于"运维大数据＋专家知识"构建故障传播模型并持续在线自学习，将大量相关的告警归并生成网络 Incident，输出故障传播图、准确定位原因事件，降低运维人员对无效事件和衍生事件的处理成本，提升故障处理效率，减少对业务专家的依赖。

智能时钟：结合 5G 移动承载网对于基站的时钟同步要求，通过智能化运维实现各设备的时钟同步，基于时钟区域与时钟源自动计算拓扑与自动部署时钟配置，实现自动化校验补偿。

2.1.2 城域综合承载网

1. 网络概述

城域综合承载网作为接入网与骨干网之间的关键枢纽，其重要性不言而喻。它通过对业务流量的汇聚、转发与调度等，实现了不同类型业务在城域范围内的有效传输。随着网络结构的扁平化，城域综合承载网的汇聚层和核心层逐渐融合，进一步提升了网络的传输效率和灵活性。城域综合承载网不仅承载着本地用户的访问需求，还作为骨干网的延伸，将本地业务流量高效地输送至更广阔的网络世界。随着 5G、通信云化、城域网络云化的建设，城域综合承载网将向着设备简化、协议简化，以及网络架构简化的目标发展。城域综合承载网顺应"设备简化、协议简化、云网一体化"的网络发展趋势，实现 5G 承载、通信云、固网宽带，以及大客户业务等多业务综合承载的目标，构建一张融合承载的智能城域网。城域综合承载网要综合考虑下面的业务场景：满足移动业务［包括 LTE（Long Term Evolution，长期演进技术）、NR（New Radio，新空口）业务］的承载诉求，满足企业专线以及专网的互通诉求。

2. 组网与业务

随着 5G、通信云化、城域网络云化的建设，城域综合承载网旨在为运营商提供能够统一承载移动、固定和专线业务的综合承载网，同时满足大带宽、高通量、高同步性等符合网络发展趋势的需求，并帮助用户降低运营成本。城域综合承载网的网络架构如图 2-6 所示。

城域综合承载网的典型组网主要划分成接入区域、汇聚区域和核心区域。城域综合承载网主要包括 ACC（Access Node，接入节点）、AGG（Aggregation Node，汇聚节点）、MC（Metro Core，城域核心节点）和 PE（Provider Edge，运营商边缘）等转发设备。城域综合承载网涉及的设备角色及功能介绍如表 2-2 所示。

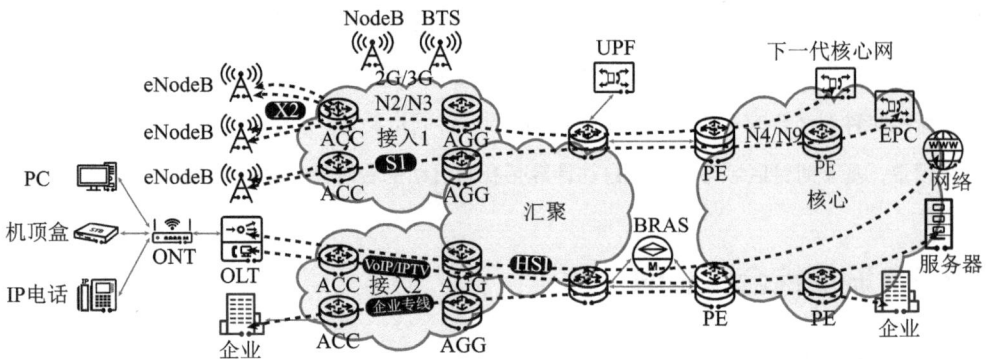

图 2-6　城域综合承载网的网络架构

注：BRAS 为 Broadband Remote Access Server，宽带接入服务器；ONT 为 Optical Network Terminal，光
网络终端。

表 2-2　设备角色及功能介绍

网络层次	设备角色	功能
基站	BTS（Base Transceiver Station，基站收发台）	泛指 2G 基站，移动通信系统主要由移动台、基站子系统和网络子系统等组成。基站收发台和基站控制器构成了基站子系统
	NodeB（3G 基站）	NodeB 即 3G 基站，通过标准接口与 RNC（Radio Network Controller，无线网络控制器）互连
	eNodeB（E-UTRAN NodeB，LTE 基站）	演进型 NodeB，泛指 LTE 基站
	gNodeB	5G 基站，提供 NR 用户面和控制面协议端点的节点
接入网（Access Network）	ACC	接收基站各类业务信号并处理后转发给汇聚层传输
汇聚网（Aggregation Network）	AGG	汇聚经各个基站侧网关处理后的业务信号并转发
	MC	与基站控制器连接的网关
核心网（Core Network）	NGC（Next Generation Core，下一代核心网）	5G 核心网

续表

网络层次	设备角色	功能
核心网 （Core Network）	BSC （Base Station Controller, 基站控制器）	负责管理无线资源、控制呼叫建立与释放、处理信号传输，并协调基站与核心网之间的通信，是移动网络中关键的管理和控制单元
	RNC	3G 网络的关键网元，是接入网的组成部分，用于提供移动性管理、呼叫处理、链接管理和切换机制等
	MME （Mobility Management Entity, 移动性管理实体）	MME 是 3GPP LTE 接入网络的关键控制节点，负责空闲模式的 UE 的定位、传呼过程，包括中继
	S-GW （Serving Gateway, 服务网关）	一种网关类型。对外提供代理、网关形式的服务，主要提供无线接入点业务承载接入、认证、业务控制、业务调度等功能。同时提供基于无线接入点业务的内容、流量计费
运维系统	NMS （Network Management System, 网络管理体系）	负责网络的运行、管理和维护功能的管理系统
其他	PE	与其他 AS 交换路由信息的路由器

为了满足运营商移动网络和固定网络业务不断增长的需求，以及运营商对降低投资和运营成本的迫切需求，移动网络与固定网络的融合势在必行，城域综合承载网需要满足多业务统一承载的需求，不同业务由不同的 VPN 技术承载，具体业务如表 2-3 所示。

表 2-3　城域综合承载网业务

业务大类	业务类型	业务说明	承载技术
移动业务	NR N2/N3、4G S1	基站与核心网之间的业务，包括控制面数据（N2）和用户业务数据（N3）。 LTE 基站与 EPC 之间的业务，包括控制面数据和用户业务数据	L3VPN
	NR Xn、4G X2	eNodeB/gNodeB 之间的互联业务	L3VPN
	NR N4	UPF 与 SMF（Session Management Function, 会话管理功能）间的控制面会话管理接口	L3VPN
	NR N9	UPF 与 UPF 间的接口，用于用户面核心网的互通	L3VPN

续表

业务大类	业务类型	业务说明	承载技术
固定业务	HSI	家庭宽带业务，主要实现家庭用户上网拨号和高速上网	L2VPN
	VoIP	实现语音在 IP 网络上的实时传送，主要包括拨号和电话通信的过程	L3VPN
	IPTV	点播视频业务，是指流媒体服务器根据终端用户的点播请求，以单播方式将预先制作好的媒体文件下发给机顶盒	L3VPN
企业业务	企业 2 层 E-Line 专线	通过 L2VPN 实现企业总部与分支之间，或分支与分支之间的互通。针对高价值专线业务，提供端到端调优隧道	L2VPN
	企业 3 层专线	通过 L3VPN 实现企业总部与分支之间，或分支与分支之间的互通	L3VPN

移动业务在 2.1.1 节中已经详细介绍，本节主要介绍固定业务与企业业务。固定业务主要包括 PC（Personal Computer，个人计算机）的 HSI（High Speed Internet，高速上网）业务、IP Phone 的 VoIP（Voice over IP，互联网电话）业务以及机顶盒的 IPTV（Internet Protocol Television，互联网电视）业务。

HSI 业务：家庭光猫终端与 OLT 之间通过 VLAN（Virtual Local Area Network，虚拟局域网）承载，OLT 与 BRAS 之间通过 QinQ 承载。用户采用 PPPoE（Point-to-Point Protocol over Ethernet，以太网承载 PPP）拨号方式获取地址，BRAS 处理 PPPoE 会话，并为用户分配地址。用户 IP 地址为私网 IP，通过 NAT（Network Address Translation，网络地址转换）变为公网 IP 地址，访问公众互联网。

VoIP 业务：语音数据通过 IP 网络进行传输，从而实现语音通信。VoIP 技术基于 IP 分组交换网络，通过对传统的模拟语音信号进行数字化、压缩和打包等一系列处理，使得语音业务可以通过 IP 网络进行承载。

IPTV 业务：IPTV 业务分单播 VOD（Video On Demand，视频点播）业务和组播 BTV（Broadcast TV，视频广播）业务，业务的内容源在城域数据中心存储，通过组播源注册。两种业务的设计和承载方式不同，VOD 业务为单播业务，和 HSI 业务类似。BTV 业务是组播业务，在城域网通过 NG MVPN（Next-Generation Multicast VPN，下一代组播 VPN）技术承载组播业务流量。组播业务不经过 BRAS 认证、计费等流程，接入侧设备需要支持 IGMP Snooping，通过 IGMP 将组播业务流量复制至家庭机顶盒。

企业业务主要包括企业的 2 层 E-Line 专线与 3 层专线业务,二者的实现技术不同,目的都是实现企业互联的业务。

随着企业客户数字化发展,企业专线带宽不断增大,传统 SDH/MSTP(Multi-Service Transport Platform,多业务传送平台)技术落后、价格昂贵、带宽小,已经无法满足专线业务需求。IP 技术作为数字化时代最佳的网络技术,提供低成本、大带宽、灵活连接的能力,通过城域综合承载网实现企业的 VPN 专线,实现企业互访、企业上网等业务。企业业务主要包括企业通过 CPE(Customer Premise Equipment,客户处所设备)接入互联网专线的业务,以及企业互联互通 VPN 业务。

随着企业数字化转型,为了实现企业站点之间的互联互通、企业上云等多样业务承载,企业上云业务已经成为城域综合承载网的重要承载业务。下面详细介绍企业上云业务及其面临的运维挑战。

IDC 研究报告分析,到 2025 年全部的企业都会使用云服务,约 85% 的企业应用将会部署在云端。数字化转型的目标是实现轻资产运营模式,将企业内部 IT 支撑系统以及生产系统逐步迁移到云上,享受云服务带来的高效和敏捷。企业应用上云重塑了企业 ICT 的部署方式,重构了企业与云、企业与企业、云与云之间的专线网络,重塑了运营商 2B(To Business,面向企业)业务。

云网一站式服务是企业 ICT 的关键诉求。对于企业 ICT 这一庞大市场,业界越来越多的参与者以不同的方案来满足用户的诉求。公有云厂商在提供云的基础上布局云骨干,提供云网一体化的服务,这种方式改变了对传统的互联网专线和组网专线的需求。这些产品和服务不仅重塑了专线连接的形态,同时具备灵活连接、快速开通、动态调整的能力,给运营商的传统专线市场造成压力。对于运营商而言,发挥网络的优势,提供广覆盖、灵活连接、SLA 可保障的专线,以及云网融合的能力是运营商在 2B 市场保持竞争力的关键。

在创业初期,小型企业主要聚焦于基础云服务的接入,如网站访问和 SaaS(Software as a Sevice,软件即服务)应用,这些需求通过标准宽带服务即可得到高效满足,实现快速上云。而随着企业规模扩大至中型,上云需求转向更复杂的自有办公自动化系统及业务系统的云端部署,这时需采用专线服务,构建从企业 CPE 到云 POP(Point of Presence,因特网接入点)的直接 VPN 连接,确保数据传输的安全与高效。互联网企业则更进一步,不仅租用运营商的 IDC 服务,还关注云出口带宽的灵活配置及上云专线的专享性,强调网络服务即开即用、带宽动态调整以及 SLA 质量可视化等，这对运营商的城域综合承载网提出了更高的运维要求，包括 IP 业务连接的自动化部署、SLA 保障机制以及 BoD（Bandwidth on Demand，按需分配带宽）自动扩容能力。

对于大型企业而言，构建本地私有云成为标配，以应对复杂的业务场景和数据处理需求。同时，面对如 AI 训练等短期高算力需求，企业需灵活接入公有云（如阿里云、华为云）资源，实现多云间的无缝协作与数据流通。这要求运营商的城域综合承载网能够提供一套成熟的多云互联解决方案，确保公有云与私有云之间的高效、安全连接，助力企业实现数字化转型与业务创新。

随着企业不同发展阶段的需求演变，其对于应用上云及总部与分支互联的网络诉求日益多样化。企业访问云的场景可细分为如下多个层面。

对于初创阶段的中小型企业，一般只有企业总部会依赖租用或者运营商托管的 IDC，将企业应用部署在公有云上。如图 2-7 所示，企业通过城域综合承载网访问租用 IDC 及公有云，实现企业应用上云。

单企业接入租用IDC到多云

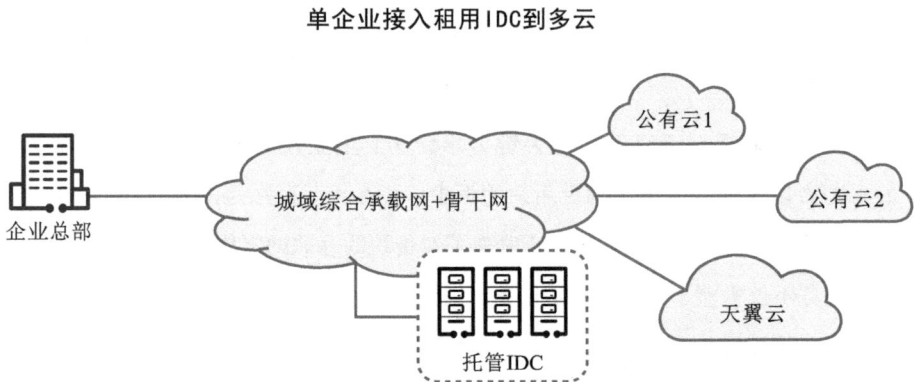

图 2-7 企业通过城域综合承载网访问租用 IDC 及公有云的组网场景

随着中小型企业的逐步发展，企业会自建 IDC，部署在企业内部的 IDC 将通过企业自建网络访问公有云。如图 2-8 所示，企业通过城域综合承载网访问公有云即可完成企业应用上云。

单企业自建IDC到多云

图 2-8　企业通过城域综合承载网访问公有云的组网场景

当企业扩展为大型集团时，企业总部数量增多，分支遍布多地，城域综合承载网需支持更为复杂的网络架构，包括总部与公有云、分支与总部、分支与自建 IDC 及公有云之间的多路径互联。如图 2-9 所示，企业分支通过城域综合承载网访问公有云与总部，完成企业应用上云。

企业分支到多云

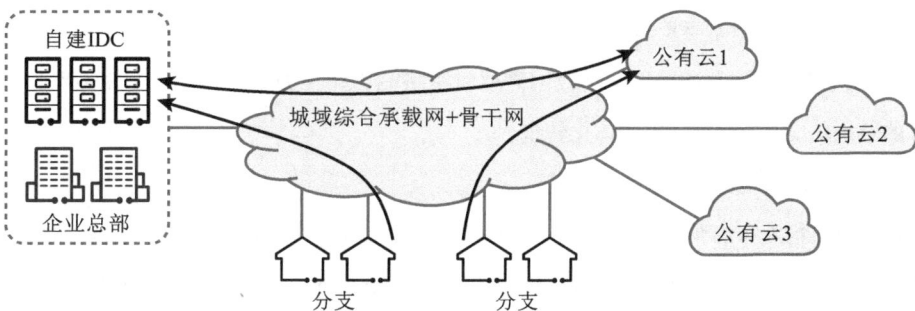

图 2-9　企业分支通过城域综合承载网访问公有云、总部的组网场景

对于部分大中型企业，若未自建 IDC 而采用租用方式，则需将总部、分支及租用的托管 IDC 统一接入城域综合承载网，实现业务的灵活调度与高效管理。如图 2-10 所示，此场景下，企业分支与总部、公有云、私有云之间的互联需求多样，要求城域综合承载网支持快速开通、点到多点、灵活的 IP 网络连接自动化服务等，确保企业 CPE 即插即用，网络即接即通。同时，针对不同业务（如上网、核心生产）的 SLA 要求，城域综合承载网需提供多 SLA 业务连接保障，确保业务质量。

企业分支接入租用IDC到多云

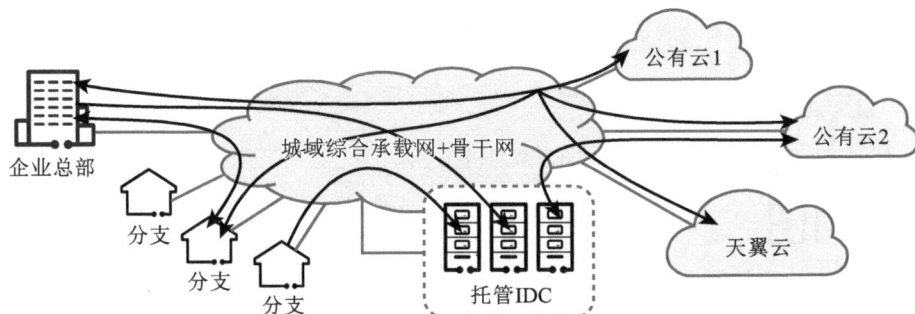

图 2-10　企业分支通过城域综合承载网到公有云、总部的组网场景

3. 关键挑战

根据上文中提到的企业上云业务规划，当前的城域综合承载网需要快速满足企业的不同上云需求，在城域综合承载网的运维过程中，面临如下挑战。

挑战一：云快而网慢。

随着企业数字化进程不断深化，企业云业务已经能够实现电商化订购和分钟级开通，但是网络业务的开通却需要长达"月级"的时间才能完成企业侧到云侧之间的连接。为解决网络业务开通慢的问题，城域综合承载网需要将网络能力转化为服务化接口，并实现与 OSS/BSS 的轻松集成，实现向云网一体化转型。

挑战二：多云难接入。

第三方机构发布的调查数据显示，约 93% 的企业计划采用公有云，其中约 74% 的企业会采用混合云模式，这意味着企业需要一种能够实现一点接入、多云连接的解决方案。传统的云和网络业务通常是点对点开通的，但现在企业需要一张可到多云的上云专网，实现一条专线便捷访问多云。为了解决多云难接入的问题，城域综合承载网需要根据企业的单点一线接入需求，实现与多云的连接，从而提供一线入多云的业务发放能力。

挑战三：SLA 难保障。

企业将核心生产系统迁移上云之后，必须确保企业的 SLA 得到保障，包括网络的带宽体验、时延的确定性体验和业务的可视化体验等。城域综合承载网需支持网络切片技术，为业务提供专属的承载切片，以确保业务所需的带宽。此外，城域综合承载网还需要支持对发放业务的智能故障分析和随流检测能力，实现故障的自动检测和处理，从而保障业务的 SLA。

4. 自动驾驶网络方案

随着城域网的发展，采用 SDN+NFV 架构，以通信云 DC 为中心，实现固网、移网以及通信云化业务的统一承载的城域网络架构，引入了 EVPN（Ethernet VPN，以太网虚拟专用网络）、SRv6（Segment Routing over IPv6，基于 IPv6 的段路由）Policy 等精简协议，这些协议对网络的运维模式提出了更高的智能化要求。为了应对城域综合承载网运维面临的关键挑战，需要基于 IP 自动驾驶网络满足零等待、零接触、零故障与自配置、自优化、自修复（简称"三零三自"）的能力要求，提升网络的敏捷性和开放性，降低网络建设和运维成本，具备领先云网融合的智能服务化能力，提供售前、售中、售后的运维特性，实现网络电商化。

下面详细介绍城域综合承载网的自动驾驶运维特性，包括云网自动化、站点自动化、业务自动化、网络切片以及业务保障，如表 2-4 所示。

表 2-4　城域综合承载网的自动驾驶网络方案

自动驾驶场景	关键挑战	自动驾驶运维特性
城域综合承载网	云快而网慢	云网自动化
		站点自动化
	多云难接入	业务自动化
	SLA 难保障	网络切片
		业务保障

云网自动化：为了实现企业不同上云业务对网络时延的要求，通过云网自动化的时延圈能清晰地呈现企业接入点到多云之间以及云 PE 覆盖的时延信息，支持以企业接入点为中心查看多级时延圈，也支持以云 PE 为中心查看云 PE 覆盖的时延圈。通过时延圈的功能，基于网元的 GIS（Geographic Information System，地理信息系统）位置，全网的时延资源分布实现完全可视。对于企业同时上多云的情形，提供套餐推荐的自动化能力，基于网络的时延、带宽以及云成本等进行综合计算，给出最优的上云推荐。

站点自动化：将海量 CPE 接入城域综合承载网，需要实现 CPE 自动上线，实现基础配置自动完成，实现设备即插即用。

业务自动化：城域综合承载网承担了企业上云、移动承载、家庭宽带等多种业务的 IP 网络连接，结合业务诉求进行转发路径计算，基于 VPN 业务模块、资源池化管理简化业务配置参数，通过业务驱动隧道、隧道驱动切片，实现自动化、SLA 可保障的业务发放，具备

"VPN over SRv6 over 切片"的一体化、自动化业务发放能力。通过业务模板化、通用参数自动映射、业务/网络/设备模型分层驱动，业务发放的参数数目从过去的 100+ 减少到 10+，操作步骤从过去的分步骤发放演进到一键式发放，根据业务 SLA 自动算路、自动生成隧道，省去了过去的多步操作步骤。同时通过标签压缩机制、Node + Link 混合标签组合压缩栈深，标签栈压缩比达 80%，解决了跨域场景下的长标签问题。

网络切片：城域综合承载网不仅要实现家庭、企业、移动承载的多种业务，还要在此基础上提供行业专线，让多种业务能运营在同一网络上。网络切片能保证各种业务带宽硬隔离，互不抢占。基于网络切片方案，根据用户诉求，采用 FlexE 接口或信道化接口将一张物理网切割为多个带宽硬隔离的切片，每个切片独立布放业务，互不影响。通过网络切片的自动化切片规划、切片自动化部署、切片拓扑可视、切片上业务开通的自动诊断，以及切片的带宽一键式调整等能力，实现网络切片的全生命周期自动化运维，提高运维效率。

业务保障：业务发放后要保障业务的 SLA，当 SLA 质量劣化时，能自动优化网络隧道以保障质量。业务保障支持 VPN 业务 SLA 多维度分析可视，主动发现质差专线，分析质差 VPN 连接状态和接入点满足度，提前给出预警风险。通过还原业务路径，随流检测、逐跳检测故障，业务保障实现分钟级质差逐跳定界：丢包和时延逐跳呈现、逐链路呈现。结合故障节点、故障链路（实际指链路两端的节点）进行告警等关联性分析，自动给出故障位置、疑似原因、修复建议等。

2.1.3　骨干网

1. 网络概述

骨干网是指由网络结构上层的核心网络设备连接组成的网络。表 2-5 所示是我国骨干网的承载网类型和业务定位。根据骨干网承载业务的特点，可以将其分为公众互联网与产业互联网。

公众互联网主要用于家庭宽带、手机上网、政企专线和大客户专线接入等业务，其流量主要用于互联网访问，网络中大部分为 Native（原生）IP 流量，业务流量大，无 QoS 保障，提供的主要是"尽力而为"服务。产业互联网则是覆盖全国以及部分海外节点的网络，主要为各地市无线、企业专线用户和运营商间的互访、DC 通信等业务提供通道。产业互联网主要承载的业务分为如下 4 类。

（1）面向高价值政企客户和自营业务，对网络质量要求高。

（2）端到端承载 L2VPN 和 L3VPN 等政企业务，固定 / 移动软交换、IT、大数据等自营业务。

（3）承载 IDC/VDC（Virtual Data Center，虚拟化数据中心）及自营云业务东西向流量。

（4）面向云业务，使能云网协同，提供更好的上云连接的云骨干网以及云专线业务。

表 2-5　我国骨干网的承载网类型和业务定位

承载网类型		业务定位
中国移动	中国移动互联网 II 平面	开放网络，定位于公众互联网
	中国移动互联网 I 平面	改造为 DCI 网络，属产业互联网
	IP 承载网	封闭网络，定位于移动承载等自有业务（如 2G/3G/LTE 语音业务、集团客户、政企专线等），属产业互联网
中国电信	163	开放网络，定位于公众互联网
	CN2/CN3 合一	半封闭网络，定位于综合高价值业务，包括移动业务、企业专线、大客户专线等，属产业互联网
中国联通	169	开放性网络，定位于公众互联网
	IP 承载 A 网（融合 CNCNET）	半封闭网络，定位于固定高价值承载网，包括 DCI 业务、企业 VPN 专线和企业互联网专线等
	IP 承载 B 网	封闭网络，定位于移动高价值承载网，包括联通移动电话业务和 3G 数据业务

2. 组网与业务

公众互联网组网架构如图 2-11 所示，其主要负责连接各地的城域综合承载网、IDC，以及通过 IGW 与海外的 POP、ISP 实现网络互通。

随着 IPv6+ 的发展及其在公众互联网的部署，公众互联网构筑了差异化承载平面，基于低时延和稳定时延、逻辑隔离等多种差异化保障手段，为网络流量提供 E2E、跨域、跨境的差异化保障，这些差异化保障包括城域网的高价值客户的加速（如千兆家庭宽带），还有家庭、企业访问 IDC/ 云的高价值业务的加速（如云游戏、VR 等），以及针对特定企业的特定业务的国际互联网到 POP 出口的加速。

产业互联网为运营商的高质量精品网络，负载低，传输链路 1∶1 保护。当前的产业互联网组网架构如图 2-12 所示，由骨干网和 ASBR（Autonomous System Border Route，自治系统边界路由器）（省级）以及各个承载网等组成。

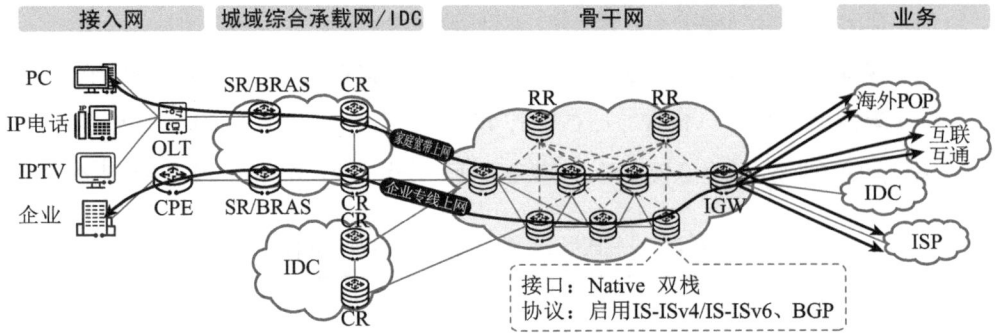

图 2-11　公众互联网组网架构

注：CR 为 Core Route，核心路由器；RR 为 Route Reflector，路由反射器。

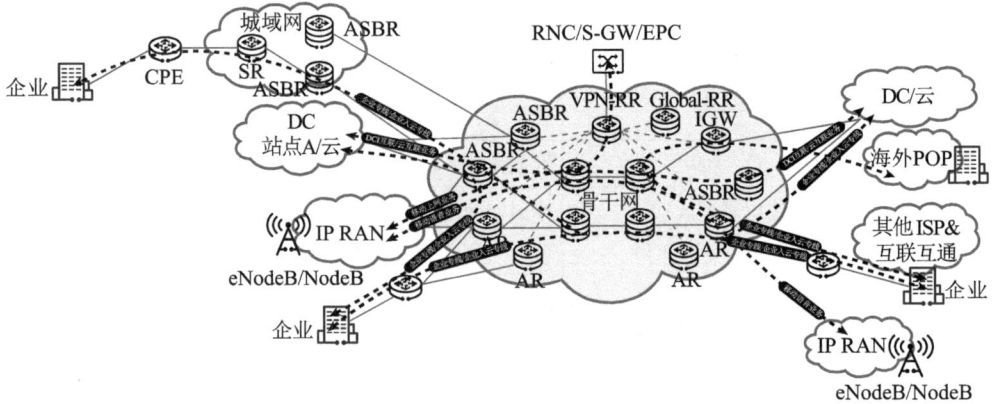

图 2-12　产业互联网组网架构

注：DC 为 Data Center，数据中心；AR 为 Access Route，接入路由器。

产业互联网是覆盖国内以及部分海外节点的网络，主要作用就是为各地市无线、企业专线用户和运营商间的互访、DC 通信等业务提供 IP 网络互联通道。产业互联网承载的业务可分为两类：一类是固定网络业务，包括 DCI 业务、需要 QoS 保证的企业 VPN 专线业务、需要 QoS 保证的企业 VPN 入云专线业务和需要 QoS 保证的运营商自有业务等；另一类是无线业务，包括分组交换、电路交换业务，以及无线互联网业务接入 EPC 的部分。常见的无线业务在骨干网上体现为 L3VPN，一般会接入双 PE，并且业务优先级为高。信令、语音、数据、计费、管理等业务一般分别由不同的 VPN 承载。

3. 关键挑战

骨干网是用来连接多个区域的高速网络，随着视频等业务的不断发展，用户对于互联网带宽的需求持续增长，网络传输数据量巨大，骨干网扩容压力大。一旦发生网络故障，出现业务中断时间长、故障波及范围广的情况，将对运营商造成巨大经济损失。运营商要打造安全、可信的高稳 IP 网络主要面临如下挑战。

挑战一：网络可视化难题。

80% 以上的 IP 网络为多厂商设备"插花"组网，而且同厂商设备也存在型号和版本差异。此外，网络设备上多种协议并存。IP 网络软件和硬件的复杂性给业界带来了网络可视化难题，主要表现在以下三方面。

第一，可视完整性：当前无法实现从物理层到协议层、切片层，再到业务层的多层可视，每层也无法实现全维度可视。例如，设备能耗不可视导致无法完成整网绿色节能优化。

第二，可视实时性：当前处于分钟级可视水平，无法满足网络故障快速感知、快速闭环的诉求。若网络故障导致业务质量变差甚至中断，往往几分钟后才能发现并处理，用户体验变差，离网率升高。

第三，可视易用性：运营商需要部署多个系统，每个系统又有多个界面，碎片化、离散化的可视化极大降低了用户体验，影响了运维效率。如，某运营商同时部署了 OMC 系统、综合网络管理系统、SDN 管控系统、流量流向系统等多个离散系统，则运维效率极低。

挑战二：配置错误影响业务范围。

IP 网络承载运营商移动通信、企业专线与家庭上网等数据业务，变更 IP 网络配置属于高危操作，如配置出错会造成巨大的经济损失。即便网络维护工程师遵循配置变更审核流程，但是由网络配置变更导致的网络故障占比依然高达 80%。运营商普遍存在"配置焦虑"，需要一种在线的配置验证工具，能事先评估验证网络配置影响和准确拦截错误网络配置。

挑战三：路由安全问题频发。

根据 MANRS（Mutually Agreed Norms for Routing Security，路由安全的共同协议规范）发布的路由安全报告，2021 年全球记录了大约 775 起路由劫持事件和 830 起路由泄露事件。无论是由于疏忽还是故意诱发的路由劫持和泄露，这些行为都可能对互联网的性能和服务质量造成重大影响。因此，实现 BGP 路由的可视化、进行 BGP 路由安全性分析、对异常路由发出警报并采取措施隔离，以及对 BGP 配置进行安全性验证等，已成为运营商和企业在构建 BGP 路由安全架构时的主要需求。路由安全问题实际可分为两大类。

第一，路由泄露：收到的路由被转发给了不该转发的 BGP 邻居，即互联网的互联架构问题，典型案例如 2019 年 6 月 6 日的 Safe Host 路由泄露事件。

第二，路由劫持：篡改了学习路由的 AS 属性，并将其发布给其他 AS，或产生了属于其他运营商的更精细的路由，并将其发布给其他 AS，即互联网的互联治理问题。

挑战四：流量不均衡。

城域网出口连接骨干网，IDC 也会连接到骨干网，但是流量突发或者业务发展不均衡会导致连接骨干网的多条链路的负载不均衡。

挑战五：无差异化连接。

针对城域网的高价值客户的加速，还有家庭、企业访问 IDC/ 云的高价值业务的加速，以及针对特定企业的特定业务的国际互联网到 POP 出口的加速等业务，要提供差异化承载能力，构筑低时延、大带宽的业务平面，支持把高价值业务引流到相应的业务平面，以满足业务的 SLA 诉求。

4. 自动驾驶网络方案

随着骨干网业务的持续发展，网络传输的数据量巨大，网络故障后影响范围广，所以对于骨干网的运维模式提出了更高的要求。为了应对骨干网的运维挑战，骨干网需要基于 IP 自动驾驶网络，满足"三零三自"的能力要求，降低网络建设和运维成本，实现领先的网络运维。

下面详细介绍一下骨干网的自动驾驶运维特性，如表 2-6 所示，包括网络多维可视、配置验证、BGP 路由分析、IP 流量调优。

表 2-6　骨干网的自动驾驶网络方案

自动驾驶场景	关键挑战	自动驾驶运维特性
骨干网	网络可视化难题	网络多维可视
	配置错误影响业务范围	配置验证
	路由安全问题频发	BGP 路由分析
	流量不均衡	IP 流量调优
	无差异化连接	

（1）网络多维可视

通过引入链路发现、随流检测等协议，构建出实时的网络状态，可实现对网络流量、路径的自动化调度，绘制出物理、切片、网络、路由、业务、应用 6 个层次的信息，无论网络发生什么变化，都可以尽收眼底。基于算路算法，自动规划业务需要的网络路径，支持百万级隧道调优，亚秒级故障收敛。这样就可以在规划阶段自动分析网络质量的拥塞点，帮助客户精准扩容；在运维阶段，实时感知网络变化，快速疏导拥塞，让网络负载更加均衡。

（2）配置验证

基于网络配置变更的一种模拟仿真技术，深度分析配置变更后网络中的 IGP/BGP 路由、LDP（Lable Distribution Protocol，标记分配协议）会话 /RSVP（Resource Reservation Protocol，资源预留协议）隧道及流量变化等，通过给出路由验证结果和流量验证结果，来达成提前感知变更对网络的影响、提前发现错误配置的目标。在网络割接配置发放前，通过命令配置仿真，提前识别人工配置错误，从而拦截潜在的重大网络事故，实现错误配置不入网。

（3）BGP 路由分析

通过 BMP（BGP Monitoring Protocol，BGP 监控协议）采集 BGP IPv4 公网路由，加工 AS 路径，实时感知、分析 BGP 路由安全风险，提供 BGP 路由查询、异常事件上报和 AS 拓扑可视等能力。BGP 路由分析定位于实现 IP 网络控制面路由可视化，通过对控制面的路由进行统一管理和分析，及时发现路由波动、路由异常等问题，为运维人员提供有效预警手段，提升运维效率；实现 BGP 路由实时可视、可监控、可重放，可及时地发现路由中断、路由泄露、路由劫持等重大问题，帮助运营商给 OTT 或者政企大客户提供重保路由监控等服务，从而实现业务的增收，助力运营商打造安全、可信的高稳 IP 网络。

（4）IP 流量调优

IP 流量调优主要包括网络应用与业务对象的流量流向可视、IP 流量均衡调优、差异化业务保障以及网络链路拥塞自解除的能力。流量流向可视功能主要是通过 IP 流报文与 IP 路由的字段信息定义网络中的应用对象、业务对象，如基于 IP 报文中的源宿 IP 地址、源宿端口以及 BGP 路由中的 AS 号、AS 路径、团体名、下一跳等信息定义对象，基于定义的网络对象的特性可以查看网络对象间流量流向、流量大小等信息。IP 流量均衡调优功能可以实现流量调优，通过修改流量的出口、引流入隧道、修改本地路由属性等方式，实现骨干网与城域综合承载网出入口流量均衡。针对部分差异化诉求的业务流量，差异化业务保障功能可以引 IP 流入 SRv6 Policy 隧道进行业务保障。网络链路拥塞自解除功能实时监控出口链路带宽利用率，当链路带宽超限时，自动采集链路上的 IP 流信息，自动推荐流量路径并引流到其他链路，快速解除链路拥塞。

2.2 企业 IP 网络组网场景

IP 承载网也被广泛应用于不同行业的企业广域网中，如金融、政务、教育等行业的专网。这些专网可以根据各自行业的特点和需求，进行定制化地设计和部署，以满足特定行业的数据传输和服务要求。通过这种方式，IP 承载网不仅为运营商提供了强大的网络基础设施，也为各行各业的企业提供了一个稳定、高效的数据传输平台。

2.2.1 金融行业广域网

1. 网络概述

金融行业广域网一般指承载金融业务的骨干广域网，作为金融行业的核心网络，如图 2-13 所示，它统一连接不同规模和类型的数据中心和分支机构资源，是数据中心间数据备

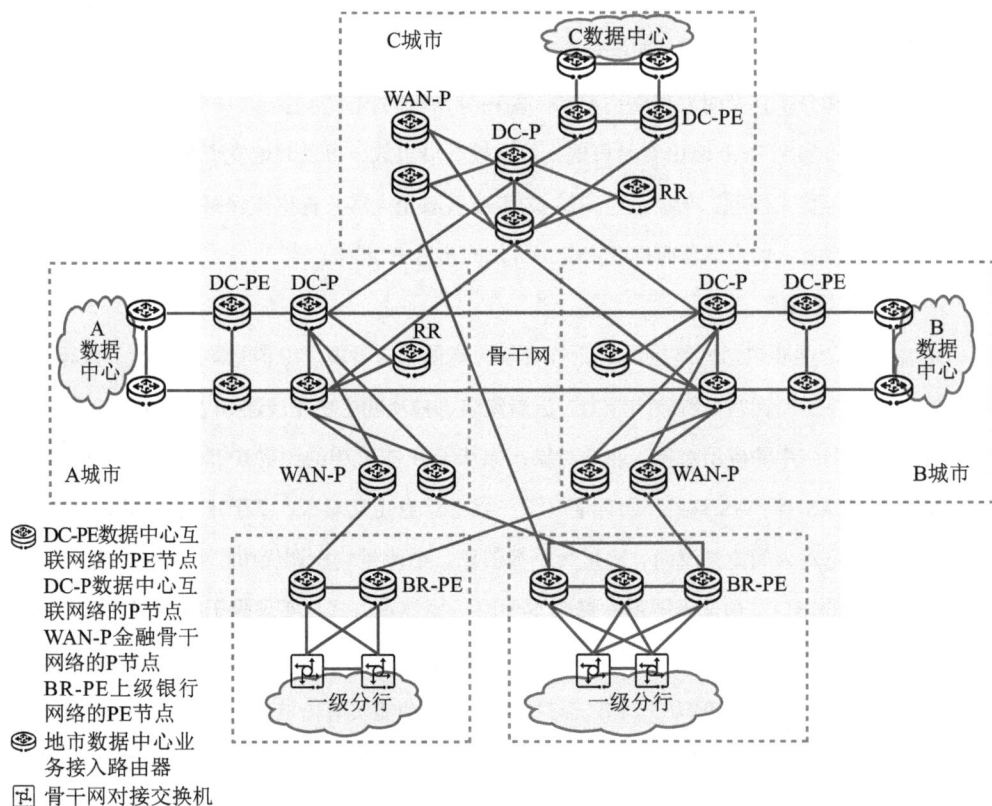

DC-PE数据中心互联网络的PE节点
DC-P数据中心互联网络的P节点
WAN-P金融骨干网络的P节点
BR-PE上级银行网络的PE节点
地市数据中心业务接入路由器
骨干网对接交换机

图 2-13 金融行业广域网的组网

份和分行与数据中心进行数据交互的"高速公路",提供高速融合承载和灵活调度,可以保障各类金融业务的服务质量,为金融客户提供服务。

2. 组网与业务

银行业务经历了如下 4 个阶段:第一阶段,采用传统银行模式,基于物理网点和存折进行金融交易;第二阶段,结合电子技术,增加 ATM(Automatic Teller Machine,自动柜员机)和网上银行等服务;第三阶段,随着移动互联网和移动支付的发展,用户可以随时随地获取银行服务;第四阶段,进入数字化时代,银行服务融入各类生活场景,提供个性化、智能化、实时化、体验化的金融服务。

在不远的未来,银行将从传统的物理实体向无处不在、数字化的"行为"转变。借助 AI、物联网和 5G 等前沿技术,银行的业务边界得以拓展,为创新提供了前所未有的机遇。这些技术的融合推动了银行业务模式的革新,驱动着创新型业务的蓬勃发展,以满足用户日益复杂和多元化的业务需求。

业务示例一,移动端引领的创新获客:银行采用移动优先策略,客户只需轻触手机,即可便捷办理银行业务,显著提升离柜率,同时优化移动支付体验,增强客户黏性。

业务示例二,大数据驱动的精准营销:运用大数据技术精准营销,实现信用卡实时征信,将烦琐的审核流程缩短,显著提升用户满意度,赋予用户极高体验。

业务示例三,开放银行的生态融合:通过 API 开放平台,银行与不同行业生态无缝对接,将服务嵌入生活场景,提供全方位、无感知的综合服务解决方案,覆盖出行、住房、教育、健康、养老、社区、公共服务、理财与保障、数字内容与新媒体、旅游与酒店、运动、餐饮、跨境服务等 13 个场景领域。

业务示例四,"金融太空舱"的智能服务:集计算机视觉、语音识别与机器学习等于一体的"金融太空舱",可以实现理财投资、账户管理、生活缴费等业务的自助办理,通过个性化沟通和产品,实现用户对交互、私密与体验的极致追求。

业务示例五,智能投资顾问的个性化服务:通过深度分析用户行为、市场和产品等,智能投资顾问为每位用户提供定制化投资建议,以用户体验为中心,实现客户黏性的增强和获客率的提升。

银行的数字化转型带来了业务的转变,催生了全场景的金融服务,推动实现客户的极致追求,而业务的转变带来了 ICT 基础设施的改变,这种转变对承载银行多样化业务的金融行业广域网的业务运维提出了更高的要求。结合银行的业务发展,金融行业广域网发展趋势如下。

趋势一，多地多云互联：随着银行业务的发展，越来越多的应用部署在数据中心，而单个数据中心的规模有限，不可能无限扩容。业务规模的不断增长使得单个数据中心的资源很难满足业务增长的需求，需要多个数据中心来部署业务。大型银行持续地进行金融科技的探索，伴随着"互联网+"、云计算、大数据的发展，虚拟化和资源池化成为主流需求，需要整合跨地域、跨 DC 资源，形成统一资源池。同时，业务系统多 DC 分布式部署可以形成多活，实现就近提供服务，提高用户体验。因此，"分布式多数据中心"成为当前的主流演进方案。同时，数据安全、业务的可靠性和连续性也越来越被重视，备份和容灾逐渐成为普遍需求，需要通过建设多个数据中心来解决容灾备份问题，实现从"两地三中心"到"多云多中心"的演进。多地多云互联要求网络运维智能化，实现多种云业务网络互联发放，实现网络资源均衡调度。

趋势二，网络随时、随需被调度：随着银行业务的发展，网络接入的终端除了银行业务的常用的 PC、ATM、POS（Point of Sale，电子付款机），VTM（Virtual Teller Machine，虚拟柜员机）、视频监控、智慧终端以及智真会议终端等都会被接入银行的广域网。除了接入终端的多样化，银行业务也发展为存贷类、理财类、保险类、代理缴费类、外汇类、证券类等多种业务，而这些业务都由金融云的微服务提供。由于接入终端的多样化与银行业务的广泛性，所以也要求网络提供差异化的网络服务。

趋势三，全网 IPv6 化：金融行业广域网从骨干网向分支机构网络全面铺开。国家政策正加快推进基于 IPv6 的下一代互联网在金融行业大规模部署，促进互联网的演进、升级与金融领域的融合、创新，满足多样化业务承载需求。

3. 关键挑战

由于业务的多样化发展，承载业务的银行网络流量与复杂度在不断增加，流量结构越来越繁杂。金融行业广域网的整体运维遇到如下挑战。

挑战一，多云业务互联，业务创新慢：银行业务上金融云、多种业务入云、云间数据备份等业务互联时，由于业务的分段管理，总行和分行之间的协同效率低下，创新速度受限。这种"分段运营"的模式使得跨云、跨厂商网络的管理变得复杂，自动化水平面临挑战，业务创新不敏捷。因此，建设"敏捷云"成为当务之急。随着银行纷纷采用多云、多厂商、多网络架构，自动化运维的需求日益迫切。这种模式下的网络管理往往受限于各自云服务商和设备的网络管控系统，导致人工干预频繁，断点数量激增。例如，一个跨云、跨厂商的复杂业务可能面临 100 个以上的断点问题，这不仅增加了运维成本，还可能影响业务的正常运行和用户体验。为应对这类挑战，银行需要寻求统一的网络管理平台，实现云间资源的高效调度和协同，同时优化网络架构，减少断点，提升业务的连续性和响应速度。可以采用 SD-WAN 技术，实现网络的自动化和智能化，以及采用云原生的 IT 服务管理，以适应多云环境下的运维需求。通过这些方式，银行可以实现业务的快速创新和高效运营。

挑战二，多样化业务差异化承载：业务向云上迁移时，近万种微服务产生的流量模型的复杂程度超乎想象。基于传统路由的流量管理和调度策略的灵活性不足，无法动态调优，导致应用策略变更、新应用上线的配置调整工作量极为繁重。由于传统应用和网络运维系统隔离，一旦出现故障，各部门需要使用不同的工具分段定位，并联合人工分析故障点，故障定位时间长达 70min，严重影响用户体验。部分业务对广域链路突发流量带宽的要求高，缺少流量精细化监控手段，缺乏应用感知能力，导致管理、运维困难。

挑战三，业务增长导致专线费用高涨：金融骨干网分布式多数据中心的演进使 DCI 流量激增，也极大地增加了线路租用的成本压力，迫切需要一种创新技术实现数据压缩及传输加速，提高单位带宽利用率，减缓骨干网带宽容量增速，达到降本增效的目的。另外，传统的线路级压缩加速技术已不再适用分布式多地、多中心互联架构，必须考虑适合多点到多点任意连接的网络级数据压缩加速技术体系。华为在广域网设备上部署内置压缩业务板，流量压缩比高达 1.6∶1。以两个 DC 的互联为例，一条 2.5Gbit/s 的专线，在流量达到 3Gbit/s 之前就需要扩容为 2 条；而采用华为广域数据压缩方案后，不需要再增加专线，做到了扩容不加线。同时，华为广域网方案支持智能调优选路，使多条专线的带宽利用率达到均衡，避免由于流量在繁忙链路中集中而扩容，再次降低专线扩容成本。

面向未来的新一代广域 SDN，将不断提升网络运维效率，实现端到端网络和业务可视化，并精细化监测各类业务流量和变化趋势，进一步指导未来网络规划。

4. 自动驾驶网络方案

广域网由传统网络向 SDN 转变，可以构建一张高速、安全、灵活的骨干承载网，完成将银行现有多种业务平滑迁移到下一代骨干网，不仅能够满足在安全隔离、服务质量保障方面的承载需求，还能满足未来新增用户的快速承载接入，以及业务安全、服务质量保障方面的承载需求。在运维上，广域网可以收集全网运行及流量信息，通过对全网实时信息数据的分析，实现手动和自动的实时流量调度与服务调整。通过细化的统计、分析实现用户分析、网络流量趋势分析以及模拟变更等，并通过数据分析提供智能化故障预警与分析定位功能，从而实现智能化运维。金融行业广域网涉及的关键网络运维特性如下。

（1）业务自动化：端到端 SRv6 打破流程壁垒，业务敏捷上云

提供业务随需调优，统一路径规划和流量调优，实现差异化业务的灵活保障，并提升链路带宽的利用率。

（2）网络调优：采用 SRv6 智能云图算法，实现专线间利用率的均衡，最大化利用专线资源

为了实现金融行业租用的专线利用率最大化，需要结合链路的流量与带宽信息进行综合算路与优化，实现专线链路带宽占用负载间的均衡。

（3）智能故障：网络业务全局可视，随流检测故障点，实现原因告警、快速定位

网络在正常运行的过程中，内部与外部的原因都可能影响网络性能，引发网络故障。为保证当前网络在低成本下的足够性能，并为未来的网络性能需求做准备，需要规划、监控与衡量网络效率，如吞吐率、利用率、错误率等。通过性能管理可以提前发现劣化趋势，不仅能在故障发生前解决掉隐患，规避网络故障风险，还实现了基于业务报文的高精度性能统计功能，包括丢包、时延和抖动等。随流检测基于真实业务流进行检测，实现业务 SLA 可视、提升故障定界定位效率。

（4）应用数据压缩：通过数据压缩技术，降低专线租用成本

提供金融业务的数据压缩，达到降低应用租用专线的带宽要求和租用成本的目的。

根据报文特征来判断报文是否适合部署数据压缩，具体情况如下。

- 适合压缩的报文：长包（冗余大的报文）、文本类、数据库（Database，DB）（结构化报文）类等。
- 不适合压缩的报文：图片、视频、已经压缩过的办公业务流量等。

对于金融业务，适合压缩的报文为数据库异地复制类、磁盘异地复制类以及文本类占比较高的批量文件、报表等。

2.2.2　政务网

1. 网络概述

近些年来，政府业务的数字化进程持续加速。目前，政务云和政务外网不仅承接政务一网通办的支撑重任，还成为智慧城市建设的"底座"。由于传统政务市场的环境下形成了多朵

云、多张网的格局，让信息共享非常困难。未来智能城市将会驱动云网加快一片云、一张网建设，实现一张政务专网承载政务、城市视频、物联网，甚至未来的工业互联网等业务的一体化服务。2016 年 4 月 19 日，习近平总书记在网络安全和信息化工作座谈会上指出："要以信息化推进国家治理体系和治理能力现代化，统筹发展电子政务，构建一体化在线服务平台，分级分类推进新型智慧城市建设，打通信息壁垒，构建全国信息资源共享体系，更好用信息化手段感知社会态势、畅通沟通渠道、辅助科学决策。"

2. 组网与业务

按照"应接尽接"原则，构建覆盖省级、市级、县（区）级、乡（镇、街道）级、村（社区）级的集政务外网、互联网、政务专网的"一张网"。总体采用业务与网络分层构建、逐层保护的指导原则，如图 2-14 所示。在逻辑层次及业务的划分上，电子政务外网核心架构为"一纵三横"结构，其中"一纵"为省级、市级、县级纵向广域网，"三横"为省级、市级、县级横向政务外网城域网。通过电子政务外网连接省级政务云与市级政务云平台，为省级区域所有电子政务项目提供高水平的云服务，实现省级区域"一片云"。网络可以根据云内应用部署情况，利用 SDN 技术调整访问云上应用的流量路径，避免因热门应用导致网络拥塞，提高应用访问体验感，实现"网随云动"。通过"云网融合"实现一网多能、一网多用，为省级区域政务服务实现全面的基础性支撑保障。

（1）省级广域核心节点横向连接至省级政务城域网核心路由器和省级政务云平台，纵向上连至中央广域接入节点、下连至市级广域核心节点。省级政务城域网互联至省级互联网出口平台。

（2）市级广域核心路由器横向连接至市级政务城域网核心路由器，纵向上连至省级广域核心节点、下连至县级广域核心节点。市级政务城域网互联至市级政务云平台和市级互联网出口平台。

（3）县级广域核心节点横向连接至县级政务城域网核心节点，纵向上连至市级广域核心节点。县级政务城域网互联至乡镇政府、村 / 居 / 街道等各级行政单位，同时互联至县级互联网出口平台。

政务外网是省级电子政务领域重要的信息化基础设施，是满足各级政务部门经济调节、市场监管、社会管理和公共服务等方面需求的政务公用网络。政务外网纵向覆盖省、市、县、乡、村 5 级行政管理部门，横向连接各级政务部门。

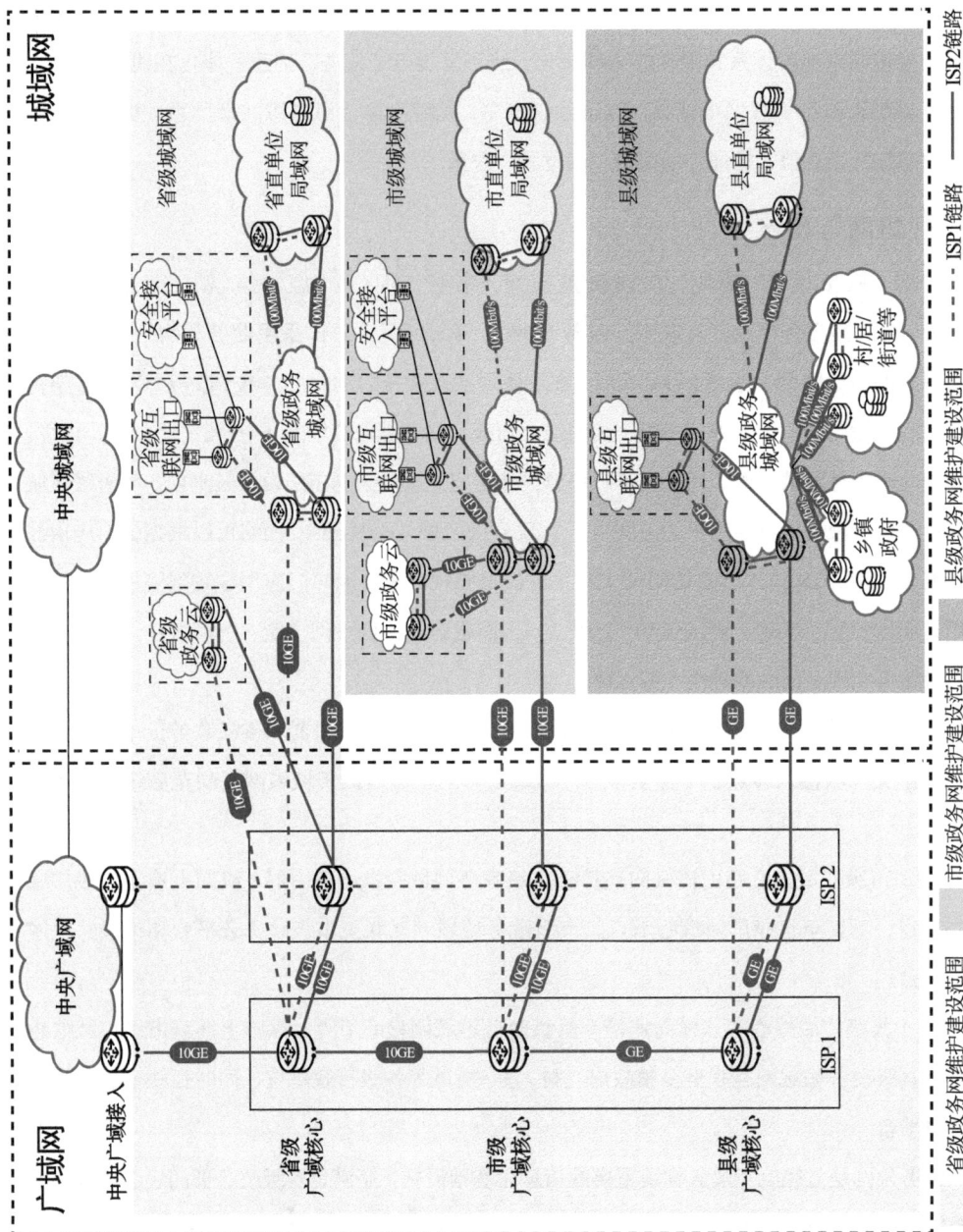

图 2-14　政务网的网络架构

3. 关键挑战

运维工具是确保运维团队能够高效、高质量地完成服务的关键技术手段。它们的目标是实现政务外网的自动化运维监控和规范化服务流程，全面提升服务水平，并增强各级运维单位的协同能力。政务外网运维工具的建设分为两个层级。第一层是省一级运维保障系统，负责统一监控全省的重要政务外网和业务应用，与省本级及市（州）级运维保障系统交换数据，实现协调运维。第二层为省（市）二级运维保障系统，包括省本级运维保障系统和市（州）级运维保障系统。

省本级运维保障系统由配置管理系统、智能监控平台和运维流程管理平台等组成，保障省本级政务外网软硬件资源的监控管理。市（州）级运维保障系统具有相同的结构，但管理范围限于市（州）级政务外网。

面向数字化社会，电子政务外网在功能升级的过程中，需要输送政务云应用数据至各部门，同时政府信息化基础设施朝集约化的方向发展。但多样化的业务发展和网络流量的增加带来了以下运维挑战。

挑战一，业务开通慢，业务安全难隔离，业务体验保障不足：政府大量业务上云，而且业务迁移到云网相对较快，但是业务迁移后，各部门到云的网络配置复杂，业务连接多样化，导致上云业务开通慢。针对部分对安全敏感的业务，要实现网络承载的隔离与快速发放，对业务开通也提出了新的要求。当政务业务开通后，网络流量不均衡会导致局部的链路拥塞，如政务网上的视频会议业务激增，出现视频卡顿的问题，从而影响正常的会议质量。由于政务外网具有省、市、县多级的网络层次，链路时延增大，部分敏感业务体验感变差。这些都对业务质量保障、安全隔离、快速开通提出更高的要求。

挑战二，安全防护不足，省市强、县乡弱，园区难防控：省级范围内各市（州）政务外网的网络安全防护能力不均衡。各市（州）安全基础设施建设水平差异较大，少数先进市（州）投入大量资源，完善安全基础设施建设，而个别市（州）安全防护手段、设施单一，难以满足新网络安全形势下的安全防护需求。各市（州）安全团队建设水平也良莠不齐，部分市（州）通过与外部安全服务商、厂商合作来弥补安全人员紧缺的劣势，而少部分市（州）截至目前还没有采取任何提升安全团队运营保障水平的行动。网络安全态势感知工作开展情况差异较大，只有不到一半的市（州）建设并运营网络安全态势相关平台，同时缺乏统一的建设标准与运营流程。

挑战三，运维效率低，故障定位难，业务恢复慢：随着网络规模扩大、业务多样化，网络故障后有海量告警要处理，对运维技能要求高。对于重点保障的业务（如省市视频会议），出现问题定界、定位难，并且网络、应用状态不可见等问题，而且对于业务质量变差缺少有效定位手段。

4. 自动驾驶网络方案

面向数字化社会的智能城市建设，政务专网需提供安全、可靠的网络支撑，实现政务、城市视频监控、物联网及工业互联网的一体化服务。政务专网的建设目标是实现一个全面覆盖省、市、县、乡、村 5 级行政管理部门的全域网络，同时作为工业互联网和城市物联网的连接底座，延伸网络服务至城市治理的每个角落。这一网络将通过以下技术提升服务水平和运维效率。

（1）网络切片

网络切片技术将物理网络虚拟化为多个逻辑网络，为重保业务（如视频会议）提供专属通道，保障带宽和时延，实现"零丢包、零卡顿"，确保敏感业务的安全隔离和高品质体验，实现一网多用。

（2）业务自动化

利用意图驱动和 SRv6 技术，网络可以在业务迁移上云时快速打通数据通道，缩短业务上云周期。随着业务上云，热门应用的访问流量会出现激增，部分链路可能出现拥塞。因此，网络需要具备流量路径自动优化功能，将部分流量调整到备份的空闲链路，避免拥塞，保证业务体验。

（3）安全态势感知

构建贯穿整网的纵深防御，通过全网威胁监测和智能化分析，实现威胁的快速识别和感知。通过与网络设备的联动，快速处置闭环，杜绝威胁扩散，保障核心政务业务安全，真正解决基层安全防护薄弱带来的风险问题。

（4）业务保障

结合大数据和 AI 技术，实现故障的快速定位和处理，提升网络业务的健康度和业务质量的可视性，确保常见的典型网络故障模型的分钟级定位和历史故障的回溯分析。

通过这些方案，政务网络运维将实现监控自动化和服务流程规范化，并能提高各级单位的协同运维能力，有效应对业务开通慢、安全防护不足和故障定位等关键挑战，推动政务网络向智能化运维转型。

2.2.3 普教专网

1. 网络概述

普教专网指在省级行政区域范围内建设的教育骨干网，利用计算机网络技术，以光纤为传输介质，连接各市、县教育子网，高校、高职院校校园网，国家教育专网，以及政务外网等，如图 2-15 所示。普教专网是由核心节点、城市高校节点、主干光纤传输线路等组成的网络，支持各种大带宽、低时延的教学应用场景，满足名师课堂、同步互动教学和教研、教务会议等各级各类教育管理和教学资源信息化应用，为教育大数据应用和智慧教育提供有效支撑。

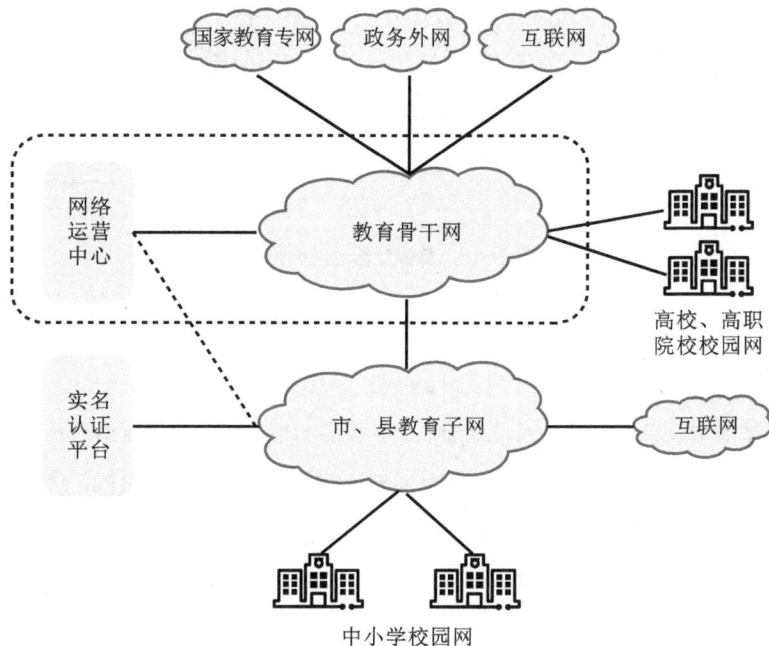

图 2-15　普教专网的组网

2. 组网与业务

普教专网中，网络设备节点包括核心节点、汇聚节点、各市接入节点等，在各地市部署一对 PE 节点接入普教专网。基于各地市位置，辖区内高职院校、高校接入数量，省级数据中心选址等，可选择部署两到三对汇聚节点，再从汇聚节点中挑选一对作为核心节点与外省核心节点互联，每层网络根据业务需求和用户分布情况设置相应节点。普教专网的网络拓扑如图 2-16 所示。

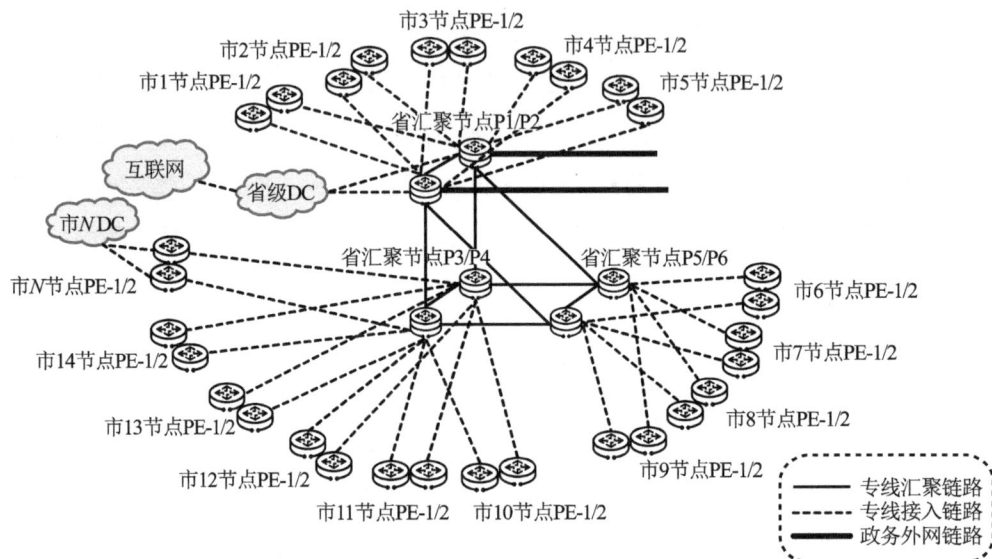

图 2-16　普教专网的网络拓扑

汇聚路由器之间以裸光纤互联形成双平面结构，链路带宽至少为 40Gbit/s，并具备升级到 100Gbit/s 的能力。

接入层按地市数量共设置多对接入节点：学校多的地市可考虑设置两对接入节点，其余地市分别设置一对汇聚节点。每对节点根据需要推荐部署两台接入路由器，这两台接入路由器之间直连。接入路由器均以双链路或口字形组网上连到就近的两台汇聚路由器，通过租用运营商链路承载，主备链路带宽至少为 40Gbit/s，并具备升级到 100Gbit/s 的能力，可租用不同运营商链路提高链路可靠性。

区县普教子网出口设备（路由器或交换机）就近以双链路或口字形组网接入本地普教专网接入设备，接入线路可采用自建光纤、租用裸光纤、租用传输专线等，可租用不同运营商链路提高链路可靠性。其中，市直辖中小学也以单个独立普教园区接入方式接入普教专网。市、区、县中小学通过普教子网出口设备汇聚后统一就近接入各普教专网。

各高校、高职院校可通过接入节点或就近的汇聚节点直接接入省市普教专网。根据各单位具体情况，接入线路可采用自建光纤、租用裸光纤、租用传输专线等形式，也可为重点单位提供双链路接入。省市普教专网还要与其他网络和平台进行对接，实现业务的互联，以下详细介绍省市普教专网与各网络和平台的对接方案。

（1）省市普教专网与省级电子政务外网对接方案

按照省市普教专网接入省级电子政务外网的规划，省市普教专网需统一接入省级电子政务外网。省市普教专网与省级电子政务外网对接按照双归接入、就近接入原则，选取一对汇聚节点作为对接节点，省级电子政务外网负责解决政务外网到区厅节点的远程链路，并部署对接路由设备，业务 VPN 跨域对接采用 OPTION A 方式。省市普教专网与省级电子政务外网对接方案如图 2-17 所示。

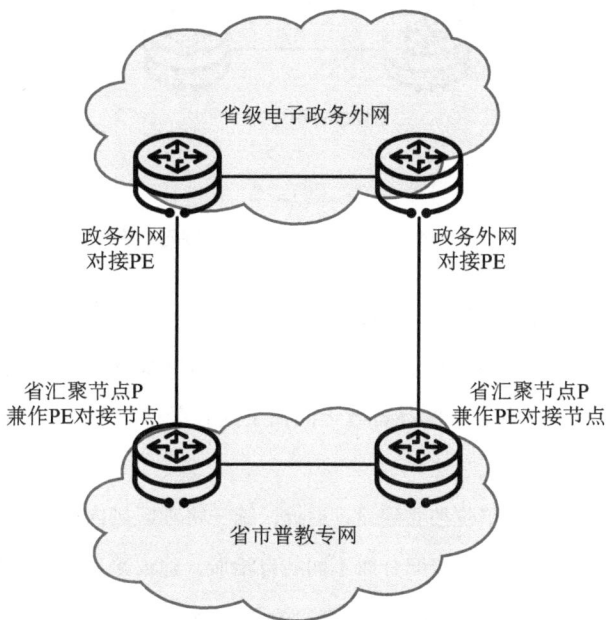

图 2-17　省市普教专网与省级电子政务外网对接方案

（2）省市普教专网与国家普教专网对接方案

省市普教专网需与国家普教专网进行对接。当前省市普教专网主要采用 L3VPN 技术建设。与国家普教专网进行对接主要通过 OPTION A 方式实现。省市普教专网与国家普教专网对接方案如图 2-18 所示。

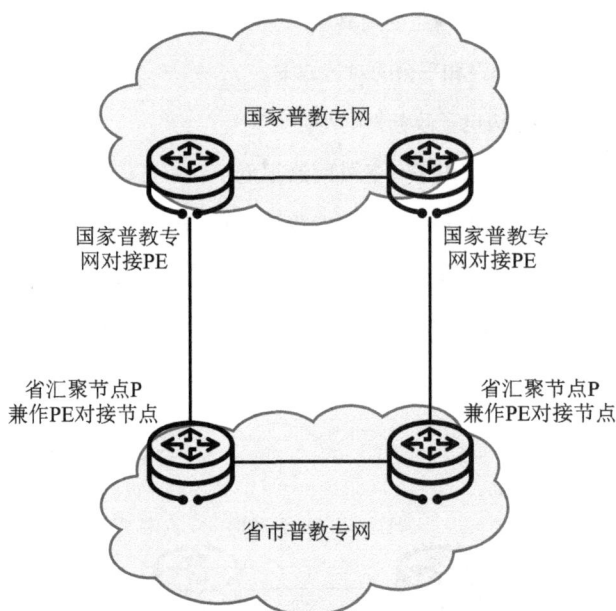

图 2-18　省市普教专网与国家普教专网对接方案

（3）省市普教专网与区县普教子网对接方案

为整合各级教育资源，实现省级、市级、县（区）级学校教育数据信息互联互通，实现区县教育系统的信息资源共享，区县普教子网需下连各个中小学，上行接入普教专网市级节点。

区县普教子网由区县级单位独立建设、运维，统一将本区域内中小学接入普教专网汇聚节点。区县普教子网与省市普教专网分属不同的自治域，建议采用 OPTION A 的跨域对接方式，实现 VPN 业务的贯通。区县普教子网 PE 与省市普教专网 PE 之间的链路，可以采用基于 802.1Q 的不同 VLAN 子接口方式，实现一条物理链路承载多个 VPN 业务，对接方案如图 2-19 所示。

（4）省市普教专网与高校、高职院校对接方案

各高校、高职院校就近接入省市普教专网，可采用通过自建光纤、租用裸光纤、租用传输专线等接入方式，就近接入省市普教专网接入节点。各高校园区出口路由器作为 CE（Customer Edge，客户边缘设备）节点，依据高校网络出口现状，可采用单设备单归、单设备双归、双设备双归等形式，并通过静态路由或动态路由等方式实现高校园区网络与省市普教专网路由互通，其对接方案如图 2-20 所示。

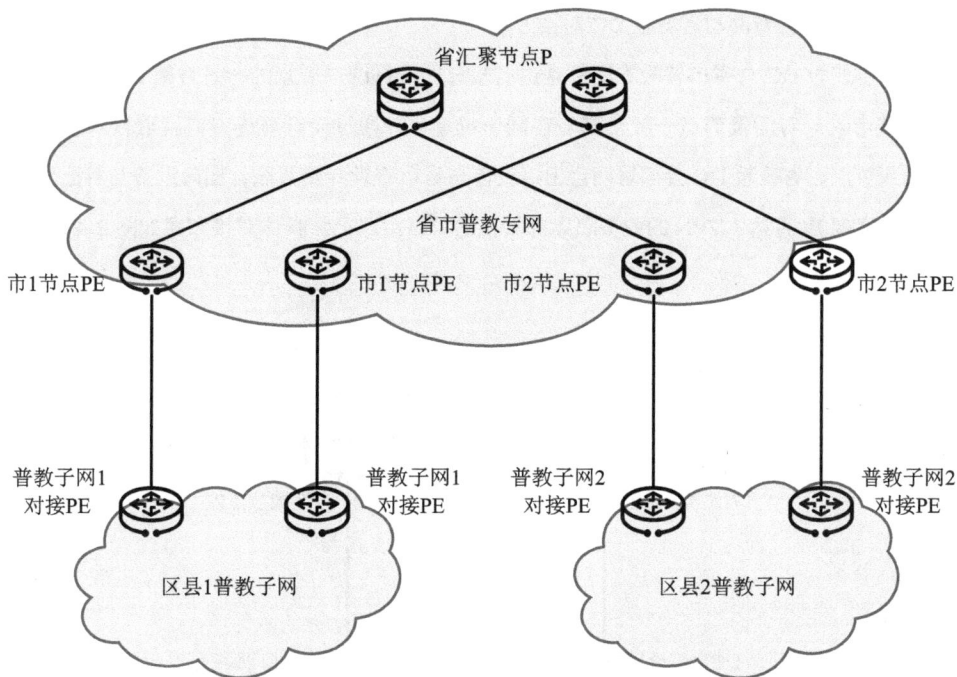

图 2-19 省市普教专网与区县普教子网对接方案

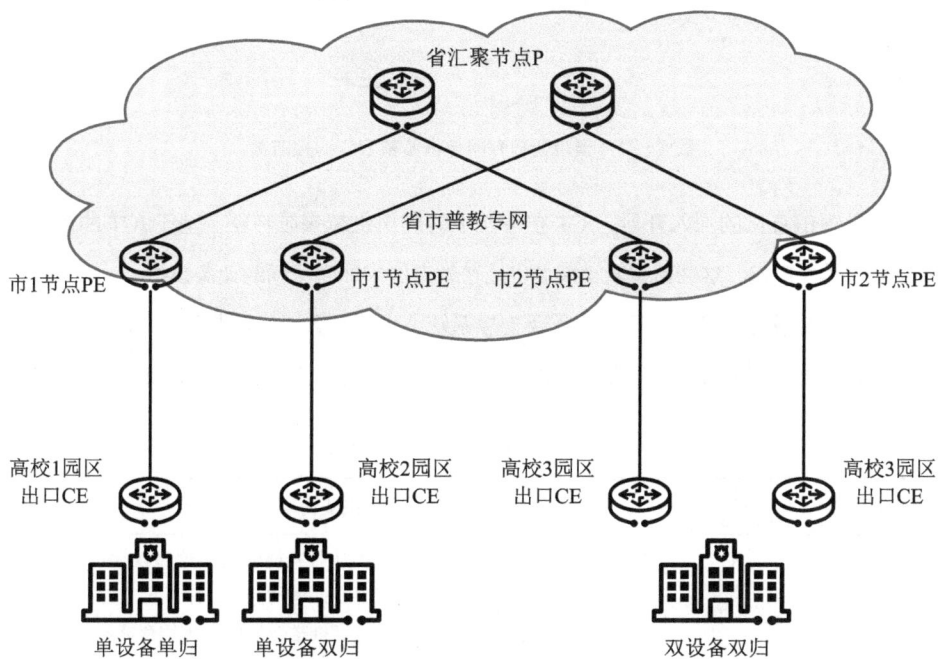

图 2-20 省市普教专网与高校对接方案

（5）省市普教专网与省普教 DC 对接方案

由于省普教 DC 与省市普教专网都是由省教育厅进行统一规划的，省普教 DC 与省会、直辖市等城市的一对汇聚节点一般会部署在同一位置，并通过光纤直连方式就近接入省市普教专网接入节点。省普教 DC 会部署两台出口设备与省市普教专网互联，出口设备与省汇聚节点之间可以实现 IP 直达，VPN 的业务隔离部署在出口路由器上。具体对接方案如图 2-21 所示。

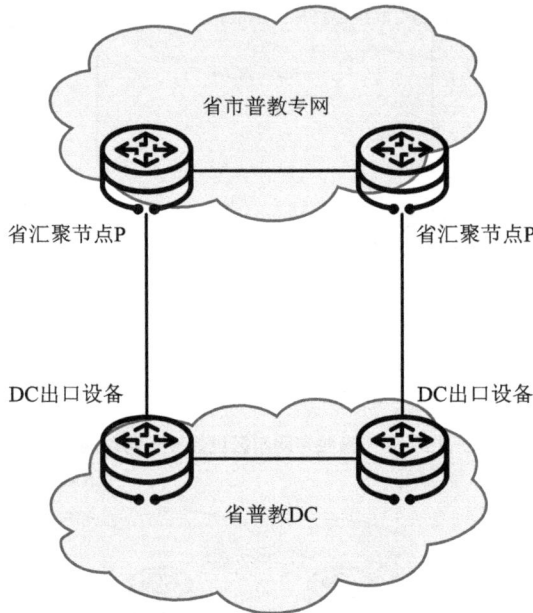

图 2-21　省市普教专网与省普教 DC 对接方案

随着教育信息化的深入开展，ICT 在普教中的应用也越来越广泛。基于 ICT 的应用产生了大量新型教学模式，这些新型教学模型也使普教专网中产生了新的业务模型。

普教专网是教育业务得以开展的重要支撑系统，主要覆盖"3 个课堂"、教辅资料、教务办公、信息管理、考场监管、平安校园和在家学习 7 类教育核心业务，详细描述见表 2-7。

表 2-7　普教专网主要业务

分类	业务	主要内容
3 个课堂	专递课堂	"专递课堂"强调专门性，主要针对农村薄弱学校和教学点缺少师资，开不出、开不足、开不好国家规定课程的问题，采用网上专门开课或同步上课，利用互联网按照教学进度推送合适的优质教育资源等形式，帮助其开出、开足、开好国家规定课程，促进教育公平和均衡发展

分类	业务	主要内容
3 个课堂	名师课堂	"名师课堂"强调共享性,主要针对教师教学能力不强、专业发展水平不高的问题,通过组建网络研修共同体等方式,发挥名师名课示范作用,探索网络环境下教研活动的新形态,以优秀教师带动普通教师水平提升,使名师资源得到更大范围共享,促进教学业务的发展
	名师网络课堂	"名校网络课堂"强调开放性,主要针对有效缩小区域、城乡、校际之间教育质量差距的迫切需求,以优质学校为主体,通过网络学校、网络课程等形式,系统、全方位地推动优质教育资源在区域或全国范围内共享,满足学生对个性化发展和高质量教育的需求
教辅资料	教案写作	主要为教育工作者提供教辅材料,提供教案写作、课件制作的相关材料
	职业发展	提供教师职业发展、自我提升的途径
教务办公	OA 办公	和政务外网相连,提供在线办公服务,如教育政策文件公示
	教务会议	协助各级部门组织教育相关会议,如宣传教改政策、交流教育趋势
信息管理	学籍管理	用于中小学生的学籍管理,随着智慧校园的发展,集成学生个人画像、校内生活相册、学生评分等多维度的管理系统
	教师管理	用于教师信息管理,集成教师发展画像、教师评分体系等多维度的管理系统
	校舍管理	主要用于校内宿舍信息管理
	报考管理	用于报考小学、报考初中、报考高中的管理系统
考场监管	考场巡考	主要用于中考、高考考场监测,流量封闭,不出内网。考试和教育网出资方互相独立,有专门的考试责任机构,如北京市海淀区已经落地考场网络,通过网络实现考场监测
平安校园	校园监测	主要用于校内物联终端的监测联网,提供校园内监测信息
在家学习	远程教学	用于突发情况下,学生无法到校上课,由教师通过云直播的方式教学,学生在家用个人终端学习

3. 关键挑战

由于"3 个课堂"等多种业务的发展,业务互联互通要快速,并且不同业务的网络流量诉求不一样,流量结构更加繁杂,教育专网的网络运维也遇到如下挑战。

挑战一,网络建设缺少统筹、规划,互通性差,优质资源无法共享:学校自行接入互联网，导致管理分散；并且现有教育资源没有统一规划，导致资源都存储在本地，无法有效地共享，另外，教育资源跨运营商网络，分散在公众互联网上，受制于带宽保障、互联互通等因素，难以支撑跨地域数字资源共享。

挑战二，业务质量无法保障：随着直播教学、互动教学、VR 实验等信息化教学业务的出现，教育网难以保障新型教学业务的网络质量，无法满足如互动教学的"齐声朗读""异地合唱"等场景的低时延诉求。

挑战三，业务故障定界、定位难：针对直播教学出现的网络卡顿等问题，也无有效手段实现定界、定位，影响教学质量。

挑战四，网络安全弱，无法保证绿色上网：基础教育网络应用依托的公众互联网完全开放，全面、有效地解决网络和教育资源可管、可控的管理机制尚未形成，无法保障绿色、安全上网。

4. 自动驾驶网络方案

普教专网是全省普教业务的综合承载网，数据流主要有跨教育城域网的互动教学、互动教研，省教育资源平台和教育管理平台的访问，高校之间的学分互认，以及教育网和政务网之间的数据互通等。基于教育业务可靠、稳定运行的诉求和未来云化、IPv6 化的发展趋势，需要提供智能连接、按需切片、网络安全一体、智能运维的普教专网运维方案。

下面详细介绍一下普教专网自动驾驶的运维特性，包括业务自动化、网络切片、安全态势感知，以及业务保障等。

（1）业务自动化

随着普教业务不断上云，快速的业务发放是普教专网运行的关键诉求。通过网络管控系统，可实现业务快速开通，同时不同类别业务可按需保障。普教专网方案可提供业务随需调优，统一路径规划和流量调优，实现差异化业务的灵活保障，并提升链路带宽利用率。

（2）网络切片

普教专网是一张多业务综合承载网，承载如视频教学、视频会议、办公和上网等业务。各业务的重要性有差异，需要进行差异化体验保证。通过网络切片技术将关键业务如视频教学业务部署到独立的网络切片中进行绝对优先保证，其他业务共享默认网络切片，从而达到教学业务体验优先保证传输的目的。

（3）安全态势感知

稳定、可靠是普教专网的基本要求，网络需要具备多路径、快速保护倒换的能力。普教专网方案通过 VPN FRR（Fast Reroute，快速重路由）进行全拓扑保护，实现网络任意节点快速保护倒换，保障普教业务的高可靠运行。

（4）业务保障

随着教育信息化建设的不断发展，普教业务模型越来越复杂，运维压力巨大。通过采用随流检测技术，实现关键业务全程全网 SLA 可视，及时完成网络质差优化。发现故障时，通过自动启动逐跳测量方式，实现故障快速定界，运维方式由被动响应向主动优化转变。同时网络管控系统可提供海量告警压缩，降低运维难度。提供网络仿真功能、离网验证，充分分析网络可靠性瓶颈或提前预验证网络变更方案，降低网络的运行风险。

2.3 IP 自动驾驶网络方案

在万物互联的时代，IP 网络正经历着从消费互联网连接底座转向产业互联网连接底座的重要转型。新技术如 VR、工业互联网和超算等对网络提出了更高的要求，包括确定性、高可靠、大带宽和弹性连接等。随着产业互联网需求的不断发展以及 IPv6+ 的应用，IP 网络正迈入 IPv6+ 发展阶段。该阶段引入了转控分离的网络架构，在保持数据面无连接、无状态的基础上，构建出一个全新的控制面。这一控制面能够对关键连接业务进行精细化的连接管控和生命周期管理，并通过与业务系统的协同，实现资源的精准匹配和业务转发的智能调度。同时，数据面在网络准入点设立超级网关，根据调度策略实现不同特性网络平面的转发分流，并对业务进行准入控制，确保当服务无法满足业务需求时能够拒绝服务。IPv6+ 作为 IP 网络的关键使能技术，可以推动网络与业务协同演进，实现 IP 网络面向确定性承载和网络能力业务化的创新演进。

对比传统 IP 网络，IPv6+ 网络主要带来了 4 个重要突破。

突破一：确定性服务能力。可面向全场景企业 / 家庭 / 个人用户提供确定性服务能力，覆盖上亿的家庭用户和数百万的政企客户。

突破二：网络与业务协同能力。通过建立网络准入和分流机制，智能接纳分流或拒绝业务。

突破三：自动化运营能力。通过构建多标识业务寻址能力，实现了确定性连接业务的随建随拆功能，能够秒级建立连接管道，相比之下，传统 IP 网络则只能支持工程态的运维管理。

突破四：网络价值变现能力。除了原有的宽带接入费，还可以结合业务场景对增值业务连接进行变现，如出国加速、企业办公连接等，并通过为云游戏、VR 等的"元宇宙"服务商提供有保障的连接通道来获得后向分成收入。

在新的网络架构下，未来 IP 网络就像 5G 网络一样成为业务网，尤其是针对连接业务的 IP 业务网，确定性连接能力将变得随需随用，就像打电话一样方便、快捷。同时，业务流量可根据用户签约情况随时在互联网和确定性转发平面之间进行切换，为用户提供更加灵活、高效的网络服务。IPv6+ 网络是对现有 IP 承载网的渐进式演进，它通过 IP 业务核心网实现端到端的连接管控，带来新的业务连接资源预留以及网络与业务协同能力。

未来，IPv6+ 网络将与运营商的算力、媒体、安全业务能力等协同，为用户提供云网融合的算网一体服务，构建确定性通信即服务的网络服务新生态。同时，IPv6+ 网络对 IP 网络智能运维提出了更高的要求，IP 网络运维的数智化转型是"运维智能化 + 网络功能智能化"技术与通信网络的硬件、软件、管理系统、运维流程等深度融合的结果，从而推进运维提质增效，牵引网络技术变革，使能业务敏捷创新。

IP 自动驾驶网络致力于构建智能自治的 IP 联接服务。通过数据与知识驱动智能网元 / 设备，打造无处不在、按需提供、绿色和安全的高质量智能 IP 联接服务。这一愿景将加速千行百业的数字化转型，助力于构建万物互联的智能世界。如图 2-22 所示，IP 自动驾驶网络解决方案的核心部分包括智慧设备和智能管控平台。

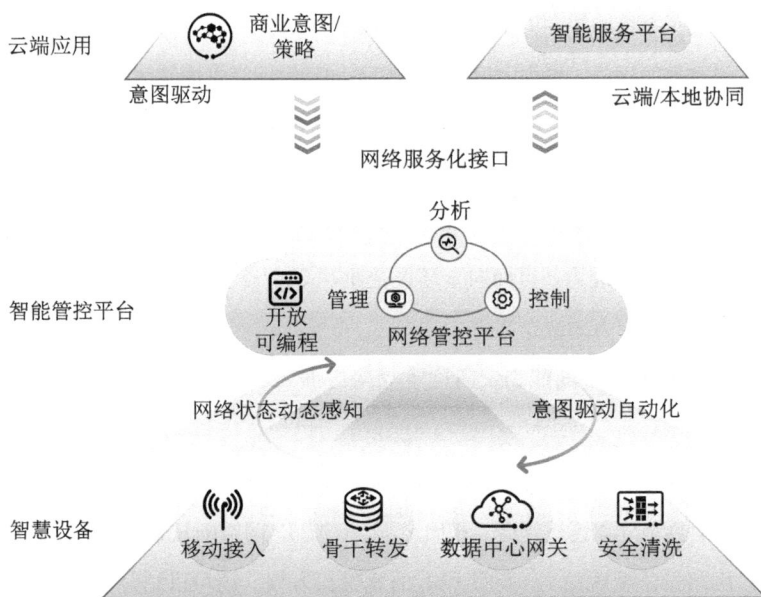

图 2-22　IP 自动驾驶网络解决方案全景

IP 自动驾驶网络解决方案，助力运营商构建智能 IP 网络，如表 2-8 所示，这些运维特性详细地描述了 IP 自动驾驶网络达成"三零三自"目标的过程。

表 2-8　IP 自动驾驶网络解决方案的运维特性

"三零三自"	运维特性	详细描述
零等待	网络切片	全生命周期自动化管理，给 5G 和云时代提供差异化 SLA 保障
	网络多维可视	基于 BGP-LS（BGP-Link State，BGP 链路状态）/ Telemetry 等技术实现网络时延、带宽、利用率等 IP 网络拓扑实时可视。基于拓扑实现隧道路径计算和隧道发放、网络路径自动优化、保障用户体验
零接触	业务自动化	提供 VPN 资源管理呈现、业务发放能力，并提供一键式业务连通性检测，支持带宽 BoD
	站点自动化	实现 IP 网络接入设备的基础配置（IGP、SR 等）自动化实现
零故障	业务保障	基于 IFIT 技术实现租户级业务 SLA 可视，提供差异化专线服务。结合基站的质差分析，实现全网 / 区域基站质量趋势可视，识别网络拥塞位置
自配置	网络可编程	用户自行定义业务 YANG 模型，通过极简编程，完成新业务快速开发上线，实现敏捷开发。基于 YANG 模型驱动自动生成北向 API 和南向设备配置脚本，实现业务全自动化发放
	配置变更验证	在业务配置发放、运行阶段，通过命令配置仿真，提前识别人工配置错误，拦截潜在的重大网络事故配置风险
	BGP 路由分析	实现 BGP 路由实时可视、可监控、可重放，及时地发现路由中断、路由泄露、路由劫持等重大问题
自优化	网络调优	通过基于 AS、Community、IP 报文的五元组定义 IP 流量，基于 IP 流进行流量调优，引流入隧道或者引流到其他端口，解决出入口流量不均衡问题
自修复	网络性能分析	对采集的网络流量数据进行加工、分析，包括对比分析、TOPN（TOP N Analysis，前 N 项分析）、分组分析和指标分析等，并通过报表、数据看板、拓扑、地图等多种呈现方式，实现流量数据的可视化，帮助用户快速了解当前网络性能状况
	智能故障	实现从面向海量告警的运维到面向故障的"一故障一工单"运维，告警压缩率达 99% 以上，极大提升了派单准确率
	网络隐患	提供配置核查、设备关键性能指标检测、设备资源预测、强弱光分析、同路由影响分析、风险链路识别等特性，实现网络隐患识别

2.4 IP 自动驾驶网络运维特性

2.4.1 网络规划场景特性

IP 承载网规划设计之初，网络部门专家需综合考虑网络承载业务量、安全性、网络性能、技术演进趋势及远期扩容需求等因素，以设计出符合要求的 IP 承载网，具体包括 IP 组网架构规划、设备选型及所采用的网络协议（如路由协议、传输协议等）等。此阶段工作量大且效率相对较低，原因在于缺乏实际设备支持，仅能通过理论分析来预估业务量、评估可靠性及构建网络流量模型等，因此难以完全确保设计符合预期。此外，设计阶段产出的 LLD（Low-Level Design，详细设计）设备脚本等交付物与后续开局建网阶段（即网络建设的初始配置和部署阶段）的衔接不够顺畅，经常需要手动输入参数或导入配置文件，增加了任务的重复性和烦琐性。

1. 站点自动化

在移动承载网场景，存在海量基站设备接入 IP 承载网的需求；在城域综合承载网场景，企业数字化转型面临海量 CPE 接入城域综合承载网的需求。这两个场景都要求边缘接入设备能够实现快速、高效、无错的网络基础配置，完成 IP 基础网络的打通，从而使得发货的空配置设备能够即插即用接入 IP 承载网。

边缘接入设备接入 IP 承载网要完成设备的基础配置以及接入业务的开通（如 VPN 业务），工作流程如下。

第一个阶段：网络规划 HLD（High-Level Design，概要设计）。该阶段需要定义物理层使用的设备类型，组网、协议层使用的 IGP 类型、采用的隧道类型，以及业务层使用的 VPN 类型，同时也要包含物理层、IGP 层、隧道层、业务层的保护设计，保障 IP 承载业务可靠性。

第二个阶段：网络详细设计。该阶段需求定义网络的细节设计。在物理层要规划设备的面板机柜、物理端口互联的关系。在协议层需要规划网络对象的命名，包括链路描述、网元名称等，并且需要完成网络协议参数的规划和设计分配。在业务层需要规划 VPN 接入设备对接的参数。这个阶段会输出各种规划信息表，用来指导下一阶段的网络安装、部署。

第三个阶段：网络安装、部署。此阶段需要完成设备基础配置与接入设备业务开通。在设备基础配置下发阶段，主要包括如下流程：硬装人员上站把网元安装上电，设备通过协议和远程管理软件实现互通；硬装人员通知软件调试人员，告知安装好的设备的物理接入位置；

软件调试人员将提前准备好的网元配置脚本下发到设备；软件调试人员确认无误后通知硬装人员可以离站。在接入设备业务开通阶段，要完成接入设备到承载网设备的 VPN 业务开通。NOC（Network Operations Center，网络运行中心）软件调试人员将工单中的业务诉求和网络参数转化成业务配置脚本，并给接入设备下发配置脚本。

传统设备上线流程中，面临着诸多挑战，其中尤为显著的是 IP 的多样性和配置命令的复杂性，这对技术人员的专业能力提出了较高要求。常规的硬装团队往往局限于基础任务，如设备供电、光纤连接及光功率校验等，难以胜任现场 IP 网络的精细配置工作。为解决配置难题，硬装人员需要频繁与 NOC 软件调试人员进行电话沟通，依据工单指导完成接入设备的基础配置与 VPN 业务开通，以确保 IP 网络的连通性。这一过程导致 NOC 成为热线中心，电话沟通频繁，尤其是在大规模网络建设时，极大地拖慢了整体进度且拉低了效率。进一步地，硬件安装与软件调试之间的衔接也存在时间消耗。硬装团队在完成基础安装后，需等待软件调试团队完成配置并验证，这一过程往往伴随着不必要的等待时间。若配置有误，还可能因光功率异常等问题导致人员重复上门，增加成本。尤为关键的是，网络故障的处理也属于 NOC 的职责范畴。在网络出现故障时，NOC 会优先处理故障，这无疑会对正在进行的网络建设与业务开通工作造成干扰，进一步降低了效率。

综上所述，传统设备上线流程亟待优化，以提升效率、降低成本并改善用户体验。IP 自动驾驶网络技术提供了一种高效的解决方案，提供站点自动化特性，支持站点上电后即插即用，极大地简化了设备上线流程，优化后的流程如下。

第一个阶段：网络规划与导入。承载网和无线规划人员做好 IP 承载网的网络规划表并将其导入运维系统，规划表包括设备的配置模板基线、网络物理口连接的 IP 地址池，以及 VPN 业务接入的 VLAN 信息等。

第二个阶段：设备上电与自动感知。接入设备上电后会主动上报告警通知运维系统，并向运维系统发送 DHCP（Dynamic Host Configuration Protocol，动态主机配置协议）报文申请 IP 地址，运维系统自动感知设备上线。

第三个阶段：扫码上传。硬装人员在手机上执行扫码设备的 ESN（Electronic Serial Number，电子序列号码），上传站点名称与基础属性后，可以看到上线过程与上线状态。

第四个阶段：设备上线检查。硬装人员在设备上线成功后，可以在界面中输入 ESN 查询设备上线信息，也可以查询设备的配置下发信息、光模块硬件光功率信息，如光功率在正常范围内，表明硬件安装没有问题，即可离开站点。

在整个硬件安装过程中，NOC 的软件调试人员无须在系统中执行任何操作，仅需监控设备上线流程。通过系统，软件调试人员能够实时观察到设备上线的每个步骤和详细信息。一旦所有配置成功下发，硬装人员只需使用手机 App 扫描设备的 ESN，并核实设备上线状态及光功率处于正常范围，即可完成安装。这一流程极大提升了 IP 网络的建设效率。

2. 网络多维可视

数字化转型将是未来 10 年全球发展的重点，在行业数字化转型的推动下，承载千行百业的 IP 网络的自身信息也要完成数字化构建与呈现，实现 IP 网络运行状态、IP 网络质量 SLA 信息的可视。然而，当前网络管理面临的一大挑战是网络质量信息的不可视性。传统的网络监控手段往往无法实时、准确地捕捉网络的丢包率、时延、带宽利用率等关键 SLA 指标，导致运维人员难以迅速感知网络性能波动。这种情况下，网络性能的测量往往依赖于烦琐的人工操作，不仅效率低下，而且难以保证测量结果的准确性和全面性，成为网络运维人员的一大痛点。

IP 自动驾驶网络构筑了网络多维可视功能，基于 IP 数字化信息底座，实现提供地图导航式体验的网络数字地图，实现网络全息可视。基于分布式网络性能采集框架，通过 BGP-LS、BMP 等标准协议，实现多厂商网络设备的物理资源、切片、隧道、路由、VPN 业务、应用等数据的实时采集，并通过数字地图呈现超大规模网络的时延、带宽、丢包、能耗等多维指标，帮助运营商看清全网，识别业务绕行等问题。

网络数字地图支持多厂商设备的物理资源、切片、隧道、路由、VPN 业务、应用等数据的多图层可视，详情如下。

- 物理图层：基于物理网络连接关系绘制，自动按照 GIS 坐标布局网络节点位置，可以将网元、二层链路的状态和告警进行关联显示；支持多级拓扑放缩和自动拓扑布局。

- 切片图层：为不同企业或行业提供的差异化逻辑网络，可分为硬切片和软切片两种。既能展示网络切片的拓扑，又能显示切片网络中网元、链路的关联状态。

- 隧道图层：物理网络或切片网络上的动态隧道视图，不仅支持呈现端到端隧道的状态、路径，也支持以 IP 网络节点为中心的时延圈渲染、路径预计算、调优历史回放等。

- 路由图层：支持呈现网络中 IGP 路由、BGP 路由的前缀及路由信息。

- VPN 业务图层：呈现端到端 VPN 业务视图，支持 VPN 基本信息、Peer 连接关系、转发路径的呈现。

- 应用图层：呈现 IP 网络中的业务流量、能耗等上层应用信息，全网统一分析、呈现，支持网络流量优化调度。

网络数字地图支持自定义呈现状态、带宽、时延、开销、丢包率、能耗、可用度等网络多维度数据，详情如下。

- 状态数据：网络出现故障时，设备 IGP 会立刻进行收敛，更新链路状态信息，泛洪后通过 BGP-LS 将其上报到网络管控系统，网络管控系统感知到链路故障后会将链路设置为故障状态。

- 带宽数据：在拓扑链路上呈现链路的带宽利用率数据，且支持设置带宽利用率区间，并能根据不同的带宽利用率区间对拓扑链路进行不同的着色。

- 时延数据：在拓扑链路上呈现链路的时延数据，且支持设置时延区间，并能根据不同的时延区间对拓扑链路进行不同的着色。

- 开销数据：在拓扑链路上呈现链路的开销数据，且支持设置 TE Metric 区间，并能根据不同的 TE Metric 区间对拓扑链路进行不同的着色。

- 丢包率数据：呈现链路丢包率数据信息。

- 能耗数据：呈现网元能效和实时功率。

- 可用度数据：根据链路故障频率自动评估出可用度，显示出网络链路的稳定性。

3. 配置验证

随着 IP 网络承载的业务类型越来越多，IP 网络相互作用，导致对 IP 网络配置变化带来的影响的评估越来越难。面对 IP 网络变化的高可靠性要求，配置验证可以辅助运营商网络的运维人员执行网络变更、网络优化等操作，判断变更操作是否可行。

IP 网络负责传输大规模的数据业务，这些业务不仅覆盖不同城市，还跨省份甚至跨国。网络配置的变更是一项高风险活动，需要极为谨慎地处理，以避免造成严重的损失。尽管网络维护工程师已经非常小心，但由配置更改引发的网络故障仍然占据总故障的 80%。这表明，运营商普遍面临"配置焦虑"的问题，迫切需要一种能够实时、在线评估网络配置影响并有效阻止错误配置的验证工具。

基于上面的运维痛点，IP 自动驾驶网络构筑了配置验证功能，实现在线的仿真平台。用户在配置验证界面中输入网络配置变更脚本，网络管控系统完成意图配置变更对网络的影响性分析，输出验证报告。验证报告包括各协议路由明细信息与路由突增突降、路由环路、路由黑洞，隧道路径和通断统计信息与隧道路径变化详情，流路径和通断统计信息与流路径变化详情等。

配置验证的实现原理如图 2-23 所示，通过高精度仿真与网络验证两个功能实现配置验证。

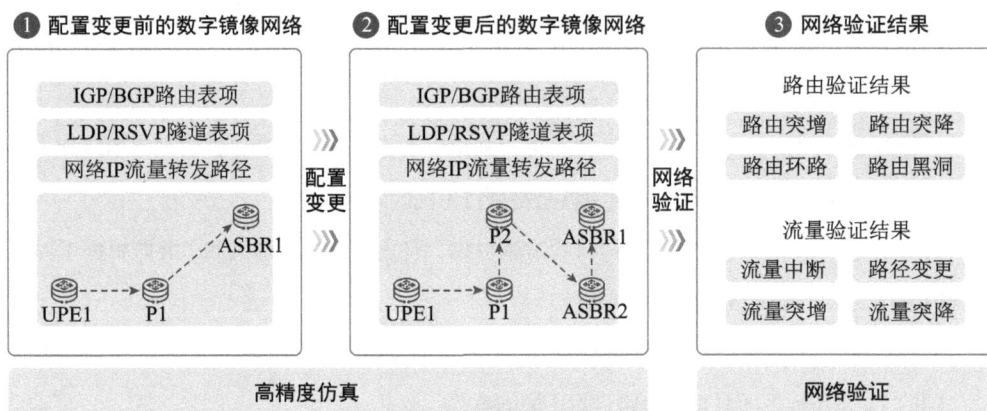

图 2-23　配置验证的实现原理

- 高精度仿真：构筑 IP 网络配置变更前后的数字镜像网络，以网络设备的配置变更、互联路由与流量等作为输入，模拟网络协议、流量的状态和行为，仿真网络设备的路由表项与转发表项，为网络变更风险评估提供真实、客观的基础数据。

- 网络验证：在设备的路由表、转发表及流量负载基础上，使用 CPV（Control Plane Verification，控制面验证）/DPV（Data Plane Verification，数据面验证）并基于一定的规则，对网络风险进行评估。CPV 可对控制面路由数量变化（如路由突增、路由突降）、路由可达性、路由可靠性（如是否有路由黑洞、路由环路）等进行形式化求解验证。DPV 可实现对网络数据面路径的形式化求解验证。这两项技术相辅相成，从而有效识别网络配置变更带来的风险，并能对错误配置进行有效地识别和拦截。

4. BGP 路由分析

BGP 是核心的互联网域间路由协议，也是连通全球网络空间的技术基石，但近年来其安全问题频繁发生。RFC 7908 定义的 BGP 路由安全问题有以下 6 类。

第一类：Hairpin Turn with Full Prefix，从上游 ISP 接收的路由被泄露给其他上游 ISP。

第二类：Lateral ISP-ISP-ISP Leak，从非转接 ISP 接收的路由被泄露给其他 ISP。

第三类：Leak of Transit-Provider Prefixes to Peer，从 Provider 接收的路由被泄露给非转接 ISP。

第四类：Leak of Peer Prefixes to Transit-Provider，从非转接 ISP 接收的路由被泄露给 Provider。

第五类：Prefix Re-origination with Data Path to Legitimate Origin，更改路由来源，重发布路由。

第六类：Accidental Leak of Internal Prefixes and More-Specific Prefixes，内部 / 更多具体前缀泄露。

这 6 类路由安全问题实际可分为两大类：路由泄露与路由劫持。路由泄露即收到的路由被转发给了不该转发的 BGP Peer（即邻居）。路由劫持即篡改了学习路由的 AS 属性并将路由发布给其他 AS，或者产生了属于其他运营商的更精细的路由，并将其发布给其他 AS。IP 自动驾驶网络构筑了 BGP 路由分析功能，实现 BGP 路由实时采集，并基于 AS 拓扑呈现，结合算法进行 BGP 路由智能分析，识别路由泄露、路由劫持等异常事件。

BGP 路由实时采集：基于 BMP 实时获取 BGP 邻居的关系和状态，并针对 BGP 邻居采集 BGP 路由，呈现 BGP 邻居及其路由的统计信息。

BGP 路由分析可视：针对全量 BGP 路由和重保 BGP 路由进行监控，监控每个 BGP 邻居上的路由变化，路由变化包含路由前缀发布和撤销、路由 AS 路径和源 AS 变化等。针对路由变化从时间和空间维度进行分析、统计和呈现，识别路由劫持、路由泄露等异常并触发告警。针对重保 BGP 路由，实时监控路由可达性及时延等性能指标，及时感知并处理 BGP 路由异常。

- 宏观层面，全局状态可感知。

  - 基于数字地图强大的可视化运维能力，路由分析能够精确绘制出用户视角下的全球 BGP 各自治域的连接关系。通过自治域级拓扑视图可以直观看到全球互联网路由从 AS 域间扩散到本地的方向和路径。

  - 在数字地图拓扑中可以看到 BGP 路由 Peer、AS 发布路由、BGP 路由 Peer Down、AS 发布 Prefix 波动告警等信息，实时对全球网络质量进行评估，通过 AS 路径特征分析发现路由异常。

  - 通过监测从邻接对等体中收到的变更通报，可以实现从全球维度分析并回放疑似 BGP 路由异常事件。

- 微观层面，重保路由可追溯。

  重保路由指运营商或用户拥有的 IP 地址段、知名 ISP 的 IP 地址段。在现有的互联网架构下，重保路由的源 AS、AS 路径及路由属性一般在较长时间内会保持稳定，不会发生剧烈变动。

- 对于重保路由，会实时监控其变更，一旦变化将发送告警。作为 IGW 或省级骨干网出口的设备，每天的路由变化频繁，而且许多攻击是短暂的，由此引发的业务质量问题都难以回溯和定位。网络数字地图支持分钟级异常事件分析，异常路由定位迅速，可以极大提升网络边界的安全性。

- 对于重保路由，会更加详细地记录变更过程。问题定位、定界时可以通过历史回溯还原该路由前缀的生命周期历程。对重点时间、重点属性的过滤，可以高效确定异常变更的来源。方便后续采用通告、隔离、恢复等干预手段。

- 对于重保路由，其管理方式会更加丰富。网络数字地图支持以路由粒度监控异常事件，实现对重保路由的专项管理。支持按天、月导出历史路由信息，便于长期对网络变化进行跟踪和洞察。

5. 云网自动化

面向云时代，千行百业上云诉求强烈，为了更好地使能工业、卫生健康、政务、教育等行业的数字化转型，运营商需要在多云灵活连接、确定性体验、网络服务化，以及云平台、网络、安全（简称云网安）三位一体等 4 个层面构筑云网竞争力，在发展数字经济的进程中发挥更重要的作用。

为了满足企业的不同上云诉求，运营商先申请云资源再进行网络开通。云资源的申请与开通已经实现了电商化订购、分钟级开通，但是企业侧与云资源侧的 IP 网络连接要经历月级或者周级时间才能打通。企业核心生产系统上云之后，企业的 SLA 必须得到保证，包括网络的带宽、时延的确定性体验和业务的可视化体验等。运营商选择企业上云网络连接主要基于经验选择云资源，无法保证企业的 SLA，也无法充分实现网络资源与云资源的负载均衡以及合理化分布。

围绕企业上云的运维痛点，网络管控系统构筑了云网自动化功能，如图 2-24 所示，主要包括时延圈与上云套餐推荐。

时延圈：针对企业上云对时延的质量要求，提前了解企业接入点到多云之间的网络质量，以及云 PE 覆盖的时延范围。通过云网自动化的时延圈功能，支持以企业接入设备为中心或支持以云 PE 为中心，查看设备多级时延圈，实现 IP 网络全网的时延资源分布可视。

上云套餐推荐：为了解决运营商主要基于经验选择云资源的问题，云网自动化提供上云套餐推荐，基于网络的时延、带宽以及云成本等进行综合计算，给出企业最优的上云套餐。

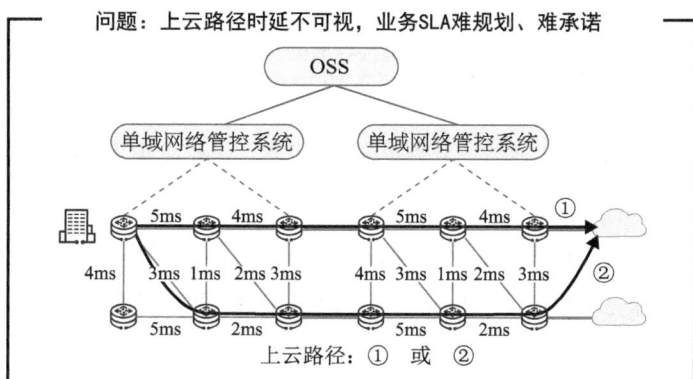

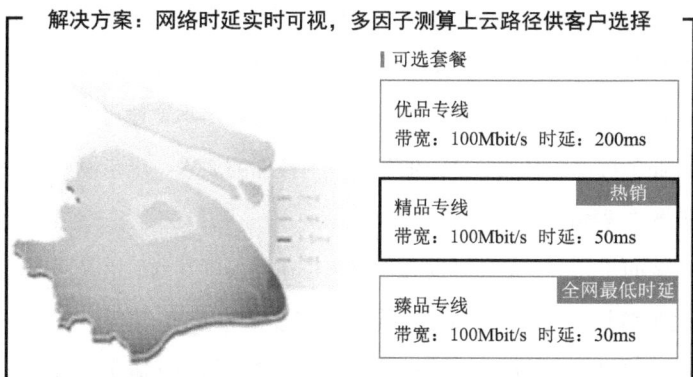

图 2-24　云网自动化时延圈与上云套餐推荐

2.4.2　网络建设场景特性

IP 网络建设阶段主要在 IP 承载网上完成业务开通与部署，包括使用 VPN 承载的企业专线、移动承载等业务，以及综合承载网上行业切片开通等。VPN 业务开通会涉及网络拼接的场景，IP 网络运维人员要不断地进行 VPN 业务参数的协调处理。由于采用传统的手动方法需要配置命令行、建立隧道、配置 VRF（Virtual Routing Forwarding，虚拟路由转发）实例等过程，不仅对运维人员有较高的能力要求，而且容易因为人为因素的配置错误，影响现网业务。在多厂家设备组网的场景下，OSS 与各厂家的网络管理系统进行对接以实现开通，集成时间通常都是月级，耗时比较长。承载的业务若有隔离要求，还要在 IP 网络上规划专用的网络切片，并部署切片、切片带宽扩缩容、切片业务故障检测等网络切片全生命周期管理与运维，但是每台设备要独立配置切片，运维效率低，参数规划易出错。所以 IP 网络建设只有通过有效的智能化运维，才能确保 IP 业务开通的便携性与准确性，提升运维效率。

1. 业务自动化

传统的 IP 业务开通流程是运维人员根据工单制作脚本，将脚本下发到网络管理上，对接困难，容易出错。业务自动化特性实现基于意图完成接入设备自动上线和基站业务自动开通，通过网络结构化的手段来实现基站业务自动开通，并提供移动承载网的基站业务自动开通能力，以降低 OPEX（Operation Expenditure，营运支出）。业务自动化通过预先完成网络的业务规划及设计，在接入设备上电后，业务自动化会结合规划及设计信息，自动完成接入设备业务配置下发。软件调试人员只需按照工单将规划信息导入网络管控系统后，选择对应的上线设备，即可完成业务自动化开通。这降低了对人员技能的要求、出错概率及人力成本，给运营商客户带来极高的运维体验。

运营商在传统的个人与家庭领域的收入增长正在随人口红利的消失而遇到瓶颈，运营商企业业务成为业务增长的关键。随着企业数字化转型进程提速，产品创新的速率越来越快，应用上线和投产、变更越来越频繁。企业数字化转型带来的云化服务，对运营商提供的传统 2B 业务连接也提出了新的要求，从连接型服务转为数字化平台服务，与 OTT 形成差异化竞争，但是传统的网络及 IT 系统，因面临如下挑战，难以支撑该要求的快速达成。

挑战一：无网络服务化能力。网络管理系统对接业务开通工单，业务开通人员要识别与理解工单诉求，进行业务路径规划与参数设置，需要具备一定的网络知识，按照业务模型进行多 IP 设备命令行脚本设计与部署。此方式需要运维人员深度参与业务开通流程，并使用命令行逐台进行设备配置，难以实现类 OTT 电商化的订购体验。

挑战二：网络参数分解易出错。运营商 2B 业务部署过程要拆分出多个网络对象，如 VPN、隧道、QoS、路由策略、IP 地址等，通常会涉及数以百计的接口及参数，资源需要人工规划分配，参数与资源容易出错。

挑战三：新业务上线时间长。运营商和企业网络普遍存在多厂商设备共存的场景，传统的电信业务运营支撑系统业务上线要适配多厂商设备，连接多个网络领域，业务集成、对接难。OSS 集成周期往往超 6 个月，与 OTT 的周级产品迭代时间相比有较大差距。新增设备的效率取决于厂商能力和响应速度，新设备集成速度较慢、自动化程度较低、开通周期较长，这些挑战成了端到端业务交付的瓶颈。新业务上线需要依靠 OSS 和厂商网络管控系统版本更新，这可能导致 API 集成不足和定制成本过高等问题，最终造成新业务上线周期过长，难以应对业务场景的灵活变化。

基于传统业务发放的运维痛点，IP 自动驾驶网络提供了业务自动化功能，可以实现业务自动化一键开通、多厂家业务灵活发放等。

（1）业务自动化一键开通

针对移动承载以及企业上云等不同业务不同的 SLA 要求，提供极简 VPN 业务开通能力。运维人员只要输入源、宿以及业务的 SLA 要求，就可以实现 VPN 业务的一键开通。运维人员可以自定义多 VPN，灵活组合业务模板，并通过资源池自动分配参数值，简化了 VPN 业务配置，提升了业务发放效率。业务自动化特性支持 VPN 业务驱动隧道创建，基于业务 SLA 进行智能化最优路径计算。对于业务有安全隔离要求的场景，支持隧道自动驱动切片创建，实现了切片的自动化创建。业务自动化特性提供 VPN 业务发放的精简 API，实现 OSS 简化集成。业务自动化特性还实现了跨网络的业务自动化发放，如图 2-25 所示，简化了 VPN 发放运维过程，降低了对运维人员的能力要求，极大提高了业务部署、开通的效率。

（2）多厂家业务灵活发放

为了实现多厂家组网的 IP 业务自动化发放，业务自动化构建了一套高性能、高可靠的自动化引擎，使能多厂商设备网络的快速业务开通，解决了业务自动化面临的问题。新设备适配纳管周期缩短至天级，设备适配效率提升了约 90%，新业务开发由传统的 6～9 个月发布一个版本缩短至 1 个月敏捷按需发布，上线周期缩短了约 80%。

自动化引擎由设计态和运行态两部分组成，如图 2-26 所示，设计态主要包括 SSP（Specific Service Plugin，特定业务插件）与 SND（Specific NE Driver，特定设备驱动）的开发；运行态主要加载驱动包，实现业务发放统一框架能力（包括业务发放的事务机制、数据存储等能力），以及基于 SSP、SDN 生成 Web UI、北向 RESTCONF 接口、CLI（Command Line Interface，命令行接口）。设计态用于建立业务 YANG 模型和设备 YANG 模型之间的映射关系，运行态基于设计态建立的映射关系完成业务发放。在设计态编写 SSP 和 SND，在运

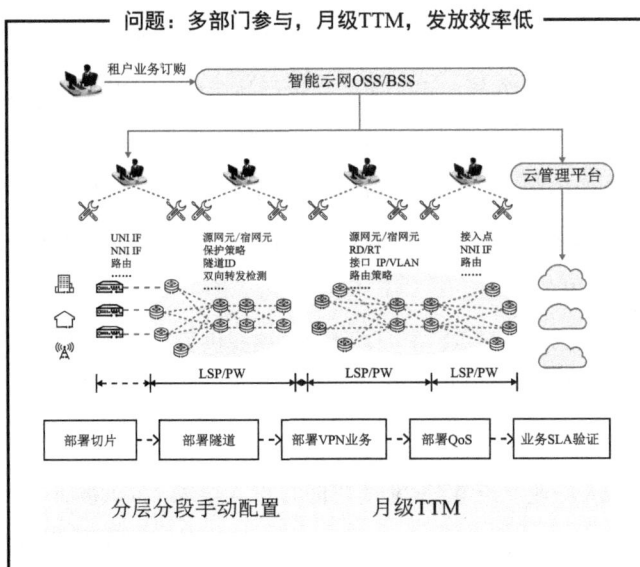

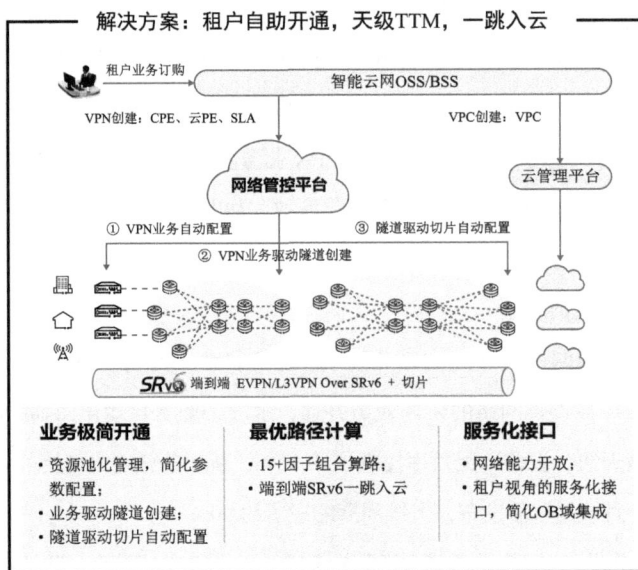

图 2-25　跨网络的业务自动化发放

注：PW 为 Pseudowire，伪线。

行态加载软件包，实现新设备的快速纳管和新业务的快速构建。SSP 定义了完成一套网络级业务配置对应的数据模型。SND 提供与网络设备交互的数据模型，该数据模型通常包含用于定义设备的相关信息的文件，如设备类型、厂商、连接信息、描述相关特性的接口模型文件等。系统通过加载网元驱动包，可以和设备建立连接，进行数据查询和配置下发，实现设备纳管。

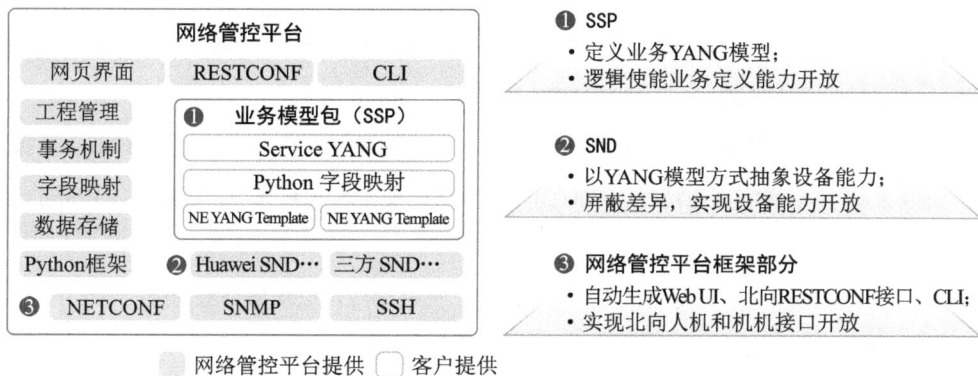

图 2-26　自动化引擎

2. 网络切片

IP 网络通过统计复用技术极大提升了网络利用率，降低了单比特传输成本，但统计复用无法保障不同业务的质量等级。IP 网络按照最高 SLA 要求来准备资源以满足所有类型的专线与业务的诉求是不合适的。IP 承载网需要在多种业务隔离保障与统计复用之间进行平衡，满足各个用户及业务的 SLA 诉求。网络切片的理念应运而生。通过网络切片，能够在一个通用的物理网络之上构建多个专用的、虚拟化的、互相隔离的逻辑网络，来满足不同用户对网络连接、资源及其他功能的差异化要求。

如移动承载网中，5G 时代 eMBB/uRLLC/mMTC 等业务对网络要求的差异巨大，网络需要端到端的切片来保障业务的差异化承载。一个网络承载千行百业，很多新的行业也需要通过网络切片来进行隔离，在转发层需要实现不同切片流量的严格隔离，实现超低时延、稳定抖动，满足 5G 网络承载企业业务的诉求，从而减少新的业务上线时对整体网络的影响，降低试错成本。动态智能网络切片是支撑 5G 确定性服务的关键技术，切片涉及无线网络的基站、传输线、核心网。

如城域综合承载网场景中，随着互联网与云的快速发展，越来越多的企业在进行数字化转型。数字化转型的目标是实现轻资产运营模式，将 IT 支撑系统部署到云端。对于 IP 承载网而言，发挥网络的优势，提供广覆盖、灵活连接、SLA 可保障的入云专线，以及云网融合的能力尤其重要。而不同企业的业务、同一企业的不同业务等多种业务运营在同一网络上，对于不同的业务类型，其流量特征存在很大的差异。如个人固定宽带业务，带宽不易估计，以上网流量为主，需要带宽大、突发流量大、对时延不敏感（可能到 50ms）；如企业业务，既有时延敏感业务也有时延不敏感业务，通常有明确的要求。

网络切片针对不同的业务场景提供量身定制的网络功能和网络性能保证，实现了"按需组网"的目标。具体来说，网络切片具有如下特点。

- 安全性：通过网络切片可以将不同切片占用的网络资源隔离开，每个切片的过载、拥塞、配置的调整不影响其他切片，从而提高了网络的安全性和可靠性，也提高了网络的健壮性。

- 动态性：针对用户临时提出的某种业务需求，网络切片可以动态分配资源，满足用户的动态需求。

- 弹性化：针对用户数量和业务需求可能出现的动态变化，网络切片可以弹性和灵活地应对，比如可以对多个网络切片进行融合和重构，以便更灵活地满足用户动态的业务需求。

- 最优化：根据不同的业务场景，对所需的网络功能进行不同的定制化裁剪和灵活组网，实现业务流程及数据路由的最优化。

虽然网络切片特性可以根据用户的实际业务需求实现"按需组网"，但在实际应用中，网络切片还存在以下挑战。

挑战一：基于网络收敛比划分切片难。IP 网络建设一般将网络分为接入层、汇聚层、骨干层等，所有用户都同时用到最大带宽的可能性很低，会有一定的并发度，因此从接入层到汇聚层到再骨干层，规划的带宽会有一定收敛，常见的接入汇聚收敛比为 4 : 1（此值根据各个运营商实际情况会有所不同）。由于收敛比的存在，切出符合收敛要求的专用行业网络切片，要根据网络设备的不同角色与组网进行手动规划与配置、选择链路等，人工规划与配置复杂。

挑战二：灵活切片切出难。随着 5G 和云时代业务的不断发展，网络的连接关系变得更加灵活、复杂和动态。基于物理网络，要切出满足用户网络诉求的灵活切片，如全局根据带宽比例或者局部拓扑根据固定带宽等切出相应的灵活切片，需要大量的手动规划。特别是基于不同的网络链路带宽进行等比例切片时，更需要大量的计算与处理，网络运维、人工操作复杂，效率低下。

挑战三：租户级切片发放难。运维人员已经完成行业切片的部署，如医疗行业专网切片，可以用一个整体切片来隔离和承载，使自己行业的业务不受其他行业业务（如普通用户上网下载等）影响。但是，行业切片上还会承载不同的业务，而不同业务的 SLA 要求不相同，如医疗行业对于重点的业务（如远程医疗等）有专享专线，保障时延、带宽等网络质量指标性能。以远程医疗为例，主治医生和病人分别位于远程手术室和病房，主治医生通过操纵杆感知信息并进行操控，病人的视频信息通过网络从病房传递到远程手术室，方便医生进行操作，手术对网络可靠性、时延要求非常高。网络切片技术能够提升网络在上述两个方面的指标性能，有效满足远程医疗的需求。但是传统的专线业务发放运维要先规划切片，再创建隧道，最后基于隧道创建远程医疗的 VPN 专线，操作复杂，无法随用随切，人工运维成本非常高。

综上所述，由于业务种类的持续增加和规模的不断扩大，网络切片以及基于切片的专线的管理复杂度快速提升，运营商难以继续依赖人工的网络管理手段，需要引入自动化网络管理技术以实现动态和高效的网络管理。

网络切片运维管理提供了网络切片的全生命周期自动管理功能和租户级的精细化业务管理功能，实现了从用户意图到业务开通的全流程打通，包括网络切片的自动规划、快速部署、自动化调整、可视化管理、专线级独享等。

（1）切片自动规划

完成切片网络的物理链路、转发资源、业务 VPN 和隧道的规划，指导切片网络配置和参数设置。提供多种网络切片规划方案，如全网按照固定带宽进行切片、灵活定制拓扑连接、基于收敛比或者基于业务模型和 SLA 诉求自动计算切片的拓扑和需要的资源。

（2）切片快速部署

实现切片快速部署自动化，基于场景自动完成参数配置，自动打通切片内路由。

（3）切片自动化调整

切片网络割接执行自动化，实现事务完整性。结合业务诉求，可以实现网络切片的网络级批量扩缩容。切片批量网络调整后，实现一键式业务验收。

（4）切片可视化管理

实现切片网络可视、故障运维等功能。通过 IFIT 等技术监控业务时延、丢包指标。通过 Telemetry 技术上报网络切片的流量、链路状态、业务质量信息等，实时呈现网络切片状态。

（5）切片专线级独享

实现专线业务带宽独享，基于隧道业务部署后驱动创建切片，并随隧道业务调优而自动部署调整，实现随用随切。构建网络切片解决方案应用服务，实现切片快速部署、自动化调整等操作。

网络切片用户定制逻辑网络拓扑连接后，无须感知基础网络的全量网络拓扑，只需要感知该网络切片的逻辑拓扑与连接，而且网络切片内的业务也被限定在该网络切片对应的拓扑内部署。这样的操作方式，对网络切片用户来说，简化了需要感知和维护的网络信息；对运营商来说，避免了将基础网络过多的内部信息暴露给网络切片用户，提高了网络的安全性。

3. 智能时钟

在无线网络中，不同基站之间的时钟必须同步在一定的精度之内，否则基站切换时会出现掉线或者话音单通等异常情况。对所有无线制式，频率同步要求在 $\pm 0.05 \times 10^{-6}$ 这一范围以内；对于时分无线制式，时间（时钟）同步有微秒级的要求，在 $\pm 1.5\mu s$ 这一范围以内。

传统时钟同步方案是采用基站外接 GPS 的方式实现时间和频率同步。GPS 对安装环境要求严格，在基站大规模部署的情况下，无法保证所有基站适合外接 GPS，可以通过在承载网设备上部署时钟同步协议，实现全网的时钟同步。部署时钟同步时，痛点主要集中在时钟规划部署难和光纤非对称测量难两个方面。

痛点一：时钟规划部署难。对于一个具有大量网元节点的时钟网络，如何准确配置设备的同步以太和 1588v2 相关参数以实现期望时钟同步路径，是一项相当烦琐且工作量很大的任务，目前依靠人工来规划时钟同步路径及手动配置设备参数。人工部署有如下 3 个问题。

- 配置参数困难。由于同步以太和 1588v2 在时钟网络规划及配置上的专业性较强，配置参数多、工作量大，容易出现错误配置和漏配置。
- 维护工作量大。人工评估时钟网络的隐患时，由于网络规模大、节点多，评估难度大，且运维困难。
- 同步以太时钟成环。时钟成环会引起全网时钟振荡，而 SSM（Synchronization Status Message，同步状态信息）协议无法完全防止成环，只能靠人工规划保证，但是在人工实际规划时，容易出现定时环隐患。

痛点二：光纤非对称测量难。光纤非对称是光纤物理长度偏差引入的，1588v2 在原理上要求链路的往返时延对称，长度为 1m 的光纤引入的时延约为 5ns。按照 1588v2 时间计算公式，若累计有 400m 的光纤没有对称，将产生 1μs 时延。基站之间的时间精度要求为 3μs，分解到承载网，要求承载网提供的时间精度为 1μs，所以超过 400m 的光纤没有对称就达不到基站的时间精度要求。光纤非对称可通过测量并进行补偿的方式，实现对非对称误差的补偿。传统的测量方法是在基站侧测量，人工测量耗时长，运维效率低。

为了解决以上痛点，IP 自动驾驶网络提供智能时钟特性，可以实现无线基站的时钟同步，覆盖了从智能规划、智能部署到运维（非对称校准和健康检查）各个环节的时钟同步，实现时钟特性的智能管理，同时有效节省人力并减少人为因素造成的不必要问题。

（1）智能规划

智能时钟通过寻路算法自动计算最优跟踪路径，实现时钟区域跟踪路径的自动规划。在路径规划中，支持用户自定义关键规划参数，如跳数优先、环网优先、最大跳数等。基于智能规划的路径信息，智能时钟自动生成规划拓扑，并展示基本的跳数统计信息及网元、链路的状态信息，方便用户检查以及评估当次时钟规划的结果是否符合预期，支撑用户确认是否进行部署下发。

（2）智能部署

对于基于智能规划后的路径，智能时钟能够自动将其转换为对应的配置，通过批量的方式下发设备，实现规划到部署的自动化，减少人为配置带来的漏配、误配的风险。

（3）非对称校准

针对网络中可能出现的非对称误差，通过带 GPS 基站的自检测以及下站测量补充的方式，实现免下站或少下站测量，实现对网络中的非对称误差进行测算以及补偿，使得承载网端到端的同步质量及误差满足无线基站对时钟的诉求。

（4）健康检查

对于存量网络或者长时间运行的时钟区域，运维人员可以对网络的时钟同步状态进行检查并生成检查报告。生成的检查报告包含时钟区域所有节点的主路径状态、备路径状态、超跳状态、成环情况等。通过健康检查，能够直观地看到当前时钟网络的跟踪状态，方便用户对时钟区域的运维和管理。

2.4.3 网络维护场景特性

随着 IP 网络的不断发展，从最初的 IP 转发到基于 MPLS 的标签转发，再到 IPv6、SRv6 等技术的应用，网络维护的复杂性越来越高，对网络维护人员的技能要求也越来越高。IP 网络维护的复杂性主要体现在以下几个方面。

第一，IP 地址管理要求严苛。在 IP 网络中，每个设备都需要分配到一个唯一的 IP 地址，甚至每个设备接口都需要分配到唯一的 IP 地址。网络规模越大，地址管理越复杂，不仅需要对 IP 地址资源进行规划、分配以及跟踪，还需要处理 IP 地址冲突、地址空间不足等问题。

第二，路由配置和优化复杂。IP 网络中的路由配置决定了数据包从源地址到目的地址的路径选择，大规模网络中的路由配置需要考虑到多个设备间的通信要求以及网络拓扑结构，进行合理的路由配置和优化是一项复杂的任务。

第三，网络安全防护有挑战。IP 网络中的设备和数据面临各种威胁，比如黑客攻击、恶意软件、数据泄露等。维护网络的安全性需要采取有效的防护措施，包括设置防火墙、入侵检测系统、安全策略等，并定期进行安全漏洞修补和更新。

第四，故障排除和网络恢复困难。IP 网络可能会出现多种故障，比如链路断开、设备故障、网络拥塞等。排除这些故障需要进行精准的诊断和定位，可能需要使用专业的网络管理工具进行测试和监控。同时，还需要迅速完成设备维修和故障排除，以确保网络的正常运行。

第五，网络性能监控和优化。IP 网络性能对于用户体验的保证和应用的正常运行至关重要，维护网络性能需要进行实时的监控和性能测试，以便及时发现和解决性能问题；此外，还需要对网络进行优化，如负载均衡、带宽调整等，以提升网络的性能。

综上所述，IP 网络维护的复杂性体现在 IP 地址管理、路由配置和优化、网络安全防护、故障排除和网络恢复、性能监控和优化等多个方面。只有通过有效的管理和维护，才能确保 IP 网络的稳定性和正常运行。

在运营商组织结构中，成立了专业的网络维护团队，这些团队相互配合，对管辖的超大网络进行日常的运维管理。在一个典型的省级组织架构中，通常包括省级公司和地市级公司两个层级。省级公司设立了监控室和专业室，负责监控全省网络，跟踪、督促地市级公司及时处理网络故障，订立各类监控指标对各地市的网络维护成效进行评估。地市级公司则有网络管理监控人员、地市传输班组人员、协维人员等，这些人员在日常工作中负责各自区域的网络监控、故障处理和性能优化。同时，他们还与设备厂家保持紧密联系，获取相关的技术支持和维护建议，确保网络设备的稳定运行。

以我国运营商为例，运维活动通常包括监控调度、报障处理、工单处理、网络巡检、重大事件保障等环节。

- 监控调度环节。一般由各个网络管理系统实时对上送的告警、事件以及网络中监控到的实时性能等数据进行监控，这些数据会被汇聚成工单发给网络维护人员。参考图 2-27，当网络维护人员收到工单以后，会首先查看工单描述的信息和涉及的网络设备，接着进行分析、定界，定界后将工单转发给相应的团队处理。如果某个复杂事件的定界存在困难，网络维护人员也会将同一个工单分发给多个团队同时排查。根据工单对业务影响的严重性及运营商内部的一些维护管理规定，再对工单进行分级管理，高优先级的工单需要预警，确保快速优先处理。

| 查看工单 | → | 分析、定界 | → | 工单转发 | → | 预警分级 | 达到预警级别 → | 发送预警 |

图 2-27　监控调度流程

- 报障处理环节。故障并不总是由网络管理系统监控发现的，还有很大一部分是由用户进行报障或者相关领域的网络监控系统报障发现的。当运维人员接收到业务报障后，首先会对故障进行分析、定位，并根据定位信息对故障进行处理，处理后还需对报障用户进行答复。

- 工单处理环节。当工单被分配到处理团队时，便进入了工单处理环节。一般来说，不同故障的处理周期和难度差别较大。在 5G 承载网中，众多接入层设备故障需要上站处理，由于这些设备可能位于交通不便、环境复杂的站点，处理难度也较大。参考图 2-28，维护人员接收到工单后，首先会进行故障定位和业务影响分析。若分析结果显示业务影响范围较大，为了保证维护服务质量和用户体验，维护人员会立即启动管理升级流程，以获得更高的处理优先级，从而加速故障处理的进程。

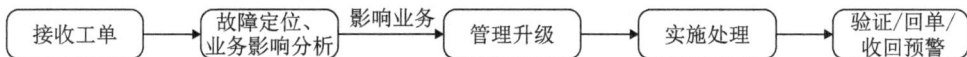

| 接收工单 | → | 故障定位、业务影响分析 | 影响业务 → | 管理升级 | → | 实施处理 | → | 验证/回单/收回预警 |

图 2-28　工单处理流程

- 网络巡检环节。巡检是对网络进行主动性的系统检查，识别潜在的故障和隐患，并采取措施规避风险，属于主动运维，一般分为周期性巡检和节假日巡检。周期性巡检一般分为月度巡检、半年度巡检、年度巡检等。节假日巡检一般在节假日到来之前对网络进行检查，确保节假日网络运维稳定。网络巡检流程参考图 2-29。

| 周期性巡检和节假日巡检 | → | 查看报告 | 影响业务 → | 问题分派/处理 |

图 2-29　网络巡检流程

- 重大事件保障环节。在即将举行重大活动的特定区域，人员密集且网络通信需求激增导致网络流量显著上升，针对这一情况，对该区域实施专项网络保障措施必不可少。首先，需要明确界定网络保障的具体覆盖区域及所需保障的时间段，随后，对被保障网络进行详细的流量监控与质量评估。一旦监控到异常或潜在问题，就需要迅速响应并及时进行处理，确保网络通信的顺畅无阻。此类保障工作通常需要全天候、不间断地进行，即实施 $7 \times 24h$ 的监控与服务支持。

网络维护不仅仅依赖于运营商的各类组织，还离不开网络管理系统的支撑，典型的网络运维体系涵盖多个核心系统，如图 2-30 所示，该体系主要由网络本身、网络管理系统、资源管理系统、故障中心、性能系统等组成。

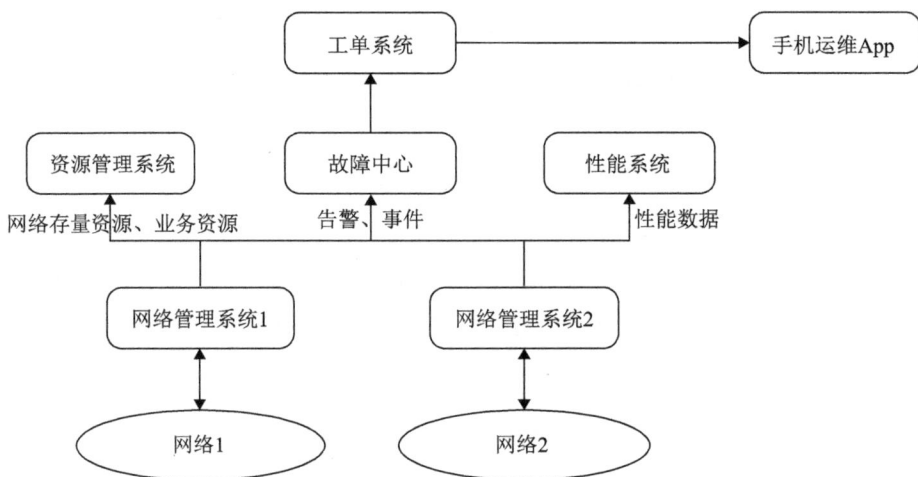

图 2-30　典型的网络运维体系

网络管理系统专注于特定网络的管理，负责设备的配置、监控、采集及调优等工作。资源管理系统对网络资源（包括设备、板卡、链路、业务等资源）进行管理。故障中心是网络故障信息的采集与统一处理中心，一般接收各个网络管理系统上报的告警、事件等信息，通过算法或者规则进行识别、压缩，生成工单信息，上送给工单系统。工单系统对工单进行分配、派发、跟踪等。手机运维 App 一般由工单处理人员使用，在处理工单时他们需要定位具体问题，以及处理工单后，查看故障是否已排除，因此，手机运维 App 能够查询工单信息，以及网络设备上的定位信息、状态信息等。

1. 网络性能分析

网络性能分析作为网络体验感知、决策制定和海量数据处理的分析中心，旨在通过友好的可视化管理方式，帮助用户实时监控网络流量，感知网络变化趋势，有效满足运维需求和支撑扩容优化。

从使用层面，网络性能分析主要分为以下 3 个功能板块。

功能板块一：性能实例监控。用户可通过创建性能实例，采集指定资源的性能指标数据，并支持按资源类型统计实例，查看每条实例的采集协议、监控周期、监控状态和监控指标等。根据创建方式不同，性能实例又分为手动性能实例和自动监控实例，手动性能实例支持用户手动指定资源，创建性能实例，从而实现性能数据的采集，支持的采集协议包括 Telemetry、SNMP（Simple Network Management Protocol，简单网络管理协议）、Bulk 和 Qx 等。性能实例创建完成后，用户还可以对实例进行删除、启动、停止监控等操作，从而停止或启动数据采集。策略在这里被定义为一种资源类型或多种资源类型自动监控配置的集合，包括资源类型、过滤条件、指标配置等。系统有内置的自动监控策略，如果系统内置的自动监控策略无法满足用户需求，用户可以配置自定义监控策略。当用户启动监控策略后，系统会根据策略自动创建监控实例（支持配置优先级），无须用户手动干预，即可完成指定资源的性能数据侧采集，最大限度节省人力。

功能板块二：性能报表。性能报表属于较为传统的功能，用户可通过查看基本的流量及质量报表，了解基于全网或区域的资源状况、端口、链路、业务、环流量等性能数据；拥有查看实时性能数据和历史性能数据的能力，提供足够长的老化周期，便于用户查看及做相应的数据运维与分析。

针对运营商的典型组网场景，引入环的概念，将网络整体拓扑划分为接入环、汇聚环、核心环等。相对于传统的基于端口及链路的流量统计，基于环的流量统计能够准确定位网络瓶颈及拥塞路径，并为预测具体带宽值提供数据模型。

如图 2-31 所示，所属级别相同且彼此连通（连通是指网元之间有链路或网元连接）的网元属于同一个环。若一个网元所在环的级别大于另一个网元的级别，则该网元是一个跨环网元，

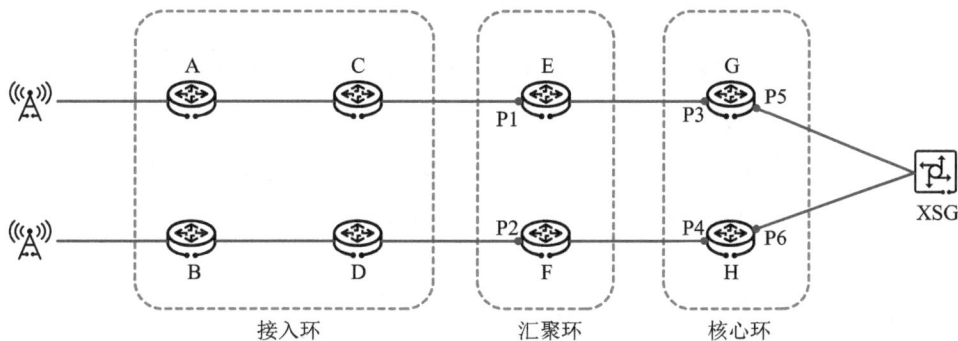

图 2-31　环示意

对应的链路为跨环链路。环级别排序为接入环＜汇聚环＜核心环。针对不同的应用场景，给出解决方案，使用不同的环发现算法，进行环识别，从而决定环的类型和级别。

功能板块三：灵活数据看板。数据看板赋予了用户高度的自定义能力，用户可根据需要调度全网数据，并可通过周期、时间范围和指标等参数完成数据看板设置，快速完成对网络性能数据的计算与多维可视分析。数据看板操作门槛低，用户可轻松上手，快速掌握网络的运行概况。数据看板支持多种图表类型的设计，包括柱状图、条形图、折线图、面积图和表格等，用户可一键拖曳预置的数据图表进行布局，轻松创建个性化的数据展示界面。此外，数据看板还提供了丰富的可视化网络分析能力，用户可基于各种图表类型对全网指标数据进行汇聚计算，以更直观地呈现网络性能数据。最重要的是，数据看板支持共享功能，用户可将设计好的数据展示界面分享给团队成员，促进协作与交流，共同提升网络运维效率

2. 智能故障处理

在传统网络运维中，一般通过预设规则批量处理故障数据，这些规则涵盖告警特性、设备类型、网络位置及业务影响等多个维度。然而，随着技术的不断进步，特别是 AI 技术的飞速发展，网络运维领域正经历着深刻的变革。引入集成了大量专家经验和规则的专家系统，该系统可以根据不同的网络状态和环境灵活采用不同的专家规则，实现了运维策略的高度定制化与灵活性。AI 的融入给专家系统赋予了更加卓越的能力，具体如下。

能力一：处理复杂度的飞跃。传统的规则引擎通常基于预设的规则和条件进行操作，但当任务复杂度提升时，规则变得烦琐且难以管理。AI 可以处理更加复杂的任务，通过学习和适应性来处理各种输入内容和情境。

能力二：自主学习的优势。传统的规则引擎需要手动定义和更新规则，而 AI 可以通过自主学习和数据驱动的方法来提取模式和规律。AI 可以从大量数据中学习，不断优化自身的性能和提高准确性。

能力三：高度适应性和灵活性。AI 可以根据新的数据和情况进行动态调整和优化。它可以自适应地进行学习和改进，从而更好地适应变化的需求和环境。

能力四：非线性关系建模。传统的规则引擎通常基于线性关系和简单的条件判断，而 AI 可以建模更复杂的非线性和隐含关系。它可以发现数据中的模式和趋势，提供更精确和准确的预测和决策。

能力五：大数据处理。AI 可以处理大规模的数据，包括结构化和非结构化数据，并从数据中提取有效信息，做出更有价值的决策。而传统的规则引擎在处理大数据时可能遇到性能

和效率方面的问题。

能力六：未知任务处理。AI 可以处理未知的任务和问题，而传统的规则引擎通常需要预设规则来解决特定的问题。AI 具有探索和适应新情境的能力，可应对未知情况。

因此，越来越多的运营商和网络运维相关的创新公司尝试将 AI 引入故障运维中，包括故障的发现、故障的诊断、故障的排除等。网络每天上送多达几十万条的告警和事件、上千万条的性能数据，在海量数据中发现真正的网络故障，需要有丰富经验的专家和大量的人力。用 AI 来提升故障发现效率是一个不错的选择。基于时间告警、事件发生的时间先后规律，结合告警、事件本身的内容，以及网络拓扑、业务信息，AI 通过不断学习来发现其内在的关联，从而实现聚类。每一个聚类中的告警事件对应一个网络故障，运维人员只需关注每一个聚类即可。这样能够将网络中的信息压缩 99% 以上，极大节省处理成本。

故障识别出来之后，可以利用 AI 进行辅助诊断。随着 GPT（Generative Pre-Trained Transformer，生成式预训练模型）技术的突出表现，将 GPT 引入以辅助故障诊断也成为一个研究热点。利用 GPT 的语言理解能力，将维护专家的维护经验文档纳入 GPT 的学习，大模型就有了诊断故障的思考能力，再结合 Toolformer 等技术将这一思路转化为可执行诊断的具体行为。

综上所述，AI 相对于传统的规则引擎具有更强的任务处理、自主学习、非线性关系建模、大数据处理和未知任务处理等能力，以及高度的适应性和灵活性。这些优势使得 AI 在处理复杂问题和应对变化的环境时更加有用和有效。

3. 配置核查

配置隐患在网络中大量存在，例如某运营商在 5G 承载网中进行系统排查，发现存在的隐患达 2000 多个，分布如图 2-32 所示。

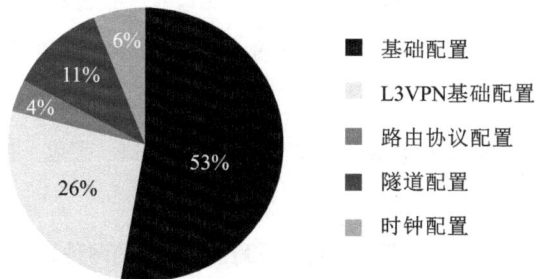

图 2-32 某运营商发现的配置隐患的分布

配置问题需要定期地检测，但从海量配置中找到问题并非易事。目前，用 AI 检测配置问题逐步成为趋势。IP 设备的配置大多数都由命令行或者 YANG 模型来定义配置语法。而设备运行的行为准则都是由配置参数决定的，设备的配置参数之间具备某些关联性，这些关联性体现该网络的组网策略和网络设计意图，因此用 AI 来发现同一网络中的配置参数的关联性成为关键研究课题。很多研究的方向是：通过对网络配置进行解析建模，再将参数之间的关系通过语义链接图的方式构建配置图谱；在图谱的基础上结合专家意图，进行图模式学习和识别，最终识别配置问题。另外的研究方向是将设备命令行当成一种类自然语言，通过 GPT 来学习，最终识别配置问题。随着技术的逐步突破，配置核查将实现自动化、智能化。

4. 业务保障

随流检测技术自 2019 年起成为业界网络质量检测的创新手段，它通过在实际业务流中嵌入检测字段来捕获网络承载的真实质量。与 NQA（Network Quality Analyzer，网络质量分析）、TWAMP（Two-Way Active Measurement Protocol，双向主动测量协议）等传统检测方法相比，随流检测技术具有以下显著优势。

优势一：业务流量路径还原。与传统的模拟报文检测不同，随流检测利用真实业务流数据进行实时监测，能够准确还原业务流量的实际路径。这确保了在业务流量遇到故障时，能够快速且精确地定位到故障发生的具体位置。

优势二：故障定位快、精度高。当业务流在传输过程中遇到丢包或其他问题时，随流检测技术能够利用 Telemetry 协议实时上报 SLA 数据。这使得故障定位可以在 1～2min 内完成，实现了快速且高精度的故障定界，显著提高了性能劣化类故障的诊断效率。

随流检测的基本过程包括如下步骤。

第一步，在接入点和核心点之间创建监控任务。

第二步，在业务流经过的端到端网元的入口、出口收集报包数、时戳。基于报文的特征染色标记对丢包、时延、流量等进行识别，获得业务路径上端到端网元、端口、链路的 SLA 测量结果。

第三步，网元通过 Telemetry 协议，将端到端网元、端口、丢包、时延、流量的统计结果上报网络管控系统。

目前，业界的随流检测方式主要有端到端检测和逐跳检测两种方式，主要的区别如表 2-9 所示。

表 2-9 业界随流检测方式对比

对比类型	主要区别	
	端到端检测	逐跳检测
部署节点	部署在流量入口到出口两个节点	部署在流量传输网络的各个节点
检测节点	仅头尾节点感知 IFIT 报文，中间节点采用 Bypass 处理方式（即中间节点对 IFIT 报文不做深入处理），可提高监控效率，在出现故障后可立即转换为逐跳检测方式	业务路径沿途所有支持随流检测的节点
监控数据	业务端到端的丢包、时延	业务逐跳的丢包和时延
侧重点	重在监控	重在诊断故障点
应用场景	VPN 业务 E2E 质量监控	质差 VPN 业务逐跳定界

随流检测技术为网络运维团队提供了一个强大的工具，它能够精确地反馈业务流中的丢包和时延等关键性能指标。这些指标通过网络管控系统的可视化界面以统一和详尽的方式展示，使得业务质量的监控变得更加直观和易于管理。

在网络出现异常时，随流检测技术能够自动触发故障定位流程，并采用逐跳分析的方法，迅速缩小问题范围，直至确定故障出现的具体环节。网络管控系统在这个过程中发挥着核心作用，它不仅统一管理和展示随流检测的结果，还能在检测到业务性能指标超出预设的阈值时，及时发出告警。

告警触发后，网络管控系统将自动部署逐跳检测，这是一种深入分析网络性能的方法，能够进一步细化故障诊断。一旦完成逐跳性能测量，网络管控系统将明确指出故障位置，为运维团队提供快速响应和解决问题所需的具体信息。

2.4.4 网络优化场景特性

网络流量调优在许多应用场景中都起着重要的作用，它可以提高网络的性能和效率，减少网络拥塞和时延，提高数据传输的速度和质量。随着网络的不断发展和应用的不断更新，网络流量调优将变得越来越重要。

网络优化分为 5 个功能场景：故障调优、SLA 保证调优、全局网络调优、应用调优和 IP流量调优。

1. 故障调优

故障调优指在发生链路故障、链路丢包的时候，将经过该链路的业务快速切换到逃生路径，保证业务不受损。故障调优根据调优决策点的不同分为链路级故障自愈调优、头节点业务自愈调优、集中算路自愈调优等方式。收敛时长是度量故障调优的重要指标，是指从链路故障发生时业务流量中断到业务流量恢复正常的时间。

链路级故障自愈调优需要使能链路 BFD（Bidirectional Forwarding Detection，双向转发检测）。如图 2-33 所示，当链路 P1— P2 发生故障时，业务 PE1— PE2 的流量，从故障链路 P1— P2 切换到提前建立好的 FRR（Fast Reroute，快速重路由）局部保护隧道 P1— P3— P4— P2 上面，这种方式的收敛时长通常短于 50ms。

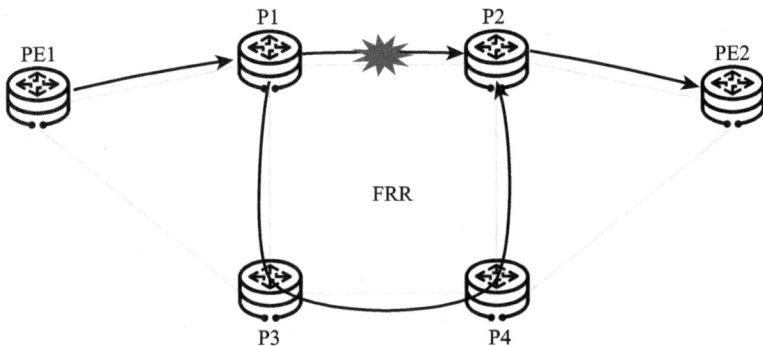

图 2-33　链路级故障自愈调优

头节点业务自愈调优需要使能 PE 之间的隧道 BFD，如图 2-34 所示，通常需要使能拓扑变化快速感知，当链路 P1— P2 发生故障时，节点 P1 通过 IGP 将故障信息快速传递给业务头节点 PE1，节点 PE1 通过自身的计算能力让业务 PE1— PE2 的流量绕过故障点，实现业务自愈。这种方式的收敛时长通常在 200ms 以内。头节点业务自愈调优只能解决单域故障收敛问题，跨域收敛问题需要通过集中算路自愈调优解决。

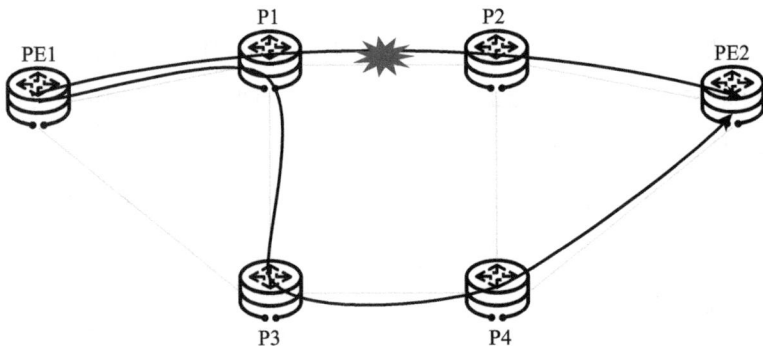

图 2-34　头节点业务自愈调优

集中算路自愈调优需要使能 PE 之间的隧道 BFD，如图 2-35 所示，网络管控系统具有跨域算路能力，通常利用拓扑采集协议，例如通过 BGP-LS 将拓扑收集到网络管控系统，网络管控系统再进行集中算路。当链路 P1— P2 发生故障时，节点 P1 通过 IGP 将故障信息传递给拓扑采集节点 P2，节点 P2 通过 BGP-LS 将拓扑信息上送给网络管控系统，网络管控系统为受影响的业务 PE1— PE2 重路由（重新计算一条业务路径），绕开故障链路 P1— P2，并将新路径通过协议下发给头节点 PE1，业务 PE1— PE2 的流量采用新路径，业务实现自愈。这种方式的收敛时长通常在 200ms 以内。

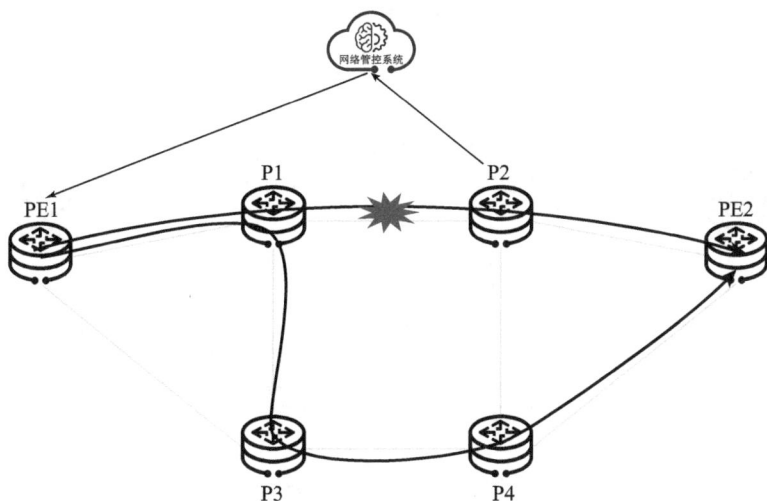

图 2-35　集中算路自愈调优

故障调优也可分为计划外故障调优和计划内故障调优。计划外故障是指某种意外因素导致的故障，例如光模块故障、光纤中断等。计划外故障调优是指在出现故障后及时重路由，达到故障快速处理的目的。计划内故障是指提前计划的节点割接、链路扩容等导致的故障。计划内故障调优是指在计划内故障发生前，将业务绕开故障点，避免计划内故障导致的业务损失。

故障点故障被排除之后，网络管控系统会执行故障回切调优。为了防止因为同一个故障点频繁出现故障而导致故障调优，在故障点故障排除到故障回切调优之间可以设置一定的时延。

2. SLA 保证调优

SLA 保证调优是指为了保证业务 SLA 水平不下降进行的调优，需要实时监控业务 SLA 变化，在业务 SLA 劣化的时候，重新选择一条符合 SLA 预期的路径。SLA 保证调优可以分为时延调优、抖动调优、误码率调优和丢包率调优等方式。

如图 2-36 所示，在链路上使能 SLA 检测后，SLA 检测可以选择通过 TWAMP 采集时延、丢包等，再通过 BGP-LS 采集 SLA 检测结果；网络管控系统感知到业务 PE1—PE2 经过的链路 PE1—P1—P2—PE2 的 SLA 劣化，将业务 PE1—PE2 调整到新的路径 PE1—P1—P3—P4—P2—PE2，以保证业务 PE1—PE2 的 SLA 要求能持续得到满足。

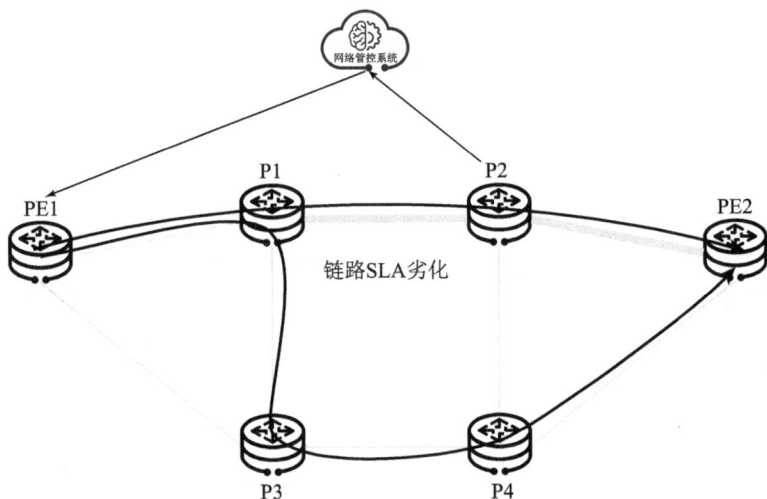

图 2-36　SLA 保证调优

为了避免业务 SLA 劣化的发生，需要网络管控系统具备提前预测链路 SLA 变化的能力，在业务 SLA 劣化发生之前执行 SLA 保证调优。

3. 全局网络调优

全局网络调优是指在满足每条业务 SLA 要求的情况下，通过调整业务路径，保持网络各条链路带宽尽量均衡。如图 2-37 所示，各条链路的带宽均为 30Gbit/s，业务 PE1—PE2 的流速为 6Gbit/s，业务 PE2—PE3 的流速为 19Gbit/s，网络管控系统将全局网络调优的链路利用率阈值设置为 90%。链路利用率是指业务流速与链路带宽的比值。当业务 PE2—PE3 的流速从 19Gbit/s 变为 21Gbit/s 时，链路 P1—P2 的链路利用率从 83.3% 变为 90%，超过链路利用率阈值时触发全局网络调优，网络管控系统将业务 PE1—PE3 的路径从虚线所示的 PE1—P1—P2—PE3 切换为实线所示的 PE1—P1—PE3 路径。全局网络调优完成之后，链路 P1—P2 的链路利用率从 90% 降低到 70%，实现整体网络流量均衡。

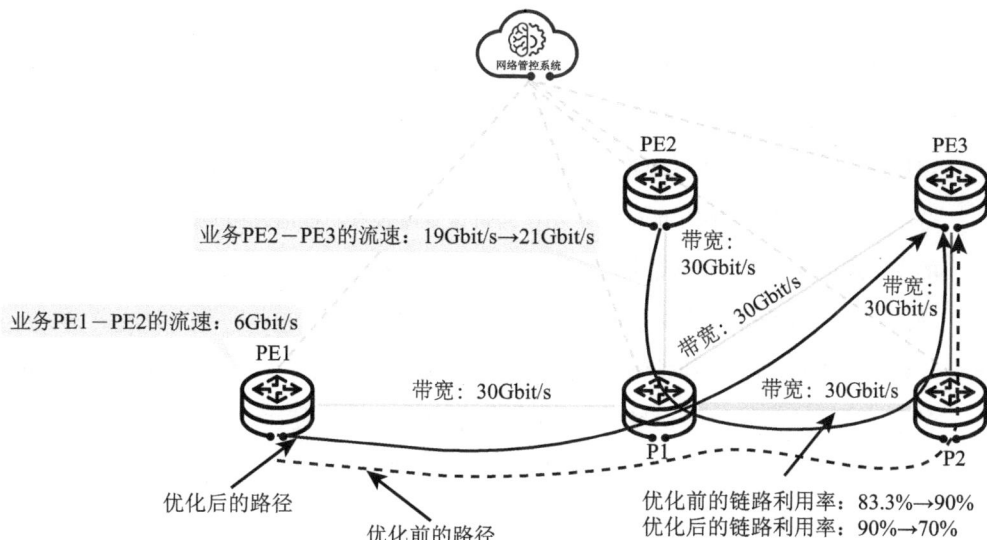

图 2-37　全局网络调优

4. 应用调优

随着 5G 和云时代的到来，各种具有差异化特征的应用层出不穷。网络需要能够感知到所承载的关键应用、关键用户的实际业务，从而提供差异化保障，而不是单纯依靠大带宽、轻负载的无差分服务提供模式。

IP 网络承载了用户差异化的应用，不同应用对于网络的 SLA 要求也不一样，如 3D 的 8K 视频业务需要 2Gbit/s 的带宽，实时游戏业务需要时延小于 30ms。传统 IP 网络运维主要关注网络层协议的运维，不感知承载的应用的详细信息，无法识别应用的流量、时延等诉求，因而无法实现应用的体验保障。

基于应用感知的 IPv6 网络应运而生。IPv6 网络利用 IPv6 数据报文携带相关应用感知信息的特点，使得网络设备能够根据应用信息提供差异化服务。应用调优主要包含应用可视化和应用差异化服务。

（1）应用可视化

应用可视化分为 4 项能力：应用信息采集、应用画像分析、端口流量成分分析、应用信息可视化。

● 　应用信息采集：通过 NetStream 采集 IP 报文的五元组、APNID（Access Point Name ID，

接入点名字代码）、VPN、端口、流量大小、DSCP（Differentiated Services Code Point，区分服务码点）等维度的信息。

- 应用画像分析：针对不同应用的数据进行智能分析，识别应用的画像指标，主要包括整体模式、平稳带宽、极值分布、分时特征等。整体模式是指基于流量的变化情况与突发规律，为应用划分模式类型并给予抽象化定义。平稳带宽是指综合应用流量的整体数值分布情况，提供当前应用能够稳定工作的带宽数值推荐。极值分布是指对超出平稳带宽的流量进行建模，提供高置信度的突发冗余带宽推荐。分时特征是指对应用的流量行为规律进行分时段分析，总结、抽象出应用的分时段规律。
- 端口流量成分分析：对网络关键链路端口流量进行深度挖掘，在业务质差、流量异常、带宽利用率高、网络拥塞的场景下，精准分析大流量数据（简称大流）以及流量毛刺。
- 应用信息可视化：可以显示应用的流量变化、应用 SLA 的变化、应用的隧道路径等信息。

（2）应用差异化

应用差异化是指针对不同的应用采用不同的差异化服务，主要包括应用品质保证、应用异常限流、应用数据压缩 3 项能力。

- 应用品质保证：将重要的应用引流到低时延、大带宽的隧道，在隧道时延、带宽满足不了应用要求的时候，进行隧道调优，保障重要应用的品质。
- 应用异常限流：将突发大流、持续大流的异常应用在网络入口处进行精准的应用限流，保障其他正常应用的网络使用。
- 应用数据压缩：将可进行数据压缩的应用在网络的入口处进行压缩，在网络的出口进行解压缩，保证应用品质的同时，有效降低网络资源的占用率。

5. IP 流量调优

IP 骨干网用于承载公众互联网业务，包括 IDC 互联等 IP 连接服务。由于 IP 流量的不稳定性，城域网出口、IDC 出口、骨干网出入口、IGW（International Gateway，国际网关）出入口等经常出现流量不均衡的现象，部分出口链路资源占用率高，而部分链路资源占用率低，导致整网资源利用率低。IP 流量调优针对这些问题，对互联网的高阶服务进行提速，对 VIP 业务流进行质量保障。IP 流量调优是包括 IP 流量监控的自动驾驶方案。

IP 流量监控通过采集 IP 流量信息，融合 IGP/BGP 路由信息，再基于 IP 地址段 /BGP AS/AS PATH/COMMUNITY/NEXT HOP 等信息灵活定义业务对象，最后结合 GIS 地图，实现业务对象流量流向可视。

IP 流量调优通过将 IP 流量引流入隧道或者引流到其他端口，实现自动解决骨干网与城域综合承载网出入口流量不均衡的问题。IP 流量调优功能有如下 3 项。

（1）IP 流量自动调优

IP 流量自动调优能够自动发现拥塞链路，基于链路的 TOPN 流自动分析链路流量成分，一键下发出入方向调优策略，解除拥塞。

（2）IP 流量手动调优

IP 流量手动调优能够自定义 IP 流量信息，采集流量流速，可以基于 BGP FlowSpec 手动引流入隧道、修改流量路由下一跳，进行出方向调优；也可以基于 BGP 手动修改 MED、AS PATH、COMMUNITY 等来影响对端 BGP 对等体的路由选择，进行入方向调优。

（3）VIP 流量重保

为了实现特定企业的特定国际互联网业务加速到 POP 出口，VIP 流量重保可以将这些业务引流到低时延隧道上。

第 **3** 章
IP 自动驾驶网络的系统架构

IP 自动驾驶网络系统架构的范围包括运营商拥有的通信网络以及支持该网络运维的软件系统和云端服务。本章描述的 IP 自动驾驶网络系统的参考架构，可以作为运营商搭建 IP 自动驾驶网络、供应商实现 IP 自动驾驶网络的设计参考。

3.1 IP 网络面临的挑战

随着元宇宙、工业 4.0 及算力网络等前沿领域应用的迅猛崛起，IP 承载网的运维环境正经历着前所未有的变革。外部需求方面，它需应对来自多厂商设备的兼容挑战，支撑超大规模带宽的灵活调度，确保低时延传输以满足实时性极高的应用场景的需求，并且对通信质量提出了超越传统语音与数据通信的精细化保障要求。

与此同时，IP 承载网内部运营亦面临双重压力：一方面，需不断探索与采用新技术、新方法以提升运维效率，实现资源的最优配置与利用；另一方面，还需积极寻求成本节约途径，降低运营成本，以应对日益激烈的市场竞争环境。

挑战一，满足超低时延、确定性 SLA 的新型网络应用质量要求。

当前的 IP 网络最初被设计用来提供"尽力而为"服务，然而，这种设计并不能完全满足工业互联网多样化和稳健的业务需求。特别是在为生产服务提供超低时延和抖动的 SLA 保障方面，IP 网络存在一定的局限性。

生产网络对网络性能和稳定性的要求更为苛刻，需要低时延、高可靠的确定性组网，以满足工业控制系统和无损应用对网络质量的极高要求。这意味着 IP 网络需要进一步演进和优化，以适应工业互联网的发展需求，为生产环境提供可靠的网络基础设施。

另外，在元宇宙时代的 XR（Extended Reality，扩展现实）应用中，网络的性能也显得至关重要。高度灵活、弹性的网络和低时延对于支持 VR 和 AR（Augment Reality，增强现实）的应用的顺畅体验至关重要。因此，IP 网络需要不断创新和升级，以满足不同领域对网络性能的高要求，为用户提供出色的应用体验。

挑战二，业务快速敏捷上线，支持运营创新。

随着数字化进程的推进，电信行业的业务创新呈现出全新的特点。

首先，新的商业模式需要快速吸引用户流量并占领市场份额，这意味着应用的 TTM 需要更短。随着用户应用场景的不断变化，传统的烟囱式架构往往导致核心业务逻辑和数据无法有效共享，开发周期无法满足外部需求。

然后，用户对应用的体验要求变得更加苛刻，需要支持快速迭代、更新。通常情况下，一个应用在设计阶段就需要不断从最终用户那里获取反馈，以实现持续优化和闭环处理。传统的瀑布式开发流程的闭环周期相对较长，现有的系统、工具、方法和流程等难以支持业务的快速、敏捷上线。

最后，在面对这些挑战的同时，电信行业需要不断创新，采用更灵活、敏捷的开发方式和工具。通过引入更先进的技术和方法，如敏捷开发、持续集成和交付、微服务架构等，电信企业能够更好地适应快速变化的市场需求，实现业务快速上线和持续优化，从而提升竞争力并为用户提供更优质的服务体验。

挑战三，运维模式从半自动化 / 自动化向智能化转变。

传统的 IP 承载网运维模式存在以下几个方面的问题。

首先，IP 网络使用的路由协议种类繁多，专业性强，而新技术如切片、EVPN、SRv6 等层出不穷，通常需要依赖专家经验进行运维，而培养有经验的运维人员通常需要 3～5 年甚至更长时间。其次，传统的运维模式是被动的，当网络发生故障或业务质量劣化时，系统只能呈现网络状态，需要维护人员介入定位和解决问题，缺乏网络和系统自主应对能力。通常情况下，网络故障在发生前会显示出一些先兆，但这些信息往往被大量的告警和日志所掩盖，依靠人工发现显然不现实，需要进行智能化的深入挖掘才能辨识出来。

未来随着网络的演进和规模扩大，必然要求网络的运维模式朝着下面 3 个方向演进。

- 自动化：采用取代传统低效、高重复性手动操作的自动化流程，提高运维效率。
- 智能化：注入专家经验，实现运维过程无须人工干预，自动处理复杂网络突发状况。
- 主动运维：实现全局网络的洞察，提前预测和解决网络风险，将网络故障消灭在萌芽状态。

电信软件相比互联网应用软件，其在特定场景下具有严格的实时性和可靠性。电信软件在运营和运维过程中，除了要给用户良好的体验，还需要提供稳定的网络 SLA，需要网络具备分钟级、秒级，甚至毫秒级的响应能力。这对传统网络和软件的实时感知、调度能力也提出了更高要求。

挑战四，基础设施极简化，降低网络的复杂度、成本和能耗。

IP 网络的核心设计目标是"开放与互联"[1]，其设计初衷是为了支持全球范围内的互联网通信，实现高度的可扩展性、灵活性和互操作性，因此需要采用复杂的网络拓扑结构和协议，以及大量的网络设备和链路来支持相应的功能，这就引出了如下问题。

- 网络拓扑结构复杂。IP 承载网通常由多个不同类型的网络设备和链路组成，设备包括路由器、交换机、防火墙等，链路类型有以太网、光纤、无线连接等。设备和链路通常以层次结构的方式组织，包括核心层、汇聚层、接入层等，形成多层的复杂结构。

- 网络规模庞大。IP 承载网通常是一个庞大的网络，包括多个子网和大量的终端设备，这些设备之间的通信需要经过多个网络设备和链路，增加了网络的复杂性。

- 网络安全性差。IP 承载网的复杂性也导致了网络安全问题频增，黑客攻击、病毒感染、网络钓鱼等安全问题需要采取多种手段进行防范和处理，进一步提高 IP 网络自身的复杂性。

- 网络服务质量劣化。IP 承载网的复杂性也会影响网络服务质量（包括网络时延、丢包率、带宽限制等），需要采取一系列措施来保证网络服务质量。

这一系列的问题导致 IP 承载网运维的成本极高，为支撑网络的正常运转所做的各种可靠性保护和安全防护措施也带来了更高的能源消耗和碳排放。

挑战五，网络能力开放，简化系统集成，支撑规划、建设、维护、优化一体化和业务运营。

网络能力开放的目的是挖掘和创造新的价值，同时构建开放、协作、共赢的生态圈。运营商围绕网络资产，构建多层次的能力开放已经成为业界主流趋势，管道能力、IT 能力、云计算能力、业务能力等在未来都是可共享、可利用的高价值资产。对于网络能力开放，业界公认的痛点如下。

痛点一：领域技术和网络复杂性。未来的网络规模将大幅度扩大，呈现高带宽、多领域技术、复杂接入、新老共存的特征。以 IP 承载网为例，虽然运营商已经在大力推进 IPv6 网络建设，但 IPv6 网络将长期与存量的 IPv4 网络并存，加上数据通信业务的协议种类多、跨厂商对接复杂等特点，这将为 IP 承载网的运营和维护带来前所未有的挑战。比如，在高峰时间，如何通过准确、可靠的流量调度措施来平衡网络负载，以确保用户的网络连接速度和稳定性；当用户报告无法访问特定网站时，网络维护人员如何通过站点的事件告警实现跨专业快速的定位、定界等；由于网络的复杂以及业务的多样，如何确保运营商从复杂的网络参数设置与海量的网络信息中解脱出来，聚焦核心网络业务；如何确保网络资源始终都有最高的利用率，从而降低运营成本。这些都是运营商迫切需要解决的问题。

痛点二：业务的灵活性和定制性。运营商的业务通常是多样化的，有着很强的定制性。在传统的电信软件体系中，通常使用厂商的 EMS（Element Manager System，网元管理系统）/NMS 提供北向接口，使用 OSS 进行系统集成。然而，继续使用传统的集成模式会出现以下问题。

- 网络更加复杂：面向 5G 时代，网络将变得更加复杂、功能更加丰富、管理参数更加多样。如果继续按照现有的集成方式，系统集成的时间可能会从原来的 6～12 个月增加到 18 个月以上。

- API 粒度过细：传统的北向接口（如 VRF、VLAN 接口等）按照网络资源对象的粒度提供，虽然这种方式灵活，但现实中的业务开通一般涉及多种技术的组合（如组合 VPN），需要多个接口组装、配合使用，上层业务需要知晓具体的业务场景，并选择不同的网络技术进行调用，增加了网络实现的复杂性。

- 多厂商差异仍然存在：不同领域的设备存在天然的差异，各厂商的接口协议、参数和能力等各不相同；同时，接口标准化推进缓慢，直接影响新业务的快速开通。

3.2 架构对象特征和能力

目前的 IP 网络在向自动驾驶网络转换的过程中，存在网络状态看不清、看不准等问题，因为离散和封闭的系统导致数据碎片化、流程割裂，跨领域、跨厂商的数据流很难流转并产生价值。同时，IP 网络的智能化程度不足，对于不确定性的决策和处理，几乎都需要依赖工程师和专家的经验。显然，IP 网络的自动驾驶首先要从架构和关键技术层面进行系统性思考和创新，才能解决 3.1 节中列举出的各种问题。首先，需要在物理网络层构建一个能实时感知态势的边缘智能层，提升网络基础设施自身的感知和自动化执行的能力；其次，通过统一建模，在物理网络之上构建一张数字孪生网络，实现全局态势的可回溯和可预测，基于 AI 实现预测性运维和主动闭环优化；最后，要以业务体验为中心，自上而下构建统一的数据模型和共享能力，基于开放的云端平台实现 AI 算法训练和优化，来支撑规划、设计、业务发放、运维保障和网络优化等各类应用的敏捷开发，支撑全生命周期的自动化闭环运营。具体地，本书认为 IP 自动驾驶网络的架构对象应具备如下关键特征和能力。

1. 数字孪生，实时感知，支持在线仿真和自验证

要实现 IP 自动驾驶网络，首先要对周边环境变化进行准确感知，才能根据感知数据进行分析，并根据策略采取下一步动作。和汽车的自动驾驶类似，IP 自动驾驶网络需要基础设施引入更多的感知器，实现对状态、业务流量、业务质量、功耗等多种维度数据的实时感知。另外，在一定程度上还需要对整体网络的状态进行感知。一方面，由网络管控系统主动发起

各种网络路径、业务探测，基础设施提供路径、业务的探测能力，并将探测的结果及时上送，从而使网络管控系统能根据探测结果对网络进行及时调整。另一方面，由基础设施主动上报故障或异常信息，当网络设备自身发生故障或异常事件时，其可以主动给网络管控系统上报故障或异常信息，以便网络管控系统根据故障后影响的严重程度，适度采取操作。在网络运维过程中，只有充分评估和验证通过的计划才会在物理网络上实施。在有了数字孪生和通过感知器获取的实时/准实时的数据后，通过持续在线仿真能力，在虚拟数字网络中隔离出验证环境进行新计划的验证，大大降低了人为差错导致的网络事故的发生概率。

分层建立数字孪生体是 ICT 基础设施走向智能化的基础。按照分层自治闭环原则，资源、业务和商业层分层建立各自的数字孪生体，与真实的物理世界持续保持状态一致。数字孪生体提供的数据类型包括基础数据（环境、资源、业务、商业产品等）、运行数据（资源和业务状态数据、故障/性能/日志、分析/预测结果、规划/建设/维护数据等）和商业数据（计费/订购等）。

数字孪生体提供如下功能。

- 为同层的 ICT 基础设施的丰富应用（包括研发设计环境应用、现场业务设计应用）提供基础的、归一化的、原子化的数据和状态服务，并可以提供针对数据和状态的重放能力。

- 数字化记录物理世界，可实现反复重放。携带时间标记的资源/业务/商业数据，及状态变化数据，可以实现历史数据的反复重放，使得仿真、决策过程的训练、验证更贴近真实世界。

- 在数字世界中，人工或者智能化创造训练数据。人工创造实际物理世界中几乎不可能或者极难捕捉到的边缘场景数据，提升仿真和训练的全面性。

- 数据与功能解耦。基于抽象后的数字孪生体构建 ICT 基础设施丰富多彩的应用，降低对物理世界差异化适配的复杂性；隔离数字孪生体与应用业务，降低系统复杂性；减少应用之间的耦合点。

- 以虚控实。通过访问和操作虚拟空间的数字孪生体，实现间接访问和操作物理空间的 ICT 基础设施和业务的目的，屏蔽厂商、软硬件版本的差异性。

2. 分层自治闭环，层间开放标准化、意图化 API

对于自动驾驶网络在行业和用户视角的宏观分层原则，TM Forum/ETSI ZSM（Zero-touch network and Service Management，零接触网络和服务管理）等已形成共识[2]，具体如下。

- 资源运营层："网元＋单领域网图"形成资源层自治域，面向基础设施，负责实时／准实时资源供给和保障。

- 业务运营层：面向最终用户，负责面向用户的业务使能及体验保障等。

- 商业运营层：面向商业使能，负责商品管理、订购及计费等。

各层分别从业务处理时延的要求、系统资源利用率的优化要求、可靠性和鲁棒性要求、提升系统扩展性以及加强安全和隐私保护等方面考虑，就近完成意图的自动化闭环，分为如下几种情况。

- 网元就近处理（毫秒级至亚秒级，如业务＆设备高可靠切换、用户移动性提升等）。

- 单自治域就近处理（秒级至分钟级，如重路由、业务迁移、网络级关联分析等）。

- 全网处理（小时级至天级，如容量规划、站点搬迁等）。

在电信网络中，意图表达了用户对网络服务的期望，通常是简洁的、以用户化的方式表达的，而网络实现技术则是复杂的，需要专业的知识才能理解。意图化 API 是连接商业诉求和网络实现的重要桥梁，通过意图化 API 可以简化系统集成，让上层应用聚焦核心业务逻辑。意图化 API 包含如下几方面含义。

- 意图模型定义、场景化编排。意图化 API 需要首先定义对目标系统的期望，其接口是抽象和简洁的，然后定义达成外部期望目标需要的业务策略、参数模板、选路方式等关键信息。当外部调用到意图化 API 时，编排引擎会将外部输入内容和意图模型进行匹配，结合当前系统上下文，自动生成网络编排的工作流，按序将配置下发到实际网络中。外部系统无须感知网络复杂性和技术复杂性，就可以实现复杂的场景化流程调用。

- 意图的持续和闭环。意图化 API 具有自动维持用户期望的能力。在完成意图的场景化编排后，系统会持续对网络进行监控，当网络的状态偏离用户目标（如 SLA 发生变化）时，系统可以根据预先设置的策略进行调整，将网络状态维持在用户的期望值上，确保用户意图是可持续的。

- 意图化 API 分级。不同网络层次之间建议定义不同的意图化 API，例如自治域向上提供面向网络自治的意图化 API，面向用户则提供用户化的、跨自治域的意图化 API。分层实现可有效降低软件实现的复杂度。标准化则是在意图化的基础上，通过国际标准、企业标准的形式，将 API 进一步统一，达到简化系统间集成的目的。在未来网络技术发展到一定程度后，意图化 API 甚至不需要设计人员自己定义"如何做到"，而只需要定义"做什么"，即可实现意图化 API 定义，届时系统集成将变得更为简单。

3. 分层知识推理和训练，云地协同 AI 使能智慧网络

在未来的 IP 自动驾驶网络中，AI 无处不在。为使 AI 能力在感知、训练、推理、决策、执行等过程中更接近人脑，需要电信网络在不同层次具备 AI 能力，从而支持各层基于 AI 的自动闭环，在不同业务场景中实现智能化，最终实现 IP 自动驾驶网络。AI 技术包括云端和地端两个部分。

- 云端是 AI 的集中设计和开发平台，是网络知识和专家知识实现数字化的源头。由于 AI 模型训练通常需要强大算力，所以一般建议知识提取、模型训练在云端进行。同时，云端 AI 需要提供模型的发布和共享能力，从而减少重复开发，有利于复制推广和构建 AI 生态，是全网的"知识中心"和"图书馆"。云端 AI 支持跨层、跨域、跨厂商 AI 能力构建，减少重复投资。

- 地端 AI 包括网络 AI 和网元 AI，其中网络 AI 还可分为跨域智能运维的 AI 和单自治域智能运维的 AI。网络 AI 面向网络分层自治提供在线 AI 推理，聚焦网络数据的实时采集和过滤，并实现 AI 能力在本地实时推理闭环，是网络智能化具体实施的关键。网元 AI 由于 AI 算力及存储空间的限制，主要聚焦业务在本地的实时感知、分析和决策、处理。

在 IP 自动驾驶网络架构中，知识的发布、共享、推理和训练等依赖于 AI 模型标准化、云端智能、云地协作和联邦学习的相互作用。

- AI 模型标准化。AI 模型的开发需适应网络的动态变化，通过云端 AI 平台进行模型的集中管理和持续优化是必要的，以确保模型的精准性满足实际应用需求。为实现云端与地端的高效协作，制定 AI 相关的规范（包括 AI 数据、模型、开发 SDK 等方面的规范）至关重要，以减小不同厂商设备间的数据差异，统一模型运行环境，保证 AI 知识和模型的流通与共享。

- 云端智能。云端智能负责 AI 模型、知识及数据集的发布和共享，涵盖 AI 应用管理、数据服务、AI 训练服务、知识服务和 AI 协同服务等。它是 IP 自动驾驶网络中跨领域知识和 AI 模型的共享枢纽，支持跨领域协作和单领域自治的分布式 AI 架构。

- 云地协同。云地协同确保知识和模型的有效传递，并协调 AI 能力以平衡计算能力和数据量，解决数据孤岛问题。AI 模型可以在不同网络层级中流动，并在多种异构环境中执行，适应资源有限的设备环境，同时支持低时延的实时 AI 响应。

- 联邦学习。在联邦学习框架下，各参与方的数据留在本地，保护隐私，不违反法规，并且在网络结构中地位对等。联邦学习允许各参与者共同创建和受益于一个虚拟的共享模

型，其建模效果与集中式建模相当，从而实现高效的数据协同和知识共享。

4. 分层开放可编程、业务快速且敏捷

采用分层可扩展的设计理念，能够实现各层级的能力开放与集成，确保每个层级都具备开放和可扩展的特性。该设计理念面向网络设计师和运维人员，提供从开发到部署、维护的一体化管理平台。用户可以自定义新的业务模板、工作流程、定制化 API 和应用程序等。经过验证、审核和发布的流程后，这些定制化内容可在实际运行环境中得到应用，从而灵活地扩展系统功能，并实现与外部系统及第三方应用的集成。为了提高业务敏捷性，可以从以下几个关键领域着手。

- 持续的业务目标评估：实时在线监控每个业务的目标达成程度，包括实时识别并解决问题，评估潜在风险并提出改进建议。针对那些目标满足度不高的关键业务进行定量分析，以识别新的商机。

- 主动的业务和容量预测：通过预测业务需求和容量要求，提前进行规划和部署，以实现用户需求、网络资源和业务供给能力之间的平衡。

- 定期的资源核查和修订：保证数据与物理系统的一致性，对物理管道、光缆、端口，以及逻辑 IP 地址、域名、号段、通信端口等资源的使用情况进行定期核查和更新。

- 业务优化与演进：定期评估各项业务，识别受欢迎且订阅量上升的业务，淘汰那些用户较少关注的业务；同时，针对那些业务目标满足度较低的业务进行优化和改进，并根据新的市场需求定义和推出新的业务模式。

5. 人 - 机、机 - 机协作共生

在 ICT 基础设施中，理想的人机协作模式被定义为"人机共生"。在此模式下，人类专注于创造性和策略性工作，如开发新业务、设定目标、制定策略、确定标准及进行评估等。而 ICT 基础设施承担日常的操作任务，包括任务的分解与执行，并支持人类的决策和活动。这种协作模式的转变是从人直接操作（人在环内）到人进行监督与指导（人在环外）。

此外，人机之间的互动学习也是关键：人教机器如何通过学习专家的任务处理过程和结果来积累经验，从而提升机器的智能水平；机器教人则通过提供仿真和数字孪生环境，使人们能够在控制的模拟环境中进行类似实地中的学习。

群体智能概念来源于对蚂蚁、蜜蜂等社会性昆虫的群体行为研究，最初用于描述细胞机器人系统。群体智能的特点包括分布式控制、无中心控制、高度的自组织性。群体智能系统

通过以下方式优化性能：并行操作，智能体组可以执行复杂的集体任务；灵活扩展，新成员加入不需要重编程；分布式感知和操作，使得在广阔的搜索区域内的感知和探索更有效；高度容错，单个智能体的失败不会影响整体任务的完成。

在 IP 自动驾驶网络中，群体智能主要应用于网元间和自治域间的智能协作。例如，网络设备间的智能协作通过实时或准实时的智能化协议和语义化接口共享状态、语义或知识等，多系统和多领域共同完成复杂任务，如分布式协同防御 DDoS（Distributed Denial of Service，分布式拒绝服务）攻击、流量控制等。自治域间的智能协作则涉及多领域、多厂商的业务开通和网络级质量保障，通过自治域的横向驱动共同完成端到端的任务设置，如在 1s 内实时开通端到端的 XR 业务，从终端侧发起，依次经过 RAN（Radio Access Network，无线电接入网）、承载网和核心网等，最终到云端，各自治域横向驱动，完成端到端通道建立。

6. 支持内生安全和应急接管

在传统网络安全防御体系中，通常会在网络边缘配置如防火墙、IPS（Intrusion Prevention System，入侵防御系统）和 IDS（Intrusion Detection System，入侵检测系统）等专门的安全设备，这些设备负责识别和阻止网络攻击。随着网络攻击技术的发展，这一传统的防御架构逐渐显露出弱点，一旦攻击者绕过这些边缘安全设备，他们便能在内部网络自由活动，导致更大的安全威胁。

面对新兴的网络安全挑战，业界提出了一种新的安全策略——内生安全。这种策略强调每个网络设备和系统都应具备内置的安全防护功能，能够自动检测和响应安全威胁，并且具备自我恢复的能力以应对未来可能出现的各类风险。

- 在自防御方面，采用内生安全的 IP 自动驾驶网络具有自建的防御机制，涵盖系统安全防护、身份认证与访问控制、安全隔离、数据安全保护技术及 AI 安全技术等方面。

- 在自检测方面，尽管网络设备和系统已具备基本的安全防护能力，但这并不足以完全抵御所有攻击，因此需要配合实时的安全检测技术来及时识别并应对潜在的安全风险。

- 自恢复则是通过 SOAR（Security Orchestration, Automation and Response，安全编排、自动化与响应）技术实现的。SOAR 技术能将不同系统或同一系统内的多个组件的安全能力通过预设脚本按照特定逻辑关系进行整合，实现对特定威胁的自动化处理闭环。

随着网络从有边界向无边界的转变，传统基于边界的防御模式已显过时。零信任网络安全防护理念因此受到推崇，其核心原则是"持续验证，永不信任"。这意味着对所有通信实体，无论是人、设备还是系统，都默认不信任，需要持续进行风险评估，并基于评估结果实施动态的策略控制，以确保网络的整体安全。

此外，为了应对灾难、故障或系统未能覆盖的情况，人类应随时准备介入并接管 ICT 基础设施，并且在这种情况下拥有最高的优先权。当系统遭遇预料之外的紧急情况时，系统应能向操作人员发出接管请求，由人工完成后续的处理措施。这与自动驾驶汽车面临的情况相似：在遇到道路施工或交通事故等突发事件时，自动驾驶系统可能无法有效应对，此时需要驾驶员手动接管，以确保行车安全或采取其他必要措施。

7. 可持续迁移、迭代演进

IP 自动驾驶网络的发展过程包含网络规划、建设、维护和优化的各个环节。运营商可以根据自己的业务发展需求，采取"先进行局部创新，再将能力平台化"的策略。通过在 5G 网络的规划、建设、维护和优化等阶段，逐步引入 AI 技术，优先解决那些效率较低且技术要求较高的关键问题，使网络逐渐具备智能化的能力。这一过程为网络未来向 L4～L5 的自动驾驶演进奠定了基础。此外，通过商业运营层、业务运营层、资源运营层的层次化独立迭代和循环演进，逐步推动网络向自动驾驶的终极目标前进。

IP 自动驾驶网络的演进可以分为以下几个阶段。

阶段一，基础功能建设：主要实现 IP 网络的基础功能，包括网络拓扑结构的构建、路由协议的实现、网络设备的管理等；同时，也会涉及一些基础的安全功能，如防止网络攻击和数据泄露等。

阶段二，高级功能扩展：进一步完善 IP 网络的功能，包括流量控制、服务质量、网络切片等；同时，也会提升网络的智能化程度，引入机器学习等技术，实现更加精准的网络管理和控制。

阶段三，全面智能化：IP 网络将实现全面的智能化，能够自动适应各种不同的网络环境和需求，提供更加个性化的服务；同时，也会提高网络的可扩展性和灵活性，支持更加大规模的网络部署和管理。

阶段四，协同生态构建：IP 网络将与其他技术和系统进行更加紧密的集成，形成一个更加完善的生态系统；同时，也会提高网络的可持续性和环保性，实现更加绿色和可持续的网络发展。

3.3 系统架构

为了实现 IP 自动驾驶网络的 "三零三自" 愿景，即零等待、零接触、零故障与自配置、自修复和自优化，必须有一个行业共识的目标架构，以指导实际的应用进程。本节将基于前文讨论的 IP 自动驾驶网络的架构对象特征和能力，首先介绍 IP 自动驾驶网络的顶层架构，接着详细阐述该架构中的关键元素，为理解和实施 IP 自动驾驶网络提供更具体的指导。

3.3.1 顶层架构

TM Forum 自动驾驶网络项目给出的自智网络参考架构[2]旨在面向消费者和垂直行业用户提供全自动、零等待、零接触、零故障的创新网络服务与 ICT 业务，打造自配置、自修复、自优化的通信网络，为通信网络运维自智化转型明晰了目标架构和实现路径。本书在 TM Forum 参考架构的基础上，结合 IP 网络运维所面临的问题和挑战，给出了新的 IP 自动驾驶网络的上下文和顶层架构。与 TM Forum 自智网络涵盖的范围略有不同，本书讨论的 IP 自动驾驶网络关注的是 OSS 层及其以下的部分，如图 3–1 所示。

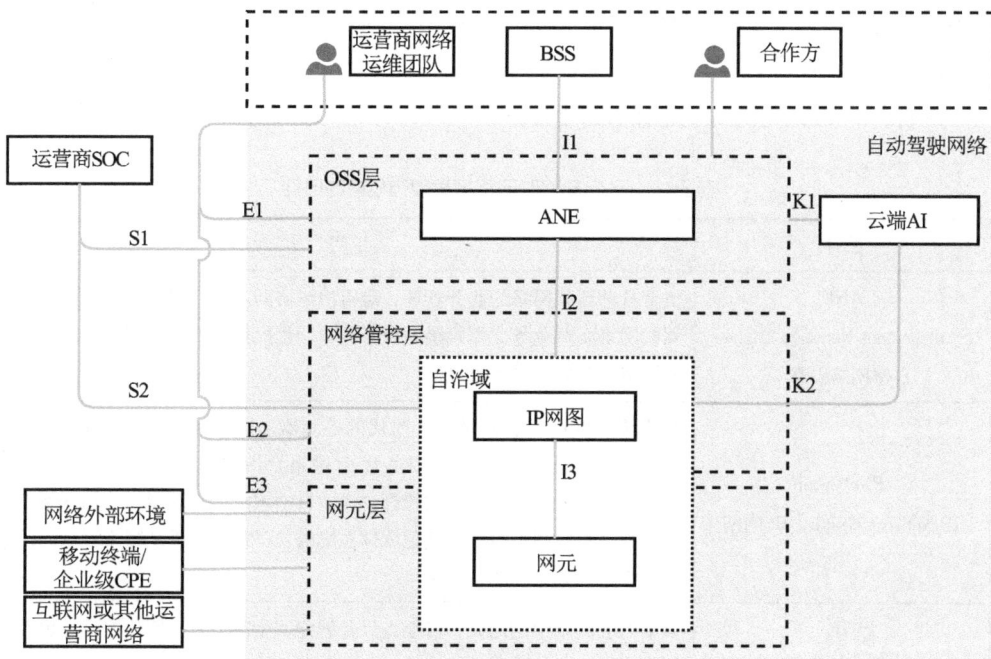

图 3–1　IP 自动驾驶网络上下文和顶层架构

IP 自动驾驶网络的上下文内容如下。

- 运营商网络运维团队包括运营商的运维人员、网络规划设计人员、外包维护团队等，这些人通过 UI（User Interface，用户界面）或命令行接口访问 IP 自动驾驶网络。

- BSS 是为网络用户提供网络业务的订单、计费、结算、账务、客服、营销等功能的系统，通过机机接口与 IP 自动驾驶网络对接。

- 合作方包括 ISV（Integration Service Vendor，集成服务供应商）和 DSV（Delivery Service Vendor，交付服务供应商），这些供应商负责系统集成和交付部署。

- 直接连接到 IP 自动驾驶网络的用户侧设备，如移动终端、企业级 CPE 等。

- 互联网或其他运营商网络，与运营商的 IP 自动驾驶网络互联互通。

- 支撑网络设备运行的外部环境，如机房空间、供电系统、散热系统等。

- 与 IP 自动驾驶网络对接的其他软件系统，如运营商的 SOC（Security Operation Center，安全运营中心），提供用户集中授权、认证和审计、系统安全漏洞管理等功能，这类软件是可选的。

运营商的终端用户群体，包括企业、个人及家庭用户等，通常通过 Web 界面或第三方应用程序与 IP 自动驾驶网络的业务支撑系统进行交互。他们通过这些平台购买由 IP 自动驾驶网络提供的服务，并通过个人终端设备或企业级 CPE 来使用这些服务。这些交互构成了 IP 自动驾驶网络的间接上下文。

IP 自动驾驶网络顶层架构包括的部件如表 3-1 所示。

表 3-1　IP 自动驾驶网络顶层架构包括的部件

部件	说明
ANE（Autonomous Networks Engine，自智网络引擎）	负责自动驾驶网络的业务管理，跨自治域协同。自智网络引擎提供自动驾驶网络面对业务支撑系统的统一接口，也提供网络运维团队与自动驾驶网络交互的主要人机接口
IPNetGraph（IP Network Graph，IP 网图）	从传统网络管理系统到 SDN 时代的控制器，再到网络管控系统，本书后续统一称为 IP 网图。主要负责 IP 网络自治域的网络资源的自主控制，域内业务或业务片段的管理，提供自治域集中管理能力包括网络自治域面对自智网络引擎和其他软件系统的统一接口，以及网络运维团队与网络自治域交互的人机接口
NE（Net Element，网元）	自动驾驶网络中的网元，可能是具备智能原生能力的智能化网元，也可能是未智能化的网元

续表

部件	说明
云端 AI	提供自动驾驶网络的知识管理,包括离线的知识训练、验证和发布等能力。这些知识可能来自网络设备供应商、软件供应商或运营商自己,所以可以有多个云端智能的系统

IP 自动驾驶网络顶层架构接口参考点的说明如表 3-2 所示。

表 3-2 IP 自动驾驶网络顶层架构接口参考点的说明

接口参考点类型	说明
I 接口	上下层自治代理之间的接口,包括自动驾驶网络用户应用于 BSS 之间的接口、BSS 与 ANE 之间的接口(如图 3-1 中的 I1)、ANE 与 IP 网图之间的接口(如图 3-1 中的 I2)、IP 网图与网元之间的接口(如图 3-1 中的 I3)。自动驾驶网络代理之间可以使用意图接口,也可以使用传统的 API
K 接口	知识接口,位于云端 AI 与 ANE、IP 网图、智能化网元等自动驾驶网络代理之间(如图 3-1 中的 K1、K2),为自动驾驶网络代理提供知识训练和知识更新
S 接口	安全接口(可选),位于 SOC 和 ANE、IP 网图之间(如图 3-1 中的 S1、S2),为自动驾驶网络提供用户集中授权、认证和审计、系统安全漏洞管理等功能
E 接口	ANE 和 IP 网图为运维专家提供的人机交互接口(如图 3-1 中的 E1、E2、E3)

3.3.2 自智网络引擎

自智网络引擎作为连接网络与商业的桥梁,其主要职责是直接向用户提供网络服务的价值转化。该引擎需要在保证提升网络运营效率的同时,通过整合商业、业务及网络的底层语言,突破网络对商业价值影响的分析算法。此外,自智网络引擎还旨在构建一个包括环境、网络和知识的多孪生体系统,形成一个业务与网络之间的双向、实时且定量的映射模型。通过这一模型,不仅将网络资源转化为实际能力,还将这些能力转化为商业价值,并将业务支撑系统转变为交易体系,从而快速响应商业和业务上的敏捷需求。

1. 架构设计的关键原则

自智网络引擎旨在实现网络运维与用户商业活动之间的无缝连接。为了达到这一目标,关键在于分析网络运维如何对用户的商业价值产生影响,并探索如何自动化及持续优化用户商业活动的端到端流程。为了满足这些需求，自智网络引擎的架构设计必须坚持以下 3 个原则，并依赖一系列关键技术以确保这些原则得以遵循。

原则一：网络运维 / 运营域商业价值和用户体验的关系可度量，完成商业到网络的全链路打通。为了实现从商业到网络的端到端标准化，需要构建 TAZ（Traffic Autonomous Zone，流量自治域）划分。这一划分基于通信网络向用户提供服务的能力，定义并评估 EDNS（Expected Demand Not Served，未满足的预期需求）模型来建立运维标准，实现从效率导向的运维向商业价值导向的运维转变。TAZ 是一种针对无线网络全流程（规划、建设、维护、优化、运营等）的城市空间网格化分区系统。它根据网络活动的全生命周期和全时空尺度的需求，利用基于分级人流规律的原子化、多层级、统一模型生成 TAZ 及区域画像的能力，构建一种一网统管的数字网格化技术。EDNS 模型[3]是在借鉴电力系统中"未满足的预期能源需求"模型的基础上，基于分布式系统服务可靠性的模型，从空间和时间的多维度系统构建适用于多种业务类型的网络服务质量度量模型。该模型通过量化分析，实现了网络质量对用户影响的终极评估。

原则二：知识与数据混合驱动，实现网络状态—业务—用户的定量化关联。为了实现从网络效能优化到面向用户价值创造的转变，需要构建一个跨层、跨域的网络状态模型，并将网络状态映射到业务质量上，建立一个网络、业务与用户之间的定量化关联模型。这样的模型不仅关联网络与商业，还能够优化网络性能以创造用户价值。首先，要建立的是网络与业务之间的全息模型，这需要对复杂网络系统进行统计级的模拟，确保统计特征与真实网络保持一致，从而使网络状态可模拟，用户体验可预测。然后，需要构建一个跨层、跨域的网络状态模型，以通信协议的机理为框架，利用 AI 来学习网络状态对业务质量的影响。同时，还需在电信领域内构建知识的持续积累与优化模型，发展通信领域的大模型技术，将处理复杂问题的知识注入知识图谱大模型中，以此构建电信知识的孪生体。这些措施共同作用，有助于提升整个电信网络的运维效率和服务质量，最终实现对用户的价值创造。

原则三：运营 / 运维自动化具备自迭代和自演进能力。为了适应电信网络运营和运维的需求，构建面向电信的组织数字孪生模型至关重要。这种模型用于表达网络运营和运维组织的结构、运作及发展，从而实现人员、业务和流程的无缝连接，并推动自动化能力的自我发现、自我评估和自我优化。这种模型的建立不仅支持运营商在运营和运维方面的自动化持续迭代、演进，而且是企业数字化转型及实现超自动化的基础。组织数字孪生模型技术通过构建组织的动态软件模型，基于运营数据和上下文数据整合组织运营的业务模型，并将其与组织的当前状态连接，以快速响应环境变化，有效部署资源，并提供符合预期的用户价值。此外，该技术还包括基于组织数字孪生的业务仿真验证，以及流程挖掘和任务挖掘，这些都是通过 DTO（Digital Twin of an Organization，组织数字孪生）技术实现的，进一步提高了业务操作的透明度和效率。

2. 目标参考架构

自智网络引擎的目标参考架构由商业自治中心、领域知识中心、数字孪生中心、网络协同中心、人机协同中心、应用开发中心、安全管理中心等 7 个部分构成，如图 3-2 所示，形成商网自治环、知识自闭环和网络协同环 3 个闭环。

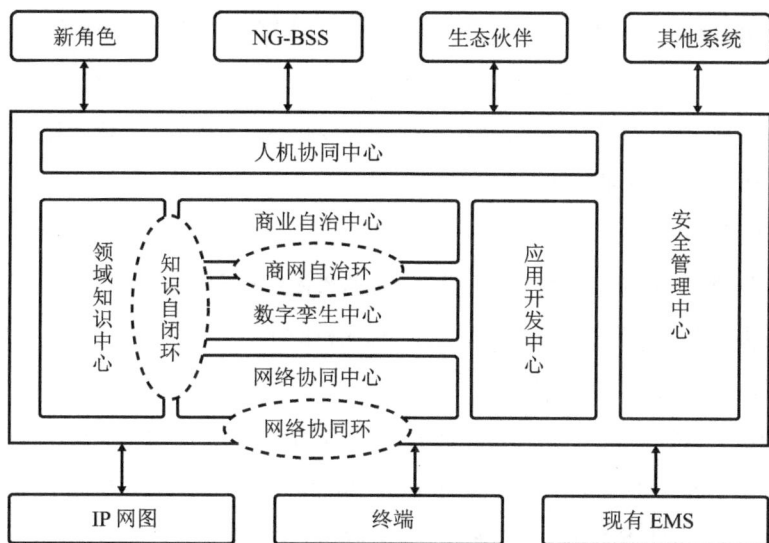

图 3-2 自智网络引擎目标参考架构

（1）商业自治中心

商业自治中心承担了从上层系统转接业务意图（例如用户体验）的任务，并在此基础上通过商业网格系统自适应地量化用户体验需求，同时考虑成本和效率，从而确立商业自主目标。该中心利用统一的商业网格系统，对话务（包括数据和语音）、用户、终端、收入、投诉以及覆盖等多维度数据进行网格化分析，应用场景包括但不限于以下几种。

应用场景一，网络健康度评估优化：通过监控网络设备的状态，包括 CPU（Central Processing Unit，中央处理器）使用率、内存使用率、温度、电源状态等，了解设备监控状况；通过监控网络的 KPI（Key Performance Indicator，关键性能指标），如带宽利用率、时延、丢包率、吞吐量等，实时了解网络运行状态。利用网络中的海量测量数据，建立综合的网络健康度评分模型，基于多维度的性能指标和历史数据，评估网络的整体健康状况，有针对性地对网络资源配置进行调整和优化，例如调整带宽分配、路由优化、负载均衡等。

应用场景二，用户体验优化：根据用户的重要性和业务类型，动态调整服务质量策略，确保关键业务和 VIP 用户优先服务。

应用场景三，故障后自愈：利用机器学习算法，自动检测网络中的异常和故障。在故障发生后，系统可以自动执行预定义的修复措施，快速恢复服务。

应用场景四，业务质量优化及保障：如通过网络切片技术，将物理网络划分为多个虚拟网络，每个虚拟网络根据不同业务的需求提供定制化的服务质量保障。

商业自治中心的主要能力包括两方面：首先是对网络的时空环境进行网格化划分，并赋予每个网格不同的商业属性（如划分为商业区或居民区等），形成商业网格；其次是商业目标管理，结合人机环境，基于流量自治域设定用户体验目标，与网络的实际体验进行比较，将用户满意度作为目标管理的基准。

（2）领域知识中心

在运维领域，知识可被归纳为两大类：一类是人使用的传统知识，包括案例、规则和策略等；另一类是为机器设计的知识，如模型、标注和特征等。这些知识可能来源于人们的运维经验积累，也可能源自机器在与人交互过程中学到的经验。

领域知识中心提供了一个单域集中和跨域分布结合的混合知识管理架构。这一架构旨在构建一个涵盖图谱、AI 模型、规则、策略及运维经验的全域知识库。该中心不仅能从自治决策和流程作业中自动收集知识，还能通过多智能体间、外部集中知识中心与 IP 网图间的知识协同，为机器和人提供知识服务。

领域知识中心的核心功能包括全域知识库、知识回收、知识协同管理和知识服务等。全域知识库为领域内各类知识资产提供了多种存储方式，如图数据库和文件系统；知识回收能自动从自治决策和流程作业中收集知识并形成知识的闭环；知识协同管理则促进了 IP 网图和网元间的知识协作；知识服务则根据对象的不同（机器或人），提供相应的知识支持。

（3）数字孪生中心

自智网络引擎致力于理解和控制商业、业务与网络之间的动态关系，以便使系统具备网络控制的动态性和对网络现象的快速追溯能力。在这一引擎中，数字孪生中心提供的三大数字孪生体共同构成了系统级的网络数字映像，支持以上目标的实现。这三大数字孪生体为商业目标孪生体、业务服务孪生体和网络基础信息孪生体。

商业目标孪生体通过对时空进行网格化划分，并识别每个网格的商业属性、环境特征及人的活动规律等，对具有相似属性的时空网格进行聚合，形成多个最小的商业目标控制单元。这些控制单元可以根据其特征对用户的业务意图进行解析，形成差异化的业务需求。网络服务的评价既包括主观的打分也包括客观的质量指标，这些都是对服务结果的反映。在面向 L5 的自动驾驶网络中，不仅需要了解这些结果，更要清楚地识别这些业务结果背后的网络原因，并明确建立两者之间的关系，从而实现从业务需求到网络需求的闭环驱动。

业务服务孪生体则致力于描述和评估网络提供的各种业务服务、网络状态和业务质量等，并探索它们之间的相互关系，以便更准确地定位和改进服务。

网络基础信息孪生体致力于对整个网络的设备及其拓扑连接进行详尽描述，创建出物理网络的虚拟副本。这个虚拟副本使得无线覆盖和网络配置的模拟仿真成为可能，进而可以识别和调整这些变更对网络的具体影响。网络基础信息孪生体包含单域网元信息和跨域连接信息等。

在逻辑结构上，孪生体分为 3 个部分：物理实体、数字孪生体和规划体。物理实体表示真实世界的存在。数字孪生体则是物理实体在数字世界中的映射，是一种从物理实体到数字孪生体的单向实时映射。规划体则是数字孪生体在数字世界中的副本。网络调整首先在规划体上进行，通过对规划体上的网络变更进行模拟和仿真，可以在实际应用之前预知这些变更的效果是否符合预期，从而在不影响数字孪生体的情况下进行调整。

数字孪生中心在网络变更实施前通过网络和业务的仿真及迭代优化，形成一个集中式的内部闭环；并与 IP 网图协同，实施网络服务或配置的应用、反馈及优化等，形成一个分布式的外部闭环。

数字孪生中心的主要能力涵盖全域数字孪生映像、数字孪生仿真和数字孪生服务等。全域数字孪生映像涵盖设备、站点、网络服务、用户及其体验、业务质量、网络流量、网络能耗、商业自治域等方面的数字孪生建模。这种映像在保证物理实体与数字孪生体间一致性的同时，尽量减少数据采集量。数字孪生仿真则在网络变更前完成，形成集中式的数字孪生网络。数字孪生服务包括系统认知、系统诊断、状态预测和辅助决策等，以提升系统的自主分析和决策能力，实现预测即将发生的不稳定状态，并根据预测结果为系统运行中的决策提供支持。

（4）网络协同中心

自智网络引擎通过其网络协同中心与 IP 网图、终端以及现有 EMS 进行互动，实现跨域意图与单域自治的有效协同。网络协同中心在内部负责将网络事件和网络变更信息传递给数字孪生中心和商业自治中心等相关系统；对外则通过意图接口与 IP 网图进行业务意图的交互，并提供简洁的控制命令接口以满足应急情况下的使用需求。此外，该中心还提供了超自动化框架能力，以提高整个网络的自动化和协同效率。

（5）人机协同中心

自动驾驶网络的核心在于逐渐使自智代理（即机器）承担日常的运营和运维工作。随着机器能力的增强，机器的角色正在从辅助者和助理逐步转变为管家和独立经理人。在这个过程中，自动驾驶网络长时间内将保持人机协同的模式。如何有效地实现人机协同，如何支持机器向独立自主且可控的方向发展，以及如何将主要由人类使用的知识转化为机器可利用的知识，都是人机协同中心需要着力解决的关键问题。人机协同中心的主要职能是为运营和运维人员提供人机协同的交互界面，构建针对运营和运维的组织数字孪生，持续评估和优化人机自动化水平，以实现超自动化的终极目标。

人机协同关注的首要问题是人与计算机之间的关系问题，从最初的人与物理系统交互到人与数字系统交互，再到人与智能系统协同，如图 3-3 所示。

人机协同闭环推动了传统自动化闭环模式向超自动化闭环模式的转变。过去由专家或项目驱动的流程和交互优化模式，正在向基于组织孪生（模型驱动）的组织级自动化效能评估和优化模式演变。在这一新模式中，自动化的优化不仅限于流程和交互的效能评估，而是将自动化能力直接与业务目标相连，实现基于业务意图或目标的自实现（从传统代码到低代码，甚至无代码），以及系统的自评估（自动化效能评估模型）和自优化（基于组织关键绩效指标分解的目标驱动）。

人机协同中心的核心功能包括 3 项：一是意图管理，即解析商业意图，将其分解为业务意图和业务层变换目标；二是聊天式运维，这是基于自然语言交互提供的运维能力；三是组织数字孪生，它为业务运营和运维中人的行为及流程建模，提供了预测问题和需重点关注领域的关键输入内容。

（6）应用开发中心

过去，运营商在运营支撑系统的构建上广泛采用了软件套件加定制开发的模式。然而，在当前快速变化的商业环境中，这种模式难以满足对业务敏捷性的要求，具体挑战主要表现

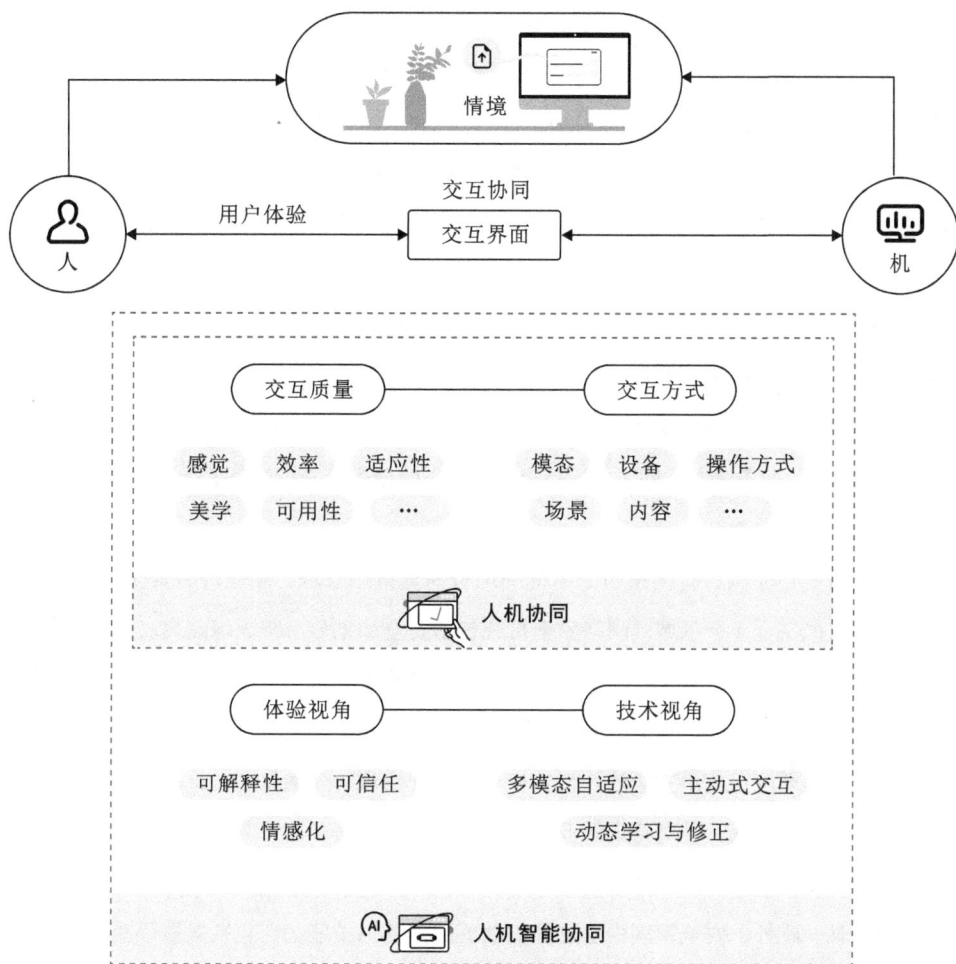

图 3-3　人与智能系统协同

在以下几个方面。

挑战一：需求响应周期长。传统的套件通常采用单体架构设计，新增功能时需要在不同功能模块间进行协同开发和配套发布，发布周期往往长达 3 个月、半年甚至 1 年，难以迅速适应市场的变化。

挑战二：需求传递链条长。在传统模式下，用户的需求必须经过运营商的业务部门、IT管理部门、软件供应商的需求团队、开发团队等多个环节，这不仅降低了传递效率，也增加了需求失真的风险，常导致最终功能与业务需求不匹配，甚至需要返工，影响业务的快速上线。

挑战三：需求定制的技术门槛和成本高。需求定制通常需要深入了解产品且具备 Java/C 语言等开发背景的程序员，运营商的业务人员或系统管理人员无法直接参与业务开发和优化，从而使得运营商过度依赖独立软件供应商。

随着网络自治程度的提升和平台的发展，未来网络运维人员的角色将从传统的维护工作者转变为自动化专家、数据分析师、AI 专家等新型角色。为了适应业务的敏捷需求，业务交付模式也将从传统的供应商定制模式转变为提供低代码平台开发能力、构建"敏捷团队 + 资产库 + 平台"的新型服务交付模式。应用开发中心将提供低代码开发工具，支持通过拖曳和类自然语言的方式快速构建流程、界面、数据和 AI 等应用服务，实现所见即所得的开发效果。此外，多领域的资产可被快速复用，基于平台的自定义扩展能力可轻松应对现网的复杂业务需求，实现快速的业务定制。同时，运行态和开发态的分离进一步提升了开发效率和灵活性。

（7）安全管理中心

安全管理中心提供自智网络引擎系统的综合安全策略管理，涵盖网络安全、平台安全、应用安全和数据安全 4 个领域。网络安全措施包括安全域划分、防火墙隔离、远程维护安全及入侵检测等，通过采用安全组网技术确保运维网络的安全防护；平台安全则通过系统加固技术、安全补丁和防病毒措施来提升操作系统和数据库的安全级别，为业务应用提供一个安全、稳定的运行环境；应用安全涉及传输安全、用户管理、会话管理、日志管理、安全告警和安全监控等多个方面，针对特定的业务应用进行安全策略部署；数据安全包括实施隐私保护生命周期管理等，采用数据最小化采集、匿名化、加密和授权等技术和管理措施，以严格保护用户隐私。此外，安全管理中心还提供敏感数据的保护能力，包括数据隔离、数据权限控制、数据加解密和密钥管理等。

安全管理中心负责对网络设备、操作系统、数据库、中间件、容器、服务和接口及数据的全生命周期进行全面的安全保护。同时，通过综合管理措施对系统的维护和运营活动进行监管和保障，确保系统安全的连续性。

3.3.3 IP 网图

IP 网图是下一代 OMC，与路由器、交换机等数据通信网元一起组成自治域。IP 网图对内协同所有网元管理自治域，对外代表自治域开放自治能力，屏蔽数据通信网元和组网的复杂性。

1. 架构设计的关键原则

不管是在传统的网络管理过程中，还是在 SDN 管理过程中，做决策和操作的人都是核心要素，架构设计都是围绕着以人为中心的闭环流程开展的。例如在网络发生 PWE3（Pseudowire Emulation Edge-to-Edge，端到端伪线仿真）业务中断故障后，一般必须通过运维人员先从 PW（Pseudowire，伪线）和 VCID（Virtual Channel Identifier，虚拟通道标识）等业务的自身配置、绑定隧道配置、LDP 会话状态、接口配置和状态、物理链路状态、链路利用率、设备自身状态等逐层分析网络的数据和状态，判断出网络故障的原因和影响范围后，再由运维人员根据自己所掌握的知识，制定出用于恢复业务的手段，如修复错误的业务配置、重启接口、调整路由、重新分发 MPLS 标签或者修复相关 LSP 等。最后由运维人员执行运维操作，并根据网络数据判断业务是否成功恢复。如果未恢复，则再重复执行以上操作流程，直至业务恢复。在这个过程中，可以明显地看到数据采集—分析—决策—执行—数据采集—分析这样一个典型的以人为中心的控制闭环流程，这个闭环流程的触发点是数据的获取。

同样在传统的网络管理过程中，对于人的持续学习能力也有较高的要求。人在遇到新问题时，需要执行的是新问题—知识学习—知识应用—知识评估—知识优化—新问题的过程，这也是一个典型的以人为中心的学习闭环流程，这个流程的触发点是知识的老旧。

因此，作为自治域网络管控系统的核心部件，IP 网图的定位就是代替人实现如上的控制闭环流程和学习闭环流程。IP 网图的整体架构设计思路就是实现通过数据驱动的自动化控制闭环，以及通过知识驱动的自动化学习闭环。同时，为了保证这两个闭环能力可扩展，需要将闭环能力作为通用框架或平台提供到 IP 网图中，由业务领域结合具体业务诉求进行扩展和增强。

基于以上思路，IP 网图的架构设计应遵循如下原则。

（1）网络数字孪生

当 IP 网图通过控制自闭环来管控网络时，必须让 IP 网图能通过数字化的方式描述和理解网络，这就是网络数字孪生。网络数字孪生是 IP 网图架构设计的基础原则之一。网络数字孪生需要实现网络信息建模和网络行为建模两项关键能力。

- 网络信息建模是指对网络中的设备和业务进行精准的信息建模，比如设备的几何形状、物理特征、业务属性、业务状态、连接关系等，把现实中的物理网络映射成虚拟化的数字网络。所有的 IP 网图业务均基于网络数字孪生信息模型来感知网络。

- 网络行为建模是指对网络中的设备进行精准的行为建模，比如设备在不同数据输入后的输出、针对设备的不同操作给出的不同反馈或状态变化等，把现实中的物理网络行为映射成虚拟数字网络的行为。所有的 IP 网图业务均基于网络数字孪生行为模型来理解网络行为。虚拟数字网络实际上是由多层次、多种类的网络数字孪生体组成的，包括设备级孪生体、网络级孪生体、业务级孪生体、连接级孪生体等。在初期，IP 网图业务直接操作物理网络，物理网络的变更需要实时 / 近实时地同步到虚拟数字网络中。在目标参考架构中，IP 网图业务只需要操作虚拟数字网络。虚拟数字网络接管对物理网络的控制能力，自行实时 / 近实时同步操作物理网络。在控制自闭环中，数据的获取、分析都是基于虚拟数字网络信息来进行的，网络的操作都是基于虚拟数字网络行为来进行的。

（2）控制自闭环

控制自闭环是指控制闭环流中的各个环节（数据采集、分析、决策、验证、执行等）被编排以后，能自动化执行，以达成期望目标。控制自闭环需要实现流程自编排能力和流程自执行两项关键能力。

- 流程自编排能力。闭环流程是为期望的目标服务的，不同类型的目标和用户要求下，闭环流程可能是有差异的。比如不同故障的自愈流程中，有的可能要增加仿真验证过程，有的可能不需要；比如业务开通流程，要求先决策、执行然后才能启动采集和分析，而网络优化流程中，则要求先启动采集、分析然后再决策、执行等。自编排能力要求将数据采集、分析、决策、验证、执行的流程以及流程中断条件等均自行定义出来。中断条件可以是期望目标已达成，也可以是长期达成不了后申请人工介入，也可以是人工主动中断。

- 流程自执行能力。闭环流程除了可以由人工触发（比如业务开通），还要求支持多种自动化触发能力，既可以由网络状态变更自动触发（比如故障告警），也可以由网络性能劣化自动触发（比如时延丢包增大、业务过载）。触发后的闭环流程，则按编排好的逻辑自动执行，逐次调用数据采集、分析、决策、验证、执行等能力，直到满足中断条件。自执行能力要求支持多个闭环流程并行执行。

（3）知识驱动

知识驱动是指将知识从文档、人脑和代码中提取出来，然后让 IP 网图的软件通过读取和分析这些知识来复现原有的业务功能。这些知识会以数字化的形式存储在 IP 网图中。在知识驱动的系统架构中，IP 网图通过吸纳新知识来优化或修改软件在数据采集、分析、决策、验证和执行等方面的业务逻辑。这些新知识可以来自经验丰富的运维专家，也可以通过机器学习技术获得。知识驱动不仅优化了 IP 网图的功能，而且是 IP 网图实现自适应和自学习的关键。

（4）知识自闭环

在知识驱动的系统架构中，不仅通过添加新知识来增强处理能力，还通过优化现有知识来提高处理能力。目标是实现除了依赖人工方式增加或优化知识，IP 网图系统会自动增加或优化知识，这一过程被称为知识自闭环。为了实现这个目标，知识自闭环有 3 个关键步骤。

第一步，每当业务使用某项知识后，必须对使用该知识的效果进行评估。IP 网图能够动态评估知识的有效性，并在业务下次使用知识时优选知识，形成一个从使用到评估再到重复使用的闭环。

第二步，在新环境中如果发现知识质量不符合要求，应实施一个从知识挖掘到验证再到使用和评估的循环，以持续优化知识库。

第三步，面对全新的目标，如果现有知识库中无适用知识，同样需要实施一个从知识挖掘到验证、使用，再到挖掘的闭环。

人工注入的知识设定了知识驱动能力的下限，而通过知识自闭环增加或优化的知识则界定了知识驱动能力的上限。

（5）准实时

在自动化业务中，某些场景（如重要视频会议或未来的 XR 业务）需要迅速完成自动化闭环，尤其是在故障发生时，需要能够在几秒内完成从故障分析到恢复策略的决策和执行。因此，在整体架构设计中，应考虑提供以下能力。

- 亚秒级采集：能够根据需要启动高频率的数据采集，并在保证数据精确度的同时考虑采集成本。
- 亚秒级感知：根据业务目标的要求快速感知网络状态，具备亚秒级的分析能力和秒级的预测能力。
- 亚秒级决策：通过高性能的知识检索、知识预发现、预推理和预准备等，极大提升决策的速度和效率。
- 亚秒级执行：简化网络与网元的接口设计，通过意图接口减少必要的交互次数，以加速执行过程。

（6）自闭环过程可信

当人类从控制自闭环和知识自闭环中逐渐脱离，相应的信任需求便转向了机器的可信性。对于机器的可信性，首先必须确保自闭环过程本身是可信的。具体要求如下。

- 控制自闭环的可信性要求过程的可解释性和可追溯性，使得任何时刻都能理解和追溯其决策和行为。

- 知识自闭环的可信性同样要求运行过程的可解释性和可追溯性，并需要具备对知识进行验证和评估的能力，确保知识的准确性和实用性。

（7）持续在线仿真

当机器负责决策后，确保执行计划后的结果不仅达到目标而且不产生新问题，这成为一个关键的能力需求。为此，在架构中引入了持续在线仿真功能。这项功能允许从虚拟数字网络中划分出一个独立的验证环境来测试新计划，只有在计划通过验证后，才会在物理网络中执行。

持续在线仿真提供了一种传统现网解决方案无法实现的能力：在隔离的虚拟数字环境中进行测试和验证，同时利用最新的现网数据进行仿真和创新验证。这个过程可以支持对达成目标的预评估、新知识的验证和上线前调试等，同时也能促进升级和演进模式的创新。

2. 目标参考架构

传统 IP 网络管理系统提供对上层 OSS 与物理网元之间的连接和管理代理能力，它是自下而上的以网络为中心的功能模型，其架构如图 3-4 所示，包括 NML（Network Management Layer，网络管理层）和 EML（Element Management Layer，网元管理层）。网元管理层通过命令行 /SNMP/NETCONF 等南向管理协议，提供对单网元的告警监控、配置下发与同步、流量计费管理、性能数据采集、安全管理等主要功能，即 FCAPS（Fault, Configuration, Acounting, Performance, Security，故障、配置、计费、性能和安全）模型的主要功能[4]，该模型主要包括如下元素。

- 故障管理：监测和诊断网络故障，及时发现和解决故障，确保网络的可靠性和稳定性，主要的故障信息来源是网元上报的告警。

- 配置管理：管理网络设备的配置信息，包括设备的硬件和软件配置，自动发现网络拓扑结构，构造和维护网元的配置，检测网元的状态，完成网元配置的语法检查，配置自动生成和自动配置备份系统等功能，对配置的一致性进行严格的校验。

- 计费管理：记录网络资源的使用情况，包括带宽、流量、时长等，以便进行计费和资源管理。

- 性能管理：监测和分析网元的性能指标，包括隧道、链路的带宽利用率、时延、丢包率等，以便及时发现和解决性能问题。

● 安全管理：保护网络免受各种安全威胁，包括网络攻击、病毒、恶意软件等，确保网络的
安全性和保密性；也包括网络管理系统自身的安全认证、审计记录、数据的加密保护等。

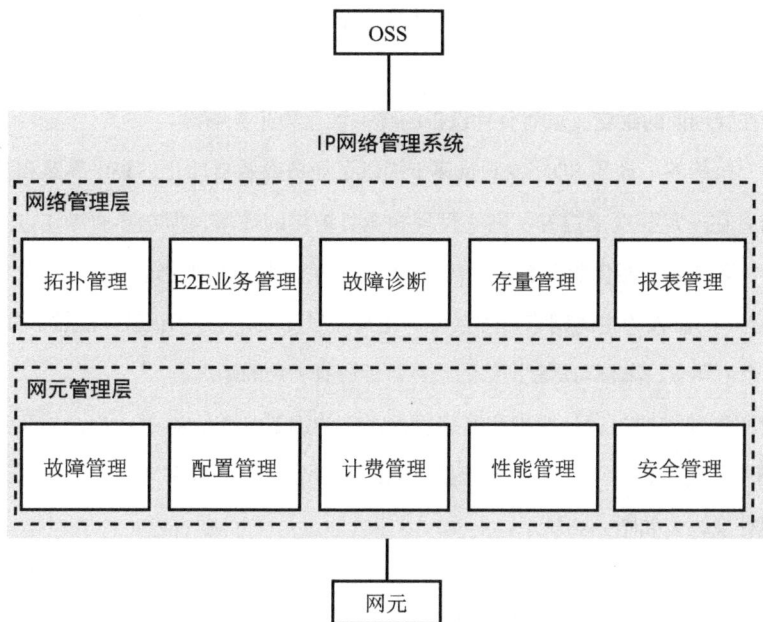

图 3-4　传统 IP 网络管理系统架构

　　网络管理层在网元管理层提供的单网元管理能力基础上，提供端到端的业务（如 L3VPN、
L2VPN、隧道）发放和运维，网络级的故障诊断等跨网元、跨领域（如"IP+ 光"）的业务管
理能力，为用户提供统一的拓扑管理、存量管理、报表管理，同时为 OSS 提供统一的 XML
（Extensible Markup Language，可扩展标记语言）/CORBA（Common Object Request Broker
Architecture，通用对象请求代理体系结构）/SNMP 等标准北向接口。

　　需要说明的是，网络管理层也同样提供 FCAPS 能力，只是这个能力已经不再是单个网
元、单域网元的单点能力。以故障管理为例，网元管理层上报的单网元的端口的 link-up/link-
down 告警，在网络管理层可以通过网络级的告警相关性分析，关联到告警影响的 Tunnel，以
及承载在这个 Tunnel 之上的 L2VPN/L3VPN 业务，进而在业务拓扑上标记并染色受影响的网
络级业务实例，但这本质上仍然属于故障管理的范畴。尤其是近年来随着厂商网络管理能力
的逐渐增强，NML 与 EML 的界限划分已不再明显，通常融合为厂商统一的 OMC 系统。

　　在经典的 SDN 架构中，一般采用了集中式的控制平面和分布式的转发平面，两个平面相
互分离。控制平面利用控制转发通信协议如 OpenFlow、BGP-LS 等对转发平面上的网络设备

进行集中式控制，并提供灵活的可编程能力。但在 SDN 架构的逐步发展过程中，由于底层协议的复杂性、软件开发投入等多方面原因，厂商逐渐转向了以自动化运维为主要目标，弱化控制面剥离的 SDN 技术路线。厂商们主张将操作系统以及大部分的软件仍放在网络硬件设备上运行，保留原有的网络设备形态，通过控制器实现与硬件设备、网络配置管理工具的对接，基于控制器在管理面的维度完成对硬件设备的统一管理和业务编排。

近年来，虽然各厂商的 SDN 控制器逐步提供了业务发放自动化、集中算路和部分开放的可编程能力，在一定程度上提升了网络管理和业务编排的效率，但在界面操作方式、与网元的协同关系、系统的智能化能力上并没有根本性的改变，其本质上仍然是"人在流程中"或者"人在流程上"的以人为主的网络管理系统。在某种程度上，这种网络管理系统可以被看作自智网络的一个中间态，离自动驾驶网络的最终目标还有一定的距离。

基于前面提到的架构设计原则和网络管控系统的演进趋势，本书认为，从业务功能角度看，IP 网图系统的目标参考架构主要包括意图闭环管理、网络数字孪生、控制闭环管理和知识闭环管理等模块，如图 3-5 所示。

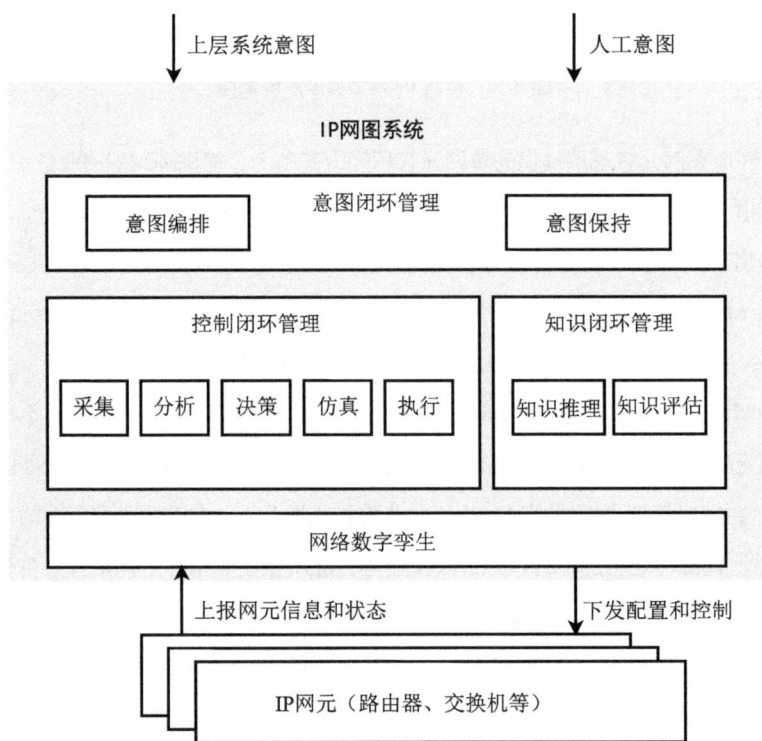

图 3-5　IP 网图系统的目标参考架构

（1）意图闭环管理模块

意图闭环管理模块作为 IP 网图对外呈现自治能力的主要部件，负责根据网络数字孪生信息和知识，首先将外部对网络自治域的业务意图（上层系统或者人工的操作意图，为方便理解 IP 网图的核心功能，此处略去了用于收集意图信息的人机交互相关的功能模块）请求转换成机器可以识别和处理的目标以及闭环处理流程；然后将目标和闭环处理流程交给控制闭环管理模块，由控制闭环管理模块按闭环处理流程，完成采集、分析、决策、仿真、执行等动作，并将最终的目标达成情况汇总后提供给意图闭环管理模块；最后由意图闭环管理模块转换成意图达成情况，进一步决策是终止意图闭环还是需要迭代新的闭环流程以维持意图。

意图闭环管理模块主要提供以下能力。

- 目标意图转换能力。意图闭环管理模块根据网络信息和知识，将外部意图转换成控制闭环管理模块需要达成的一个或多个目标，比如执行目标、分析目标、决策目标、仿真目标等，这个转换过程还要确保目标描述的规格以及约束的完整性、准确性。

- 意图冲突检测能力。IP 网图需要接收和保持多个意图，但不同的意图之间可能存在冲突。比如对路由器设备的节能意图往往与大流量下的 SLA 有冲突。意图闭环管理模块需要根据知识和网络信息，进行初步的意图冲突判断和冲突预消减，必要时需要人工介入。

- 闭环流程编排能力。对于不同的业务意图，闭环流程中可能产生差异。比如对 VPN 业务的自优意图，需要先采集和分析已部署的 VPN 业务的 SLA 指标，然后根据已发现的问题进行决策，具体调整 MTU（Maximum Transmission Unit，最大传输单元）、调整绑定的隧道等优化动作。但对 VPN 业务的自动开通意图，需要先决策进行业务执行、部署、开通，然后调度采集和分析能力来检查业务开通是否成功。比如自愈流程中，有些意图需要全自动化执行，例如将"亚健康"的隧道路径自动切换到带宽充足的其他可用路径上；而有些意图要人工参与确认，例如对单板或者端口进行复位操作。针对这些不同的业务流程，需要意图闭环管理模块结合不同的知识和实际网络状态，进行差异化的流程编排。

（2）控制闭环管理模块

控制闭环管理模块负责接收通过意图下发的目标和闭环流程，自动化按流程执行闭环动作。在这个流程中，除了使用网络信息和知识，还要将知识的使用结果反馈给知识闭环管理模块。

控制闭环管理模块要求提供符合 MAPE-K 模型[5] 的闭环流程运行能力，使能 IP 网图基于目标自行持续运行，直接达成目标，以适应自愈、自优以及需要反复迭代的场景。

控制闭环管理不同于传统自动化能力。传统自动化能力往往是由一次性触发执行策略或计划后，由人工判断执行结果是否达成目标，如创建并部署一个 L3VPN 业务后，需要人工调用诊断界面对业务的通断、运行状态进行测试诊断，以评估 VPN 业务是否正常。如果目标未达成，则需要人工调整策略或计划后再执行，如需要调整接入接口 MTU 配置、VLAN 接入配置、QoS 带宽配置等。控制闭环管理模块在通过意图闭环管理模块一次性触发执行后，自动检查和判断目标是否达成；如果目标未达成，则根据网络信息和知识自动寻求新的执行计划再次执行，经过多次迭代直至达成目标。在这个自动化控制流程中，默认是不需要人参与的，除非是在意图管理模块编排控制闭环流程时，定义了需要人介入的步骤和条件，或者经过有限次循环迭代后仍然无法达成迭代目标，才会按需要求人参与。

（3）知识闭环管理模块

知识闭环管理模块负责根据控制闭环管理模块反馈知识的使用情况，对知识的置信度和老旧度进行评估；同时还负责发起知识的挖掘和推理、验证、老旧清理等动作。只有当控制闭环管理模块反馈知识的使用结果给知识闭环管理模块，知识闭环管理模块根据反馈情况，修改 / 调整知识质量或挖掘新知识后，让控制闭环管理模块在下一次知识映射模块中能检索出更有价值的知识时，才能进一步提升控制闭环的准确性。只要在控制闭环管理模块和知识闭环管理模块间形成了这种协作，就能让自治系统表现得越来越智能。

（4）网络数字孪生模块

网络数字孪生模块在目标参考架构中是实际物理网络的代理。在 IP 网图中，网络数字孪生模块就代表真实的物理网络，IP 网图中的其他功能只需要访问网络数字孪生模块即能获取需要的网络信息或操作网络，不再与物理网络直接交互。网络数字孪生模块利用数字孪生技术来描述网络状态信息和行为，即围绕"网络数字孪生体"，采用针对多层次、多种类的网络对象进行数字孪生体建模的手段，在 IP 网图系统中构建虚拟数字网络。IP 网图中的各个功能通过理解虚拟数字网络来理解真实物理网络。当虚拟数字网络变化时，就意味着真实的物理网络有对应的变化。当各个功能操作虚拟数字网络时，就意味着真实的物理网络被操作了。基于数字孪生技术的网络映射模块是让 IP 网图理解现实物理网络的基本条件，是实现电信网络自治的基本条件。

网元信息、网元状态、连接信息、连接状态、路由协议等网络信息的数字化是所有感知、执行、仿真等业务的基础，同时，IP 数据通信网络维护人员使用命令行进行运维的历史习惯和现有其他运维系统已经与现网网络对接，因此在初期可以先构建虚拟数字网络的数字化呈现能力。而 IP 网图业务对网元的下发配置、调整等动作此时可以直接操作物理网络，物理网络的变更同样需要通过主动轮询或者通知上报的方式实时 / 准实时地同步到虚拟数字网络中。当 AI Native（AI 原生）的网元与 IP 网图、上层自智网络引擎的协同配合能够完全自智化并替代命令行运维后，再逐步将对物理网络的各种控制命令下发能力完全收口到网络数字孪生模块，实现真正的网络数字孪生体。

需要指出的是，从传统 IP 网络管理系统到 IP 网图系统的目标架构的演进过程非一蹴而就，一方面因为运营商现有运维系统和网络基础设施是逐步发展起来的，涉及太多的存量系统和网络设备的对接，替换成本巨大，现有投资不可能一次性全部抛弃掉；另一方面，业界对意图网络、数字孪生、大数据、云计算、AI 等技术不断的研究和工程实践会反过来促进和影响自智网络系统的具体功能划分和实现设计，这是一个循序渐进的过程。因此，IP 网图系统在相当长的一段时期内会面临南向同时对接传统网元与 AI Native 的智能网元，北向既要提供传统 OSS 需要的网络资源接口又要提供意图化的北向接口的能力，这就要求在 IP 网图系统内部具有将意图接口与传统网元接口进行适配转换的能力，并且这种能力是动态可装配、开放可编程的，能够以更敏捷的方式支持差异化适配不同厂商的不同能力的网元。另外，在 IP 网图系统内部，各模块 / 部件由于在网络的规划、建设、维护、优化、运营各个阶段所发挥的作用不尽相同，实现的技术也千差万别，通常来讲，IP 网图系统以及各部件的演进一般会经历以下几个关键阶段。

- 模块化阶段：特点是 IP 网图系统 / 部件由多个独立的模块组成，每个模块负责网络的一部分功能，如配置管理、告警管理、性能管理等，模块之间通过标准化接口进行通信，但各个模块的决策能力有限，通常需要人工干预。
- 数字化阶段：IP 网图系统 / 部件开始利用数字化技术，如软件定义网络和网络功能虚拟化等，来提高网络的可编程性和灵活性，系统能够通过软件来配置和管理网络设备，提升自动化水平。
- 服务化阶段：网络服务化意味着网络资源可以按照服务的方式提供，更加注重用户体验和业务需求，系统能够提供自助服务和个性化服务，实现资源的动态分配和优化，通过开放可编程架构为创新个性化业务和缩短 TTM 提供技术保障。
- 智能化阶段：通过引入 AI 技术，系统能够实现自优化、自修复和预测性维护等。智能化系统可以分析大量网络数据，自主做出决策，提高网络的性能和效率，包括自配置、自优化、自动故障排除等，实现真正的无人值守和自适应网络管理，即网络的"自动驾驶"。

综上，每个阶段都面临技术和管理上的挑战，需要逐步克服。在实际演进过程中，不同组织和网络可能根据自身情况选择合适的阶段和步调。整个演进过程需要综合考虑技术成熟度、业务需求、成本效益和安全性等多方面因素。

3.3.4　网元

数据通信网元经历了从早期的 TDM（Time Division Multiplexing，时分多路复用）电路交换到 MPLS 分组交换，再到云化等几代技术的演进过程，未来将向 AI Native 的方向进化。当然，由于硬件计算和存储资源的限制，在 IP 网元上更多构筑的是网元内部的特性级自治智能（如 DDos 攻击和恶意软件检测）以及与周边网元的协同群体智能（如预测流量、自动调整路由策略等），而且在某些场景下也需要专用硬件加速的算力支持以及与 IP 网图的协同能力来增强本地知识的推理和自学习、自适应能力。

1. 架构设计的关键原则

未来的 IP 网络设备架构设计，首先需要考虑 AI Native 需要的数据、知识、算力、算法等 AI 基础能力的构筑，再进一步考虑基于 AI 技术向系统自治演进所需要的感知、决策、规划等系统性能力，以及单体自治系统以群体协作方式扩展的能力和系统安全可信的内生能力，还需要考虑与 IP 网图（云端 AI）协同配合构筑自治域的 AI 协同能力。

（1）持续学习和进化，实现网元系统本地实时智能

- 数据。随着 AI 技术在网络设备中的引入，数据样本的数量、质量及实时性变得尤为关键，这与设备有限的计算资源和存储资源形成了对立。例如，在实时流量预测中，历史数据需要包含充足且精准的样本，以便 AI 模型能有效学习到数据中的规律；同时，数据的时效性同样重要，否则模型可能无法准确反映当前状况。这些需求对网元的计算资源和存储资源提出了新的挑战。此外，网元和 IP 网图间的数据共享促进了数据驱动的应用和 AI 模型的优化，但也需要关注数据安全、隐私保护、数据治理及协同应用的流程和规范，以防止非授权访问和数据投毒等安全威胁。

- 知识。除了数据，知识是推动 AI 技术向认知演进的另一个核心要素。网元知识包括通信领域的基础理论、行业标准、工程实践经验及业务或数据驱动模型等。由于网元资源有限、应用场景复杂且较为封闭，知识的获取和应用面临较大挑战。需要探索如何有效识别、处理和存储关键知识，并将其实时应用于业务闭环，同时持续进行知识更新。网络

设备和 IP 网图的知识协同也必须考虑知识的安全性和应用流程的规范化。

- 算法。算法是网络设备应用 AI 的关键驱动力，用于处理高维和复杂的问题。算法的应用主要涉及设备内的模型推理和依赖的运行时引擎，鉴于网络设备资源的限制和实时处理的需求，必须采用轻量化技术、实时推理引擎及优化算法库等。随着 AI 应用的深入，在线训练和部署以及联邦学习等分布式 AI 技术的应用也变得重要，以适应数据、模型和业务需求的变化。

- 算力。针对不同市场和应用场景的需求差异，在网络设备上可能采用多种 AI 算力方案。框式设备可以支持独立的加速板或卡，而盒式设备可能因空间和成本限制采用集成 AI 处理器的 SoC（System on Chip，单片系统）模式。此外，也需考虑在现有硬件上通过通用 CPU 提供基础 AI 能力的兼容方案。网元集成算力方案还必须兼顾成本和功耗。

（2）网元逐步实现业务自动、自愈、自优，走向设备自治、多设备协作

从业界的自治系统参考范式和行业标准的探索来看，自治系统关键构成包括知识库、感知、决策、执行和自学习等功能模块，这些模块共同形成了一个可持续进化的闭环。

- 知识库模块。作为自治系统的"大脑"，知识库模块为其他模块提供服务，其中包括用于感知的关联和解释知识，决策过程中涉及的目标求解规则和规划原理，以及决策后用于仿真和评估的模型和规则。

- 感知模块。电信网元利用环境、状态和配置数据等，通过数据分析和系统／行为建模实现对环境和情景的实时感知，以及对网络／业务状态的预测。感知结果支持业务控制，需要在设备资源有限的条件下，持续更新模型、优化数据处理开销和提高实时性。例如，结合 IFIT 和 Telemetry 技术，实现网络 SLA 的实时监控以及精确到微秒级的丢包检测和时延检测，以支持对静默故障的全面检测和秒级定位。

- 决策模块。逻辑上，决策模块分为目标管理和规划器两个部分，目标管理涉及将目标转化为效用函数，并在约束条件下优化；规划器则根据感知到的系统状态制订相应计划。决策模块的实现需融合现有业务控制逻辑，同时考虑到目标求解的计算复杂度和置信度。

- 执行模块。执行模块执行决策结果，并将反馈结果输入感知环节，形成一个有效的闭环。执行阶段需考虑目标规划任务与传统业务逻辑的融合，以及在复杂场景下的多任务协作。

- 自学习模块。自学习模块负责管理和更新知识，同时通过数据建模学习积累新知识并适应系统变化，如配置规则的更新等，并将这些反馈到知识库中，实现知识的持续优化和进化。

2. 目标参考架构

传统 IP 网元的逻辑架构一般分为软件系统和硬件系统，如图 3-6 所示。硬件系统可能采用不同的芯片、产品形态，其中板卡基于功能类别不同大体可以分为 MPU（Main Processing Unit，主控板）、LPU（Line Processing Unit，线路板）、SFU（Switch Fabric Unit，交换网板）以及风扇和电源等基础硬件。软件系统可以分为系统软件层（也称为平台层）和业务软件层，系统软件层负责软件开发、管理、运行所需的环境，包括 BSP（Board Support Package，板级支撑包）和驱动相关的底层软件、RTOS（Real-Time Operating System，实时操作系统）相关的基础软件，以及软件管理 / 运行框架和分布式相关的中间件；业务软件层一般有控制面、数据面（或转发面）和管理面 3 种类型的业务。

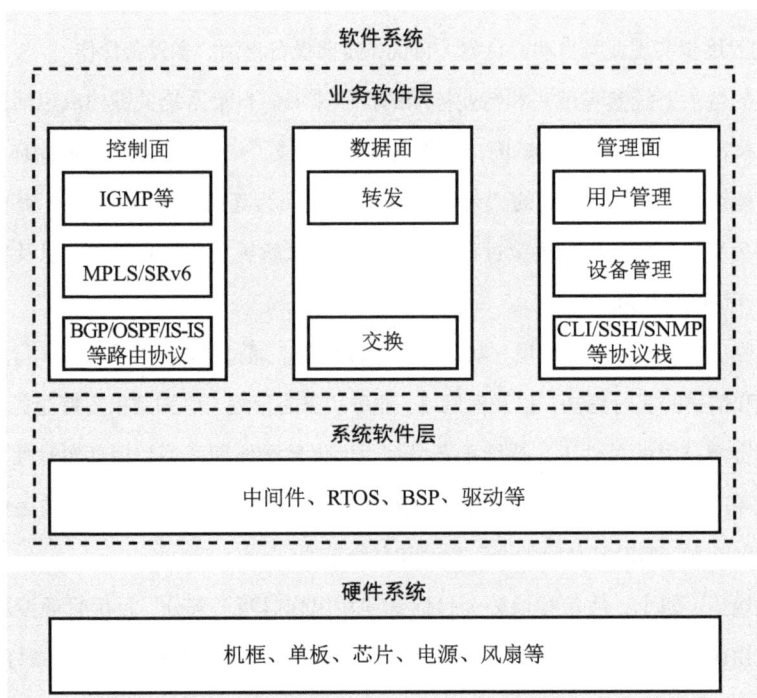

图 3-6　传统 IP 网元的逻辑架构

- 控制面：也称为信令面，用于控制和管理所有网络协议的运行，提供了数据面所必需的各种网络信息和转发查询表项信息，通常运行各种路由协议、信令协议和控制算法等，例如 OSPF、BGP、IS-IS、ARP（Address Resolution Protocol，地址解析协议）、IGMP、SRv6、MPLS 等协议。

- 数据面：也称为转发面，用于处理和转发设备不同端口上各种类型的数据。
- 管理面：用于配置、监视、维护和管理网络设备和系统的功能部分，主要提供输入输出管理、用户管理、设备管理、许可证管理，以及对管理对象的监控、配置、告警、统计等功能，这些功能不会直接对系统的运行状态产生影响。

考虑到可靠性、安全性等高质量属性要求，网元的嵌入式系统一般采用软硬件协同、专用硬件加速等技术。

未来网元架构围绕 AI Native 和设备自治，系统软件层需要新增 AI 引擎、数据 / 知识引擎，基于数据衍生的嵌入式实时感知层能力和基于知识衍生的"大脑"知识子系统，实现自治系统需要的自适应控制层和算法（基于感知 / 分析 / 决策 / 执行等），以及解决管理面 / 控制面 / 数据面业务的内生安全、业务协作问题的安全和协作子系统。

AI Native IP 网元的整体架构如图 3-7 所示，在现有的架构上，增加 AI 相关硬件和软件的

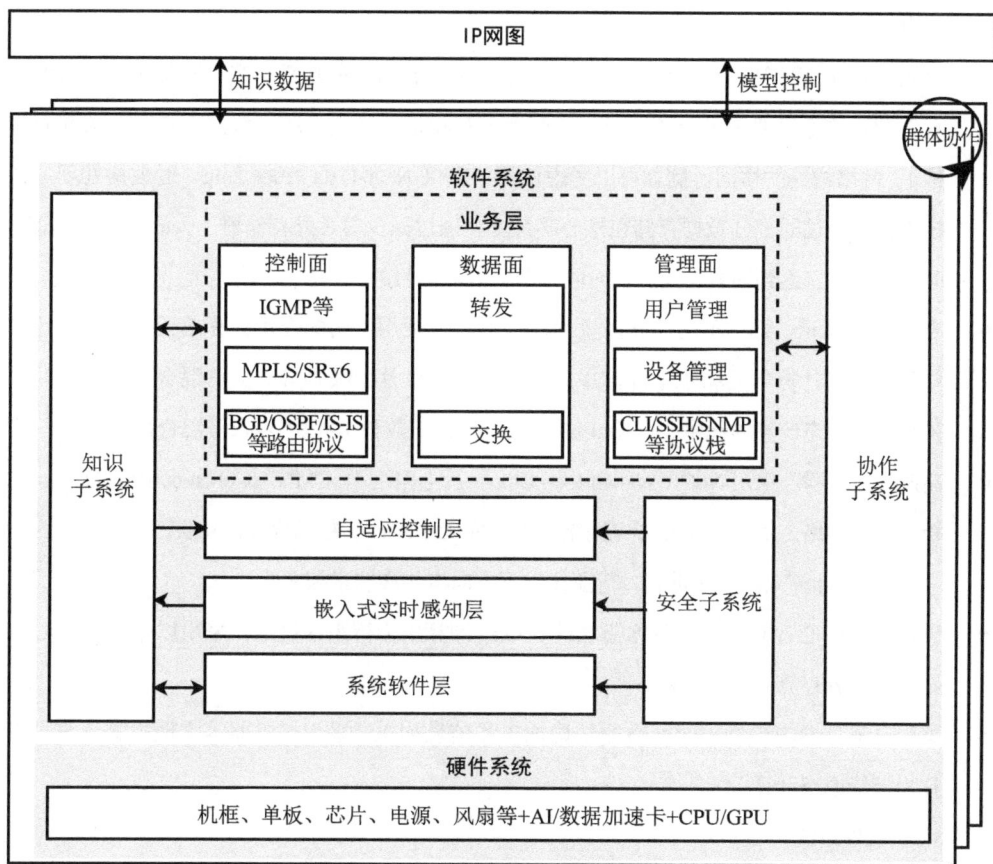

图 3-7　AI Native IP 网元的整体架构

对应能力，嵌入式实时感知层、自适应控制层，以及知识、安全和协作子系统。网元与上层 IP 网图通过接口进行知识数据和模型控制信息的交互。

（1）硬件系统

网络设备硬件系统涉及不同功能单板（如 MPU、LPU、SFU 等）、电源、风扇以及机框等，组成上可以分为芯片、单板和整机 3 个层次，具体方案 / 形态和产品有较强相关性。限于篇幅，此处将重点描述为支撑 AI Native 带来的相关能力而进行的硬件方面的考量。

未来网络设备通过嵌入式 SoC 内置 AI 核心算力以及数据压缩、传输加速能力，或通过独立的 AI/ 数据加速卡提供系统所需的 AI/ 数据算力，重点考虑如下几个方面。

- 成本。嵌入式领域实现 AI 算力，成本是非常关键的。低算力开销场景采用嵌入式 SoC，也可以复用成熟的 AI 加速的 IP（Intellectual Property，知识产权）方案；高算力场景可以采用独立专用加速卡。具体方案的选择还要结合商业节奏、上市策略等一系列因素综合考虑。

- 性能与功耗。面向 AI 专用领域的设计，旨在追求在给定的功耗、芯片面积约束下实现更高性能，这不但要考虑硬件本身，还要考虑其和输入输出系统、软件（如操作系统的内核）、网络栈等的协同。例如可以考虑使用 NDP（Near-Data Processing，近数据处理）等技术将处理过的部分数据存储在核心芯片上，通过减少对片外存储器（大而远的存储器）的访问次数，达到缩短访问数据时间和节省能源的目的。

- 专用计算单元。针对不同计算场景和模式的考量使用不同的专用计算单元，如标量计算单元、矢量计算单元和张量计算单元，以及大容量片上缓存等。支持混合精度，如针对神经网络形态计算的优化，支持 8 位整数、16 位整数和 16 位浮点数等混合精度。

- 高速片上互联。采用 NoC（Network on Chip，片上网络）、CMN（Coherent Mesh Network，相干网格网络）等片上超高带宽网络技术，实现不同计算单元的高速互联。
从 AI 专用计算架构的演进看，行业在以下方向有相应探索和实践。

- 以数据为中心计算。应对数据驱动的负载给计算压力带来的挑战，采用以内存为中心的架构，或者存算一体化架构。

- 类脑计算。参考生物神经网络的结构加工和信息加工，采用忆阻器等实现类脑计算（也称为神经拟态计算）。

（2）软件系统

软件系统涉及系统软件层、嵌入式实时感知层、自适应控制层、知识子系统、安全子系统、协作子系统及业务层等。

系统软件层：主要功能是屏蔽硬件层的差异性和配置复杂性，为上层的业务软件提供必需的运行环境和管理框架。系统软件包括基础软件如 BSP、HAL（Hardware-Abstraction Layer，硬件抽象层）、驱动程序，以及操作系统、数据库和编译器等。系统软件还涵盖软件管理、运行框架和分布式中间件等组件。AI Native 架构特别强调 AI 推理、数据处理和知识管理框架的集成，具体考虑以下几个方面。

- 硬件使能：鉴于嵌入式 SoC 集成了专用加速器和加速板卡等多种硬件形态，系统需对这些专用加速硬件进行抽象，并提供相应的运行时框架和开发工具，包括运行管理、任务调度和加速等框架，以及 AI 模型和算子的开发工具和编译器。

- 基础框架：提供支持设备内推理和在线学习的框架、运行时框架、算法和算子，以及确保 AI 的可信性所需的功能等；此外，还提供处理数据和知识的采集、预处理、存储和计算所需的引擎或框架。

- 应用使能：针对电信领域的通信 AI 模型和算法提供支持，并提供相应的工具集，以促进应用的二次开发和优化。这样的配置允许电信服务提供者更有效地集成和利用 AI 技术，从而提升服务质量和运营效率

嵌入式实时感知层：网元利用本地业务配置、系统状态、流量统计等数据进行实时采集、清洗处理、本地存储和应用订阅及使用等。此外，基于数据建模和业务行为建模，实施实时数据驱动的在线仿真，以实现嵌入式的实时业务感知，支持业务功能的在线优化求解与评估、基于 AI 模型的在线学习与评估，以及虚拟数据样本的生成等能力。在此过程中需要考虑以下几个关键组件。

- 数据引擎：负责数据的即时采集、预处理、存储、分析和发布等，并管理数据的全生命周期，确保数据的可信性和质量评估。

- 在线实时仿真引擎：提供基于模型的在线优化、运行、仿真和分析等轻量级功能。

- 协同框架：提供与 IP 网图层之间的协同管理能力，涵盖模型、数据和仿真的协同管理。

- 设计与工程化：提供建模语言、工程方法和工具，尤其是在嵌入式系统中考虑轻量化实现技术；在引入基于自适应模式的系统控制和基于实时感知层的在线仿真时，这些工具和方法可以帮助减少控制过程中的不确定性；此外，通过将知识集成到数据分析和模型优化过程中，可以提高基于数据的计算效率和系统置信度。

自适应控制层：通过整合感知、分析、决策和执行等功能，支撑业务流程的自动化组合、

执行控制等自适应控制环路，实现业务功能的自动、自愈和自优。此外，它不仅服务于单一实体的业务控制，也支持群体协作控制。

- 感知：利用数据分析和模型预测实现对业务系统、状态和交互目标的认知。关键挑战包括系统信息的实时获取和处理、多维信息的一致性维护以及场景理解的准确性等。

- 分析：结合系统行为和状态进行深入分析，针对管理目标和意图，实现对需求和目标的全面理解。

- 决策：将业务需求和目标转化为具体的执行任务，进行业务决策和任务分解。面对实际场景的不确定性和不可控因素，决策过程需具备高度的动态自适应性。

- 执行：通过业务流的任务组合和编排来实现需求的满足和目标的执行，同时，基于执行的状态和结果进行负反馈，形成闭环，以支持持续的迭代和优化。

知识子系统：作为本地的"大脑"，为智能系统提供实时运行所需的知识、逻辑和推理能力。在知识的整个生命周期内，包括知识库的构建、知识推理、知识更新、知识服务和知识引入等，该系统需要实现本地知识库的构建和管理，以及知识的应用和更新，以支持管理面、控制面和数据面业务的自主闭环。

- 知识库构建：涉及从知识抽取、融合、加工到存储（侧重于密集存储和部分稀疏存储）的过程，确保知识库的有效建立、管理和保护。

- 知识推理：采用降维和向量化等轻量化的知识表示方法，结合本体、规则和表示学习，进行轻量化的知识推理，以快速、有效地支持决策过程。

- 知识更新：根据业务应用流程中的知识学习和推理输出，以及规则和经验的老化，进行知识的自适应学习和融合，确保知识的持续更新和准确性。

- 知识服务：提供必要的知识检索和推理服务，以支持业务操作和决策制定。

- 知识引入：补充数据驱动架构的不足，推动系统向认知智能演进，增强系统的决策和自主能力。

安全子系统：将安全管理等公共功能从当前业务架构中抽象出来，并利用可信计算技术实施安全隔离及基于威胁的动态感知与响应机制，向各功能业务提供本地化的实时内生安全服务。该技术栈包括基于可信环境的关键安全资产（如证书、根密钥等）管理以及关键安全服务，结合态势感知进行安全分析、策略制定和安全管理，以实现业务的内生安全。

- 可信计算环境：利用零信任技术实现安全隔离，并提供轻量级、实时的 TrustOS 环境和安全计算框架，支持业务系统实现可信系统和最小化系统设计；同时提供安全存储和加解密服务，支持关键业务资产（如证书、密钥）的管理与使用。

- 安全感知与分析：收集管理面、控制面和数据面的业务及系统信息，并结合基于 AI 的建模分析和预测技术，实现对系统和业务的动态安全感知。

- 安全管理与策略：根据系统和各业务平面的安全设计模型，制定相应的安全策略，如访问控制策略和业务接入策略。

- 安全服务：提供认证、审计等访问控制类安全服务，以及安全配置、证书服务等运行类安全服务。

- 数据安全：随着 AI 技术的引入，需要加强数据隐私和安全措施，全面考虑数据的来源、传输、存储和使用过程中的安全隐私保护。面对未来业务的挑战和安全技术的演进，系统安全应从被动防御转向主动防御，探索多方计算、同态加密、隐私计算、后量子安全、系统漏洞自动消减等技术的应用和实施。

协作子系统：针对设备间基于业务场景的协作提供相应的应用和框架。从业务流程的角度来看，该子系统需要理解和规划场景目标，并实现动态重构，以便对异构个体的任务和目标进行分解和协同，并支持个体执行和动态感知与协作。

- 目标规划与重构：基于场景的目标理解和统一规划，具备场景变化时的动态重构、调节和优化能力。

- 任务分解与协作：实现复杂任务的分解和管理，支持任务驱动的各设备配置和协同，以及相关算法机制；此外，还具备群体资源共享、任务匹配、状态度量与评估，以及控制执行策略和激励等能力。

- 个体感知与执行：个体需要执行分解的任务并实时感知周边对象和环境，能够自适应调整并提供反馈。

- 分布式互联：实现群体间高效的通信互联，以支持协作和信息交换。

业务层：传统的管理面、控制面和数据面分别对应着管理、控制和转发相关的业务功能，管理面 / 控制面 / 数据面子系统通过 AI 和自适应控制的重构，结合新增的内置知识、安全和协作能力等，实现了网元功能的智能化和自治化演进。在数据驱动的业务架构演进中，利用 AI 技术重构了一些业务，特别是那些涉及高维空间和复杂任务求解的业务。同时，也依赖于知识和数据驱动的演进来推动系统的发展。通过安全子系统的应用，实现了系统内部的安全性，包括不同平面业务的分层隔离和防御，以及针对威胁的动态感知和响应能力。基于知识子系统和自适应控制层，实现了业务的自动、自愈和自优，最终构建了设备系统的自治闭环。

通过设备群体协同，实现了多设备的智能协作，以应对未来复杂场景和任务的网络变化，并保障 SLA 的实现。

3.3.5 分布式 AI

除了云端 AI，分布式 AI 也能将 AI 能力分布在各个网元或应用节点，即在网元或应用中部署 AI 推理服务，这样网元或应用侧的业务数据能够就近直接调用、处理，可以及时响应业务请求，提供低时延的 AI 服务，从而不需要向云端传输大量网元或应用的数据，避免集中式 AI 的集中大存储、强算力以及高网络带宽的要求。

目前 AI 大模型初步划分为 L0、L1、L2 这 3 个层级，如图 3-8 所示，其中 L0 指通用大模型，即 NLP（Natural Language Processing，自然语言处理）大模型、计算机视觉大模型、多模态大模型等基础大模型；L1 指行业大模型，如网络通信、医疗等垂直行业的大模型；L2 指面向更细分场景的领域大模型，如网络 KPI 异常检测、网络流量预测等场景模型。业界也有观点认为 L1 行业大模型是 L0 通用大模型在能力不足时的阶段性产物，因为现在的 L1 行业大模型都是在 L0 通用大模型的基础上做一些二次预训练和微调工作而得到的，可以将行业知识以知识库的方式输入通用大模型，所以长期来看，通用大模型才可能是从本质上解决行业问题的方案。IP 自动驾驶网络属于通信网络行业领域范畴，因此在自动驾驶网络领域一般不涉及 L0 通用大模型的训练和推理，而 L1 与 L2 只在应用场景的细分程度上有差异，具体选用

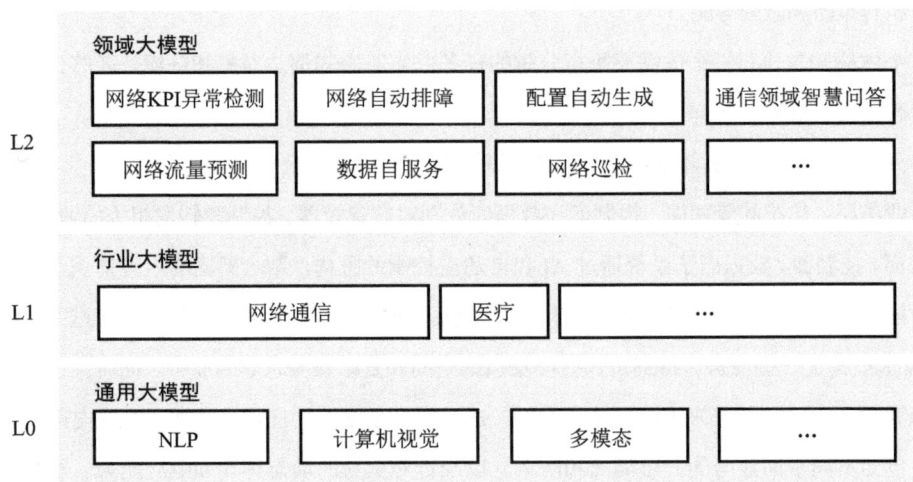

图 3-8 AI 大模型层级

哪种级别的模型与推理服务，以及选用大模型还是小模型，需要结合算力、存储、网络带宽、具体业务场景等多种因素综合考虑和评估，不能一概而论。因此，如无特殊说明，以下内容将不再详细区分 AI 模型的 L1 和 L2 层级以及具体是大模型还是小模型。

1. 架构设计的关键原则

分布式 AI 架构的优势在于 AI 分布在各个网元和应用节点上。这样一来，就能够在需要 AI 的地方调用 AI 服务，从而减少传输时延，并且能够及时响应业务请求。与此同时，由于不需要汇聚各网元或应用节点的数据，因此避免了对数据存储和网络带宽的大量消耗。此外，分布式 AI 还能够充分利用分布式的算力和数据，根据各网元本地的数据完成 AI 在线优化，可以使 AI 模型更好地适应各设备的环境和数据分布特征。这种方式提升了 AI 的适应性和整体性能。因此，分布式 AI 能够兼顾数据处理效率、推理实时性和算力利用效率等，从而促进整个网络的效率提升。需要说明的是，为了减少重复表示，在分布式 AI 架构中将 AI 模型和知识库统称为 AI，比如 AI 推理服务包含 AI 模型推理和 AI 知识推理等，后续相关的描述类似，不再重复说明。

基于上述思路，IP 自动驾驶网络的分布式 AI 的架构设计应遵循如下原则。

（1）支持在网络的不同层级流动，在不同异构的环境上运行

分布式 AI 的核心关键是确保 AI 模型能够方便地被分发到各网元 / 应用节点，支撑 AI 快速实现规模的应用。因此，分布式 AI 需要支持 AI 模型可流动，能分布到各个网元或应用节点上部署、使用；支持 AI 模型开箱即用，实现 AI 模型自动化部署。由于 AI 模型流动在各设备中，不同设备一般有不同的运行环境，因此从架构上说，分布式 AI 需要支持 AI 模型描述规范化和统一 AI 模型定义，使得 AI 模型能在不同环境中可执行和具备持续优化能力，实现业务应用和 AI 模型的解耦。

AI 模型开发流程包含 AI 算法开发、AI 模型训练、AI 模型验证和发布等环节。从 AI 模型发布到网络部署，一般经历 AI 模型部署、AI 推理服务发布、AI 模型运行效果监测、AI 模型重训练、AI 模型评估和择优等流程。如果需要人工介入，将会比较耗时而且复杂。为了避免投入大量时间和人力来管理 AI 模型运行环节，分布式 AI 需要在架构上支持模型运行环节全程自动化，以达成自动驾驶网络的业务目标。

通过协同的机制，可以把 AI 模型开发和运行联动起来，缩短 AI 模型的开发和交付周期，并且提高 AI 模型分发效率和部署效率。

（2）适应不同设备环境，满足资源有限场景需求

分布式 AI 架构具有将 AI 模型部署到端侧和边缘侧的能力，有效应对了云端处理数据时可能出现的隐私、时延和不可靠等方面的问题。模型的大小主要由其参数量决定，而与输入数据的大小无关。参数量的增加会导致内存消耗和模型包增加，而模型的运行时间则与输入数据的复杂度相关。鉴于端侧和边缘侧的计算能力和内存资源有限，为了适应不同设备上的 AI 应用，分布式 AI 架构必须支持根据设备环境调整 AI 模型，并在模型复杂度与性能之间取得平衡。这样，AI 模型才能够在不同的设备环境下运行，并满足资源受限的场景需求。例如，在集成 SoC 的盒式 CPE 网元上对实时视频会议流进行识别和分析时，需要在部署模型之前评估模型是否适应受限的硬件资源，并可能需要对模型进行缩减和"剪枝"，以满足边缘设备的资源要求。

（3）支持 AI 实时响应，满足低时延的场景需求

随着时间的推移，芯片的算力按照摩尔定律不断提升，从而推动了设备的计算性能不断增强。举例来说，智能手机相较过去的计算机具备了更为强大的处理能力。这种算力的发展为设备内部集成 AI 能力提供了硬件基础。与此同时，电信网络设备通常每隔 3 年就会进行升级、换代，以提供更高质量的网络连接。城市交通、医疗、工业智能制造等领域对网络的要求也越来越迫切、越来越智能化。特别是对于"元宇宙"XR 这类需要强大交互能力的业务，设备必须具备内生的 AI 能力，以便更好地提供实时互动服务。因此，设备的算力以及网络设备的升级都旨在满足不断增长的业务需求，并为"元宇宙"XR 业务的发展提供支持。

（4）具备协作和独立演进能力

分布式 AI 中，云端模型通常支持的参数量和训练 / 推理资源都较大，模型（Deepseek R1、华为盘古大模型等）的泛化能力也较强，能够支持复杂的逻辑推理。IP 网图和网元等内置的 AI 模型（小模型）支持的参数量较小，仅能解决特定领域的特定问题，如数据的隐私性计算场景、资源受限场景下的形式化推理等，但其训练和推理需要的资源要求相对较低。大、小模型不存在绝对的优劣之分，需要根据具体应用场景设计一个分层的模型架构。大模型负责处理高层次、复杂的任务和信息，如对用户通过自然语言输入的问题先进行场景选择（如用户问"什么是路由器"，系统则进入知识问答场景流程；用户问"今天哪些路由器较繁忙"，系统则进入排障与查询场景流程）；而小模型则负责处理低层次、简单的任务和信息，如进入具体场景后需要执行的动作和步骤可以通过小模型来事先进行定义和描述（如知识问答场景可以直接查询知识库，排障与查询场景则需要多次调用 API 和与业务系统进行交互）。通过分

层架构，可以实现不同规模模型之间的独立演进和协同工作，提高系统的整体性能。

（5）支持 AI 安全，通过主动检测和响应机制，确保 AI 安全运行

分布式 AI 的关键特征在于将 AI 模型分布在不同的节点进行使用。然而，这也带来了 AI 模型安全性方面的挑战，因为模型可能会面临篡改或盗用的风险，从而导致潜在的 AI 攻击。为了解决这些安全问题，架构中需要具备 AI 安全措施，以防止 AI 模型在存储和传输过程中被恶意篡改，从而导致 AI 推理结果出现异常，影响业务的正常运行。为此，需要实施模型包的签名校验和完整性校验，以确保模型在传输和存储过程中的完整性和安全性。在运行过程中需要对 AI 的执行进行主动监控，以识别和记录潜在的风险，可以通过监测实时的模型推理结果、异常行为或可疑操作等来实现。一旦发现异常情况，需要及时应用安全处理策略，以确保系统的安全运行。此外，在 AI 模型训练和应用过程中，可能涉及个人隐私和敏感数据，对于这些数据，要确保其被正确地处理、存储和保护，避免数据泄露和滥用。AI 模型可能会受到对抗性样本和欺骗行为的影响，使其产生错误的预测结果或被误导，可以采用对抗训练、增强模型鲁棒性等技术来提升模型的抵抗能力。

（6）具备持续学习机制，适应电信网络业务的场景或数据的变化

从实际情况来看，电信网络业务在不同的运营商、不同的业务场景和不同的局点的数据存在较大的差异，即使是同一个 AI 模型，其在不同局点运行的效果也存在差异。例如，用户行为分析与个性化服务模型在核心网领域更关注用户位置、设备类型等与移动性相关的因素；而在 IP 承载网中，其更加关注用户网络行为、应用使用偏好、流量变化规律等。而且在同一个局点下，AI 数据中的特征分布可能由于季节不同而发生变化，这同样会导致 AI 模型的执行效果不同。例如，对于网元智能节能模型，由于冬季和春季的制冷方式变化，数据节能模式也发生变化，如果直接在夏季使用冬季的 AI 节能模型，将导致模型劣化，这时需要根据新的数据特征对模型重新进行训练，使得 AI 模型经过重新训练能够适应业务和数据变化引入的模型变化。

对于每个新的业务领域或每个新的局点，通常情况下，AI 模型需要算法开发人员根据局点业务和数据分布进行调整，并进行模型训练。随着 AI 应用的增多，采用传统的人工解决方式是不现实的，因为人工无法适应业务的快速变化。所以 AI 模型要能够对周围发生的情况做出响应，自动启动优化机制以适应业务的变化，像自然演化中生物不断适应环境一样，这被称为 AI 持续学习机制。如图 3-9 所示，没有持续学习机制时，AI 推理服务中的 AI 模型是没有变化的，从执行开始就一成不变，除非有外部介入进行 AI 模型的版本更新；如果引入持续

学习机制，AI 模型从运行开始就会根据模型运行、监测情况及业务策略启动 AI 模型重新训练，然后根据重新训练的模型进行验证、评估，通过和现有版本进行对比，从新老版本中选择较好的模型部署、运行。这个优化的过程是可以自动闭环的，从而形成持续学习机制。

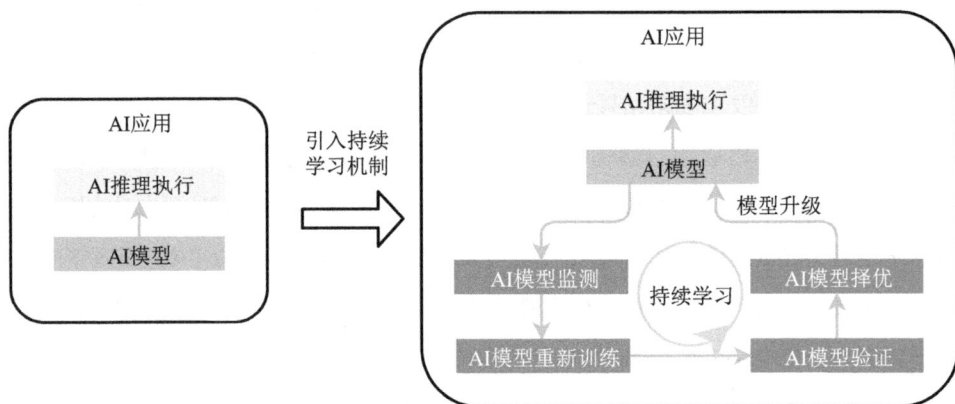

图 3-9 有无持续学习机制示意

所以，分布式 AI 架构要实现自动驾驶网络的业务目标，需要支持 AI 持续学习机制，以支持 AI 自动适应各种场景的应用，并能够自优化、自演进，及时根据环境和数据变化自动优化 AI 模型，以适应业务的变化。

2. 目标参考架构

基于以上架构设计的关键原则，分布式 AI 参考架构如图 3-10 所示。根据分层自治闭环原则，分布式 AI 参考架构由云端 AI、商业域 AI、业务域 AI、自治域 AI 和网元 AI 等构成。AI 能力分布在自动驾驶网络的各域系统中，在本地完成智能化处理，从云端 AI 获取跨域的 AI 模型，进行知识库经验共享，并快速更新各域相应的 AI 模型或知识库；而各域 AI 主要聚焦域内的数据样本采集、推理服务、AI 持续优化等，完成域内的 AI 自优化、自演进。各域 AI 通过 K1、K2、K3 接口，和云端 AI 进行 AI 模型和知识的同步更新，将单域的 AI 模型和知识复制到其他域，实现 AI 能力的规模应用，从而高效支撑自动驾驶网络系统 AI 能力不断提升。

（1）云端 AI

云端 AI 提供 AI 应用目录、AI 模型和知识库共享能力等，主要由 AI 应用目录、数据服务、AI 训练服务、知识库、AI 协同服务等构成。云端 AI 通过 K1、K2、K3 接口完成各网络层级的 AI 协同服务，可以实现 AI 能力在某个域成功实施后，快速在其他域内进行复制，从而实现 AI 规模应用。

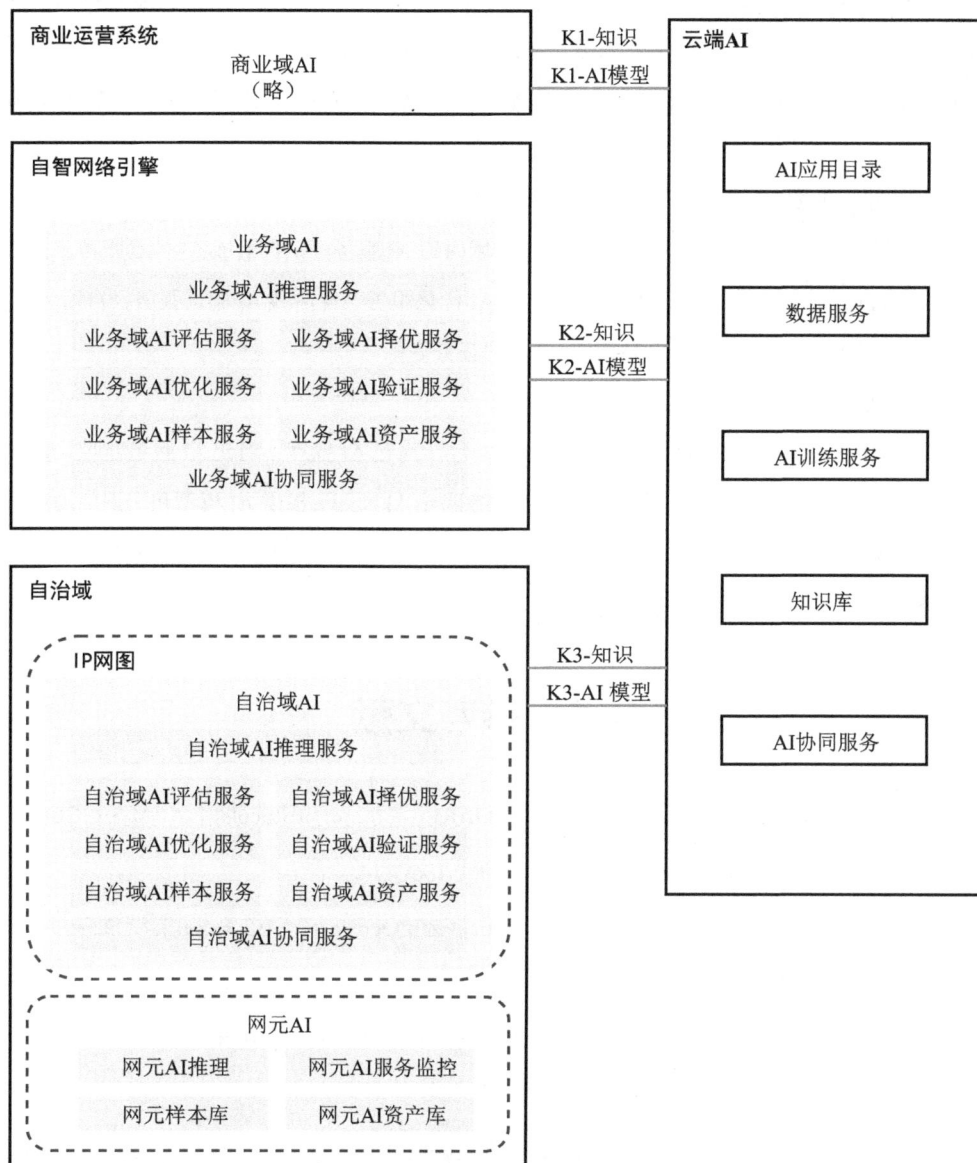

图 3-10 分布式 AI 参考架构

（2）商业域 AI

商业域 AI 作为商业运行系统的智能中心，为商业域内的服务提供 AI 相关服务以及和云端智能协同。商业域 AI 不是本书讨论的范围，此处不展开描述。

（3）业务域 AI

业务域 AI 作为自智网络引擎的智能中心，为业务域内的服务提供 AI 相关服务以及和云端 AI 的协同，包括业务域 AI 推理服务、业务域 AI 评估服务、业务域 AI 择优服务、业务域 AI 优化服务、业务域 AI 验证服务、业务域 AI 样本服务、业务域 AI 资产服务和业务域 AI 协同服务等。

（4）自治域 AI

自治域 AI 作为自治域的智能系统，为自治域内的 AI 服务提供自治域 AI 推理服务、自治域 AI 评估服务、自治域 AI 择优服务、自治域 AI 优化服务、自治域 AI 验证服务、自治域 AI 样本服务、自治域 AI 资产服务和自治域 AI 协同服务等。

（5）网元 AI

网元 AI 作为使能网元 AI 能力的基础框架，包括网元 AI 推理、网元 AI 服务监控、网元样本库和网元 AI 资产库等，被网络设备集成，为网元 AI Native 提供 AI 模型和知识库的运行环境，实现 AI 模型和知识库的通用工程能力，比如 AI 资产运行、监控、部署升级、AI 资产下载等。

3.4　参考文献

［1］　CLARK D. The design philosophy of the DARPA internet protocols[J]. ACM SIGCOMM Computer Communication Review, 1988, 18(4):106−114.

［2］　TM Forum. Autonomous networks reference architecture v1.0.1 [EB/OL]. (2022−09−23) [2024−04−30].

［3］　KE L. Introduction to expected demand not served (EDNS) v1.0.0 [R/OL]. (2022−12−12) [2024−04−30]. TM Forum IG1294.

［4］　ITU-T Study Group 2. TMN management functions [EB/OL]. (2000−02−04) [2024−04−30].

［5］　KEPHART J O, CHESS D M. The vision of autonomic computing[J]. Computer, 2003, 36(1): 41−50.

第④章

IP 自动驾驶网络的关键技术

IP 自动驾驶网络的实现依赖于多项关键技术，包括网络智能化、数字孪生、网络仿真验证、IP 流量优化与控制、网络安全等技术。网络智能化技术通过 AI 分析网络数据，进行故障预测和自动优化，实现网络自愈和自适应。数字孪生技术通过构建物理网络的虚拟模型，实时监控和模拟网络行为，提供精准的运维支持和决策依据。网络仿真验证技术则用于测试和验证网络配置和策略，确保网络变更的安全性和有效性。IP 流量优化与控制技术通过动态调整路由和资源分配，提高网络的利用率和性能，保障关键业务的服务质量。网络安全技术通过构建多级信任链，以及从设备到网络再到业务的层层防御的专项技术，确保网络数据和服务的安全性。这些技术的综合应用，使 IP 网络能够实现高效、可靠和智能的自动驾驶目标。

4.1　网络智能化

在 IT 高速发展的当下，IP 网络作为数字化基础设施的关键组成部分，正面临着前所未有的挑战和机遇。随着云计算、物联网、5G 以及边缘计算等技术的不断演进，IP 通信网络的数据流量激增，网络复杂性急剧上升。在这样的背景下，传统的网络管理方法逐渐显露出局限性，亟需新一代技术的介入以提升网络智能化程度和服务质量。

4.1.1　智能化技术的综述

在 IP 通信领域，智能化技术正日益成为提升效率和服务质量的重要工具。首先，通信大模型的出现使得网络运营商能够处理和分析海量的网络数据，也让用户可以通过大模型技术解决网络中出现的故障，并预测未来可能出现的网络拥塞和隐患情况，从而提高网络的稳定性和服务质量。其次，智能故障小模型的应用则着眼于快速响应和解决网络中的各类故障问题，该技术可以自动完成分钟级设备告警的聚类，快速识别并定位网络中的故障点，从而缩短故障修复时间，提升运维效率。

总的来说，智能化技术在 IP 通信领域的广泛应用不仅推动了网络运维效率的提升，还为用户提供了更可靠和更智能的通信服务体验。随着技术的不断进步和应用场景的拓展，智能化技术将继续在 IP 通信领域发挥重要作用，推动整个行业向智能化、高效化的方向迈进。

4.1.2 IP 通信领域大模型

1. 背景

作为 AI 领域的一项突破性技术,LLM 为 IP 通信领域带来了新的解决方案。该模型依托深度学习和大数据分析技术,能够理解和生成自然语言,提供强大的语义处理能力。在 IP 通信领域,LLM 的应用不仅可以极大提高网络运营效率,还有助于提升网络的自适应性、安全性和用户体验。从自动化的故障诊断到智能化的流量管理,从精准的网络安全防护到个性化的用户服务,LLM 的融合使用正预示着 IP 通信领域的一场深刻变革。随着该模型的不断完善和创新应用的实现,LLM 在 IP 通信领域的应用前景无疑是光明的,它将成为推动该领域向智能网络时代迈进的关键动力。

2. AI Agent 目标架构

为了将 LLM 大模型与 IP 运维网络相结合,本书尝试设定一系列明确的目标,以期打造一个革命性的网络运维智能架构—— AI Agent。这一架构旨在实现运维助手与工程师之间的无障碍沟通。通过 NLP 技术,运维助手能够准确理解复杂的技术语言和日常表达,从而与工程师无缝协作,共同应对网络运维中的各种挑战。此外,运维助手不仅具备通信专家的能力,还掌握着广泛的 IP 通信知识。它集成了从网络架构到安全协议,从故障排除到性能优化等多个方面的知识,以支持多方面的网络运维任务。值得一提的是,运维助手还具备高度的意图识别能力,通过对运维人员的指令和询问的深入理解,准确捕捉运维人员的意图。这种能力不是对问题的表面理解,而是深入问题的核心,从而能够精准分析具体问题。基于以上目标分析,LLM 将自动调取适用的工具和资源,为运维人员提供解决方案和结果参考。这些解决方案是基于模型所学习的最佳实践和历史成功案例提出的,旨在指导运维人员迅速解决问题,优化网络性能以及预防潜在风险。

综上所述,AI Agent 在 IP 运维网络领域的目标是成为一个全面、智能的运维架构,这一架构将使网络运维更加智能、高效和直观,最终提升整个网络系统的可靠性和用户满意度。

3. 关键技术

(1)NL2SQL 技术

NL2SQL(Natural Language to Structure Query Language,自然语言转换为结构查询语言)技术的目标是创造智能数据可视化平台,它能够深度理解用户的需求,并基于这些需求自动匹配最合适的图表样式。平台将具备从庞杂数据中查询和提取关键信息的能力，自动生成精准、清晰、视觉吸引力强的图表。此外，平台还将提供精练的数据分析总结，以辅助用户的运营汇报和成果展示。无论用户是寻求提升商业报告的专业度，还是希望在学术或行业会议上展示研究成果，智能数据可视化平台都将成为用户的强大后盾，使得数据讲述的故事更加生动、直观，让汇报和展示更加高效和有说服力，目标方案如图 4-1 所示。

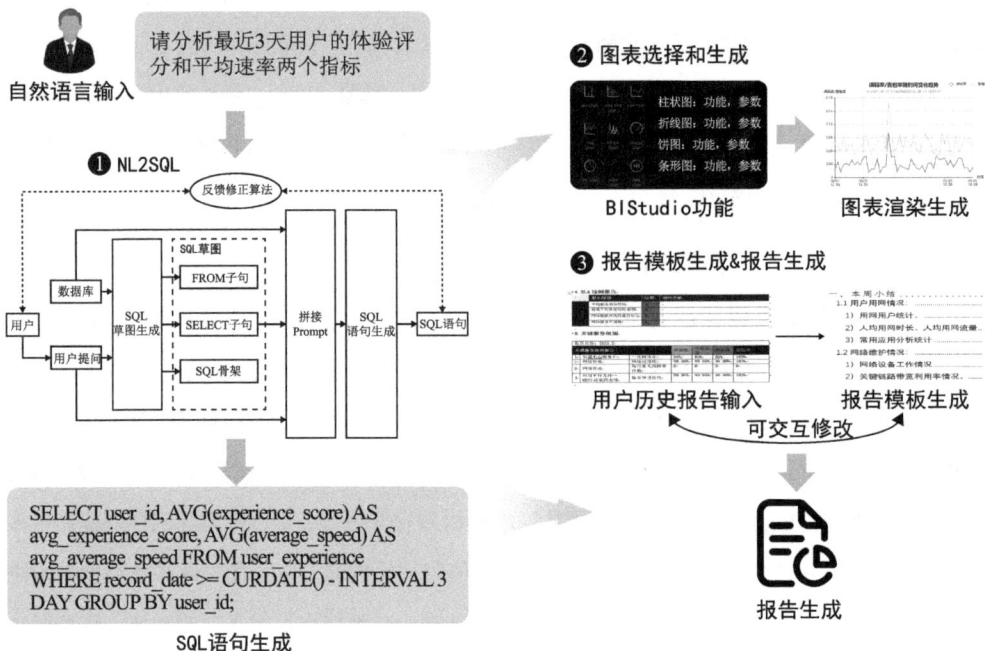

图 4-1　NL2SQL 技术目标方案

关键技术点一：NL2SQL。NL2SQL 是一项将用户的自然语言转换为可执行的 SQL（Structure Query Language，结构查询语言）的创新技术，这项技术的核心在于它能够深度理解用户的意图和上下文环境，进而准确提取出关键的数据库查询要素，这些要素包括但不限于字段名、查询条件、排序规则和聚合函数等。通过结合 NLP 的前沿技术和机器学习算法，NL2SQL 技术有效消除了非技术用户与数据库系统之间的沟通壁垒，使这些用户能够通过简单的语言描述完成复杂的数据检索任务。这一技术点极大地提升了数据查询的便捷性和可接近性，降低了数据使用的门槛，使更多用户能够轻松、高效地获取所需数据，为数据驱动决策提供了强有力的支持。

关键技术点二：图表选择和生成技术。图表选择和生成技术是数据可视化的核心，它能够根据用户的输入和数据特征，自动选择最合适的图表样式。首先，该技术会对数据集的大小、维度、数据类型以及用户目的等进行深度分析，从而确定所使用的图表类型（如柱状图、折线图、饼图或散点图等）。然后，该技术会借助先进的图表绘制引擎，根据确定的图表类型生成高质量的图表，确保数据的视觉呈现既美观又易于理解。图表选择和生成技术不仅能显著提高报告的专业性，还极大地加速了从数据分析到结果展示的整个流程，帮助用户迅速获取结果并做出数据支持的决策。

关键技术点三：报告模板生成技术。报告模板生成技术可以为用户提供标准化和定制化报告。这一技术使用户能够根据特定格式和设计要求创建报告模板，涵盖布局、字体样式、颜色搭配等细节。一旦模板创建完成，用户只需输入或者上传相关数据，系统就能够自动填充模板，生成结构化和专业性的报告。此技术的亮点在于模板的可重用性和灵活性，用户可以创建一系列模板用于不同的汇报场合，如业务分析、市场研究、项目总结等多元化场景。系统则会根据用户选择的模板和提供的数据，自动生成包含丰富图表、分析总结和必要文本的完整报告。这一过程不仅极大提升了报告制作的效率，还确保了报告的一致性和专业品质，帮助用户以最佳方式展示工作成果。

（2）RAG 技术

作为通信领域大模型 AI Agent 的关键技术之一，RAG（Retrieval-Augmented Generation，检索增强生成）可以通过融入外部业务知识，大幅提升业务知识问答的准确性和有效性。这一技术不仅允许系统响应常见的查询，还能深入挖掘并解决复杂的业务难题。通过对底层逻辑的强化排障，该技术能够理解并解释故障背后的业务原因，为用户提供清晰的解决方案。这种能力将在提高业务操作透明度、解决业务流程中的疑难问题以及优化决策制定过程等方面发挥关键作用。

关键技术点一：知识向量库。知识向量库是一种创新的数据组织形式，它将运维相关的知识和信息转化为向量形式，为大型机器学习模型提供高效的依赖数据。知识向量库通过对专业知识进行编码，使其能够被算法快速识别和处理，从而在大数据环境下提供精确的业务支持。知识向量库的建立能够显著提高数据的可检索性，为大模型的训练和推理过程提供丰富和结构化的数据源，进而增强大模型的业务问答和决策支持能力。这一技术点对于提高运维效率、优化资源配置和推动智能化决策具有重要意义。

关键技术点二：向量索引。向量索引是一种特别为向量化数据设计的索引技术，它能够在庞大的知识向量库中快速检索和查找所需的知识。这项技术通过构建高效的索引结构，极大缩短了从高维空间中检索相似向量所需的时间。该技术的关键在于它能够处理和搜索数以亿计的向量数据点，同时保持查询的高速度和准确性。它采用了先进的算法［如ANN（Approximate Nearest Neighbor，近似最近邻）搜索］来优化搜索过程，确保在实际应用中即使面对动态变化的数据集也能稳定运行。向量索引技术不仅支持快速检索，还能够通过学习到的向量表示来理解和匹配复杂的语义信息，为用户提供更加精准和相关的知识内容。这一技术是智能问答系统、推荐系统以及其他依赖精确知识检索的应用的核心组成部分。

关键技术点三：CoT+Prompt 生成模块。CoT+Prompt 生成模块是一项集成技术，它结合了 CoT（Chain of Thought，思维链）和 Prompt（提问词）设计，以支持复杂问题的解决。这种模块通过模拟人类解决问题的思维过程，即逐步推导出解决方案的"链条"，从而提高了问题解答的透明度和可解释性。在 CoT+Prompt 生成模块中，"思维链"部分负责生成一系列逻辑步骤，这些步骤将用户问题分解成可解决的子问题，并逐一解答，最终形成连贯的答案。在模块生成思维链时，能够利用预先定义的知识点，这些知识点通常以提示的形式呈现，并引导模型向正确的方向推理，这种技术被称为"依赖知识"。该技术点对于处理深层次专业性问题，如技术故障排查、复杂数据分析，以及涉及多步骤推理的查询等，尤其有用。CoT+Prompt 生成模块不仅提高了问题解答的准确率，还使得解答过程更加符合人类的思维习惯，让用户能够更容易理解问题的解答过程。

（3）CoT 逻辑推理技术

技术目标：构建一个端到端的 CoT 方案旨在实现训练态模型能力的全面提升，同时强化推理态时的 Prompt 效能。这样的方案不仅提供给模型一个深度学习和自我进化的平台，而且能通过精细化的 Prompt 设计，优化模型在实际推理过程中的表现。通过这一方案，模型能够更好地理解和处理复杂逻辑问题，从而在各种应用场景中实现更高的准确性和可靠性。

关键技术点一：思维链数据集构建与数据提取。在 AI 的推理领域，思维链数据集构建与数据提取的进步是不可忽视的，CoT 训练和评测数据集就是这一进步的体现，该技术点不仅包含多类型逻辑知识的提取能力，还具备识别逻辑冲突内容的先进技术。思维链数据集的一个显著特点是它能够自动地在大量信息中识别和标注出逻辑上的矛盾，这对于训练出能够深入理解和分析复杂问题的 AI 模型至关重要。该特点显著提升了数据集的品质，为 AI 模型提供了一个高效学习和自我提升的环境。

关键技术点二：思维链数据集标准化。思维链数据集标准化是推动电信领域 AI 应用发展的一项关键技术，它旨在构建一个电信领域 CoT 数据集的统一标准，确保数据的一致性和质量。这一标准不仅包含问题的格式化结构和答案的逻辑链条，还强调了每个推理步骤的逻辑一致性。通过标准化流程和专家验证，该标准化方案提供了一个可靠的基础，使得 AI 模型能够以更高的准确性理解和分析与电信相关的复杂问题，从而在实际应用中取得更好的效果。

关键技术点三：Auto-CoT 自动提示。Auto-CoT 自动提示是一种先进的技术，它支持对问题逻辑进行抽象处理，并实现基于逻辑相似性的匹配。这一技术通过智能分析问题的本质，将问题转化为一种逻辑框架，然后在庞大的问题库中找到逻辑结构相似的问题。这种技术不仅提高了问题解答的效率，还确保了解答的精确性，为解决复杂问题提供了强大的支持。

4.1.3　智能化故障管理

1. 背景

传统的故障检测方法主要依赖告警、流量和路由等信息来感知故障，但这种感知方式存在一定的局限性，无法覆盖所有可能的故障场景。特别是对于硬件、转发、配置和协议等方面的异常问题，目前缺乏有效的感知手段，无法采取主动预防措施。因此，很多潜在的故障经常被错过，直到业务受损或收到投诉才能感知故障的存在。一旦故障发生，传统的定位方法也存在一些问题。运维人员只能在海量的运维数据中逐一排查，查看流量变化和网元日志等信息，这种方式效率低下且耗时较长，导致业务受损的时间较长。

为了解决这些问题，我们需要引入更先进的故障检测和定位手段。如图 4-2 所示，智能化故障管理通过使用先进的 AI 技术，可以对各种类型的故障进行更准确和全面的感知。AI 模型可以分析大量的数据，识别出潜在的故障迹象，并提前发出预警，从而实现故障的主动预防。同时，AI 模型还可以通过学习和训练，提高故障定位的准确性和效率，帮助运维人员快速找到问题所在，缩短业务受损的时间。总之，传统的故障感知和定位方式存在一些局限性，无法满足现代网络运维的需求。通过引入先进的 AI 技术，可以提高故障感知的准确性和全面性，并加快故障定位，从而提高网络的可靠性和稳定性。

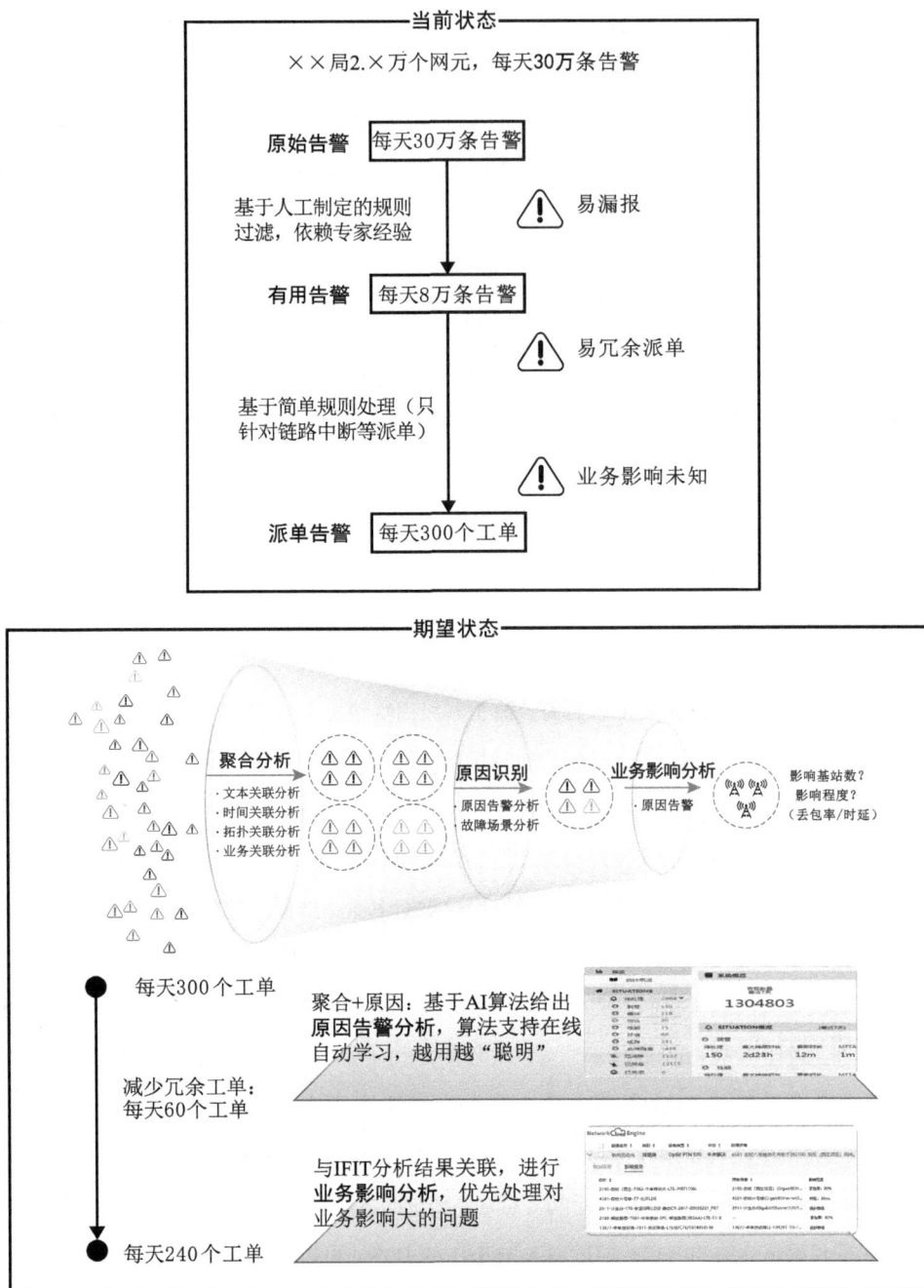

图 4-2　智能化故障管理示例

2. 挑战

在网络故障系统中，基于规则的专家系统是一种常见的应用，它利用一系列规则来表示专家知识，并通过推理机对知识进行推理以满足用户的需求。但是基于规则的专家系统在实际应用中也存在一些问题。首先，知识的获取非常困难，需要专家全程参与，并花费大量时间和成本进行知识的获取和维护。其次，规则的控制策略不够灵活。在网络实际运行中，存在许多中间状态，而一些故障的定位需要根据这些中间状态进行，因此，规则很难适用于不同情况。此外，规则的积累容易导致冲突和知识管理、维护困难。随着网络的升级、换代，一些规则可能不再适用，甚至出现自相矛盾的情况，知识管理和维护变得困难。最后，当多种事件以不同形式组合出现时，会出现对应关联规则的组合爆炸问题，搜索空间巨大，难以满足实时性要求。针对以上问题，智能故障系统应运而生。智能故障系统利用大数据和 AI 技术，通过学习网络对象状态和事件之间的关系，减少对规则的依赖。与传统的有监督的 AI 训练不同，智能故障系统采用 AI 自学习的方式进行训练，减少了对标注样本的需求，并降低了人力成本。

3. 关键技术

智能故障系统主要通过对事件的关联学习来识别故障。关联学习分为时间域和空间域两个维度。在时间域中，事件发生的时间具有一定的规律，例如，某个事件可能立即引起另一个事件发生，也有可能相隔一段时间才会产生影响。因此，学习时间顺序和时间间隔的规律对于识别故障非常重要。在空间域中，侧重的是故障传播的范围，例如，某个故障可能只在某个子网内传播，而不会影响其他子网。为了准确识别故障传播范围，防止将相隔很远的事件误认为是同一故障引起的，需要进行故障传播空间域的学习。

（1）时间域的关联学习

网络中有 4 台设备，R1 设备和 R3 设备分别在 $t1$ 和 $t2$ 时刻发生了事件 A 和事件 B，如何判断这两个事件是否存在关联以及是否由同一故障引起？如果仅从单次发生来观察，很难准确识别两者之间的关联，只能依赖维护专家的定位。如果能够根据长时间的观察及大数据的统计，发现事件 A 和事件 B 在发生时间上的关联规律，就可以基本确认两者之间的关联，事件发生的频次曲线如图 4-3 所示。

告警事件在网络运维中起着至关重要的作用，能够及时识别和响应网络中的异常情况。如图 4-4 所示，在某网络中，我们研究了 ETH_LOS 告警和 TUNNEL_APS_OUTAGE 告警之间的关系，并发现了一些有趣的规律。根据研究，ETH_LOS 告警发生后的 0～10s 出现的 TUNNEL_APS_OUTAGE 告警与其有较高的关联性。我们通过绘制统计曲线图展示了这种正向关联关系。这意味着 ETH_LOS 告警发生后的短时间内，TUNNEL_APS_OUTAGE 告警很可能会紧随其后出现。这种关联性的存在可以为运维人员提供重要的指引，帮助他们及时发现并解决可能导致 Tunnel 中断的问题。另一方面，在反向关联中，我们观察到 TUNNEL_APS_OUTAGE 告警在出现后的 0～5s 才会与 ETH_LOS 告警产生关联。这意味着 TUNNEL_APS_OUTAGE 告警可能是由 ETH_LOS 告警造成的。根据专家的经验，可以得出这样的结论：当 ETH_LOS 告警发生时，链路无法正常工作，进而导致 Tunnel 中断。因此，ETH_LOS 告警可以被认为是导致 Tunnel 中断的一个主要原因。当我们考虑到告警上报到故障系统的网络时延因素时，我们发现上述时间范围内的告警都具备较高的关联性。也就是说，在网络传输的过程中，由于存在一定的网络时延，可能会导致告警的顺序发生变化。因此，我们需要特别关注在这个时间范围内出现的告警，因为它们可能会提供有关网络运行状况的重要信息。

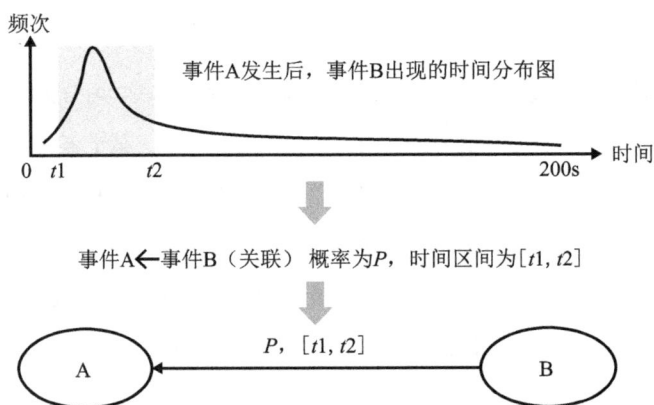

图 4-3　频次曲线统计

总之，ETH_LOS 告警和 TUNNEL_APS_OUTAGE 告警之间存在着一定的关联性。通过深入研究这种关系，能够更好地理解告警事件的本质和潜在的影响。这对于提高网络运维的效率和稳定性至关重要，因为它能使我们更早地发现潜在的问题，并采取相应的措施来解决它们。未来，技术团队将继续深入研究告警事件，并探索更多告警之间的关联性，以进一步提升网络运维的水平。

前置事件：ETH_LOS_0_LEVEL1　　后置事件：TUNNEL_APS_OUTAGE_0_LEVEL1

关联系数可视化中心

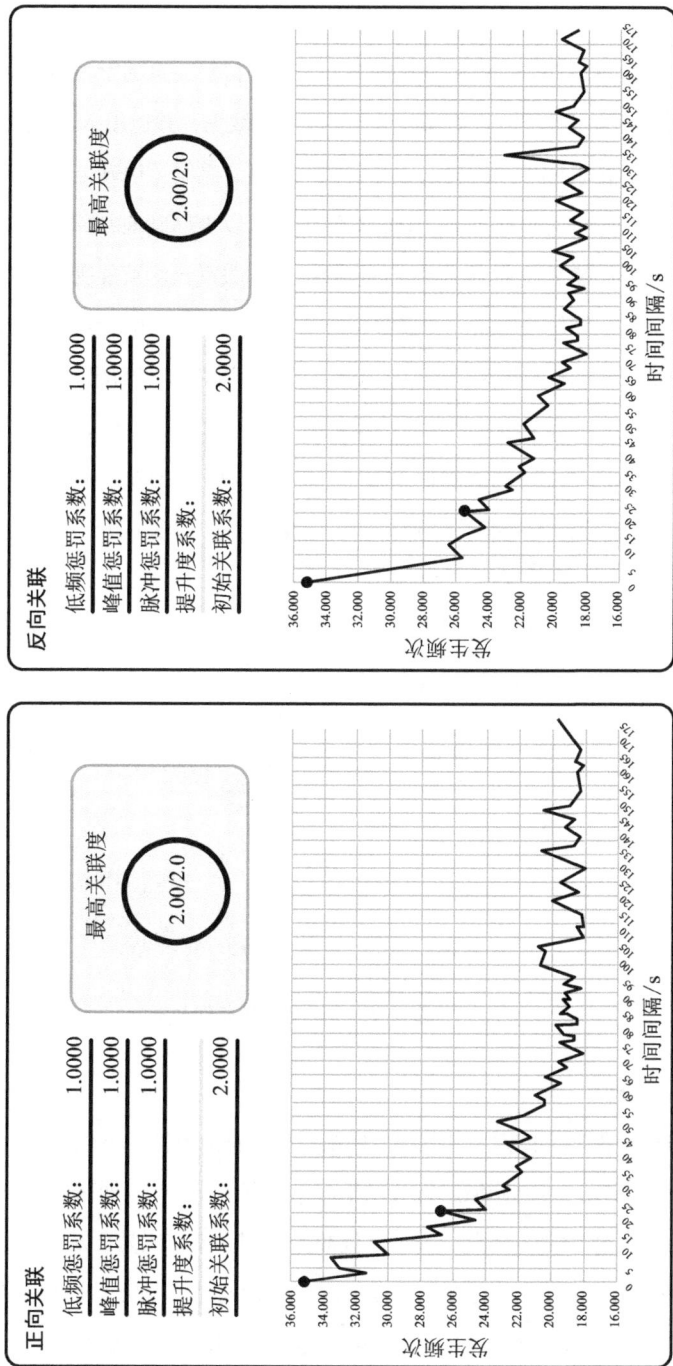

正向关联

低频惩罚系数：　1.0000
峰值惩罚系数：　1.0000
脉冲惩罚系数：　1.0000
提升度系数：
初始关联系数：　2.0000

最高关联度

2.00/2.0

反向关联

低频惩罚系数：　1.0000
峰值惩罚系数：　1.0000
脉冲惩罚系数：　1.0000
提升度系数：
初始关联系数：　2.0000

最高关联度

2.00/2.0

图 4-4　关联系数可视化

如图 4-5 所示，智能故障系统通过学习大量事件之间的关系，可以得到整个网络事件的传播关系。这个传播关系类似于专家系统中的故障传播知识，但不同之处在于它是通过自学习得到的，并且可以随着网络的变化而不断更新。传播关系的学习是通过分析事件之间的联系和影响来完成的。系统会收集和记录大量的事件数据，并运用 AI 算法对这些数据进行分析和挖掘。通过分析事件之间的时间关系和空间关系，系统可以逐渐发现事件之间的传播规律和影响程度。通过学习传播关系，智能故障系统可以更准确地判断一个事件是否会引发其他相关事件。当一个事件发生时，系统可以根据传播关系预测可能受到影响的其他事件，并提出相应的处理建议和解决方案。传播关系的学习是一个持续的过程，随着网络的变化和演化，系统会不断更新和调整传播关系，以适应新的网络环境和故障情况。

总之，通过学习大量事件之间的传播关系，智能故障系统可以自动获取和更新故障传播知识，提高故障识别和解决的准确性和效率。这将为网络运维提供更好的支持，并提升用户的网络体验。未来，我们将继续深入研究和发展智能故障系统，以进一步提升其可靠性。

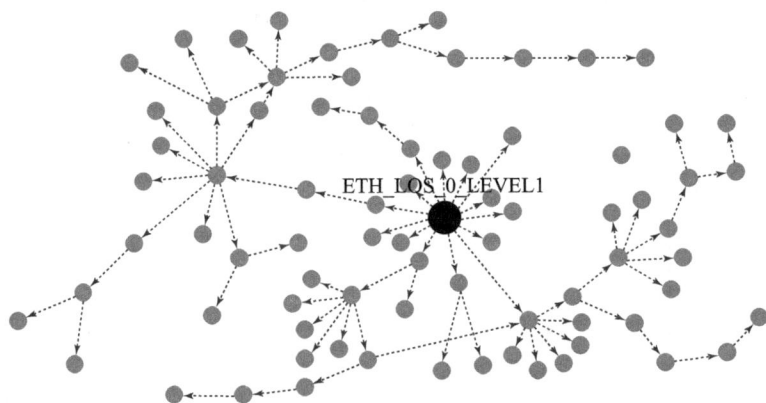

图 4-5　网络事件的传播关系

（2）空间域的关联学习

假设网络规模非常庞大，某些超大网络中的设备数量甚至多达 10 万台，每天都会产生大量的告警。如果仅通过时间域进行关联学习，就有可能导致一些本身并不相关的事件在某个时间点上发生而被误判。因此，为了尽量减少误判，我们还需要从空间域进行关联学习。在空间域的关联学习中，我们可以结合业务建模和 AI 学习的方法，以最小的代价获得最好的效果。智能故障系统采用 AI 的自学习机制，能够适应各种网络变化，并具备高度的泛化能力。结合 IP 网络的特点，空间域学习包括多维度空间的学习。

如图 4-6 所示，空间域的每一个维度代表了网络信息的某个方面，例如物理拓扑、协议拓扑（如 IGP）、隧道拓扑（Tunnel）、应用拓扑（如 VPN）等。对这些维度的信息可以进行分析和关联学习，从而提供更加准确和完整的网络故障判断和解决方案。这种空间域学习的方法可以有效地处理大规模网络中的故障并解决问题。在学习过程中，系统不仅考虑时间上的关联，还能够全面考虑各种网络信息的关联性。这样，我们可以避免仅依靠时间域学习导致误判，提高故障处理的准确性和效率。总之，通过从空间域进行关联学习，智能故障系统可以在大规模网络中准确判断和处理故障。这将为网络运维提供更可靠和高效的支持，提升用户的网络体验。未来，我们将继续研究和发展空间域学习方法，不断提升智能故障系统的适应性。

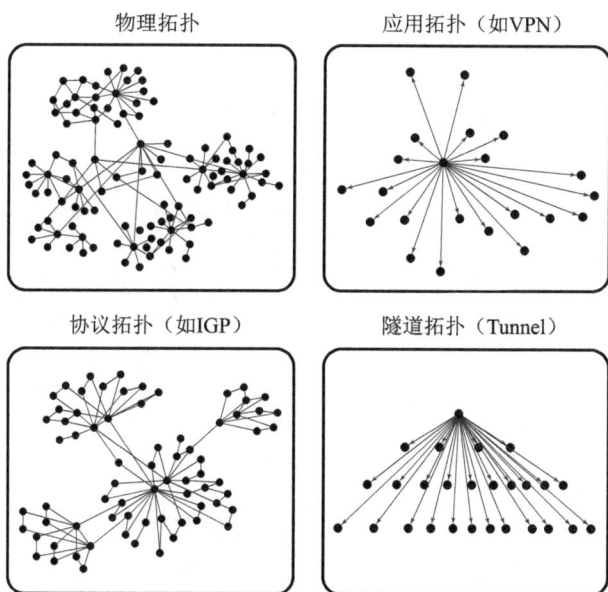

物理拓扑　　　　应用拓扑（如VPN）

协议拓扑（如IGP）　　隧道拓扑（Tunnel）

图 4-6　空间域维度

智能故障系统采用 AI 算法进行 N 维拓扑的自学习，通过将网络中各个实体之间的关系转化为一个可用于推理的 AI 模型，即使网络不断变化，智能故障系统也能快速学习新的故障传播域。当系统进行事件聚类时，只有处在同一个故障传播域的事件才有可能被关联聚类。图 4-7 展示了某个子网络故障域学习的 AI 结果，每一种灰度代表一个故障传播域，域内的网络故障会在该区域内进行传播，圆圈越大表示节点的故障传播能力越强，即社群的超级节点。一般来说，只有超级节点之间才会实现跨传播域的故障传播。通过智能故障系统进行故障传播域学习，可以更准确地定位和解决网络故障。系统利用 AI 算法对网络中的关联关系进行学习，不仅考虑传统的物理拓扑，还可以分析协议拓扑、隧道拓扑等多个维度的信息。这样系统可以在保持时间域关联的前提下，通过空间域的关联学习提高故障判断的准确性。智能故障系统的自学习能力使得它能够适应各种网络变化，并具备高度的泛化能力；能够对大规模网络中的故障事件进行聚类，识别并处理与故障传播域相关的事件。通过这种方法，系统能够在网络运维过程中提供更可靠和高效的支持，为用户提供更好的网络体验。

如图 4-7 所示，智能故障系统通过 AI 算法对 N 维拓扑进行自学习，能够准确地识别和解决网络故障；能更好地理解网络中的关联关系，并在故障判断过程中综合考虑时间域和空间域。未来，我们将进一步研究和发展智能故障系统，提升其适应性，以满足不断发展的网络需求。

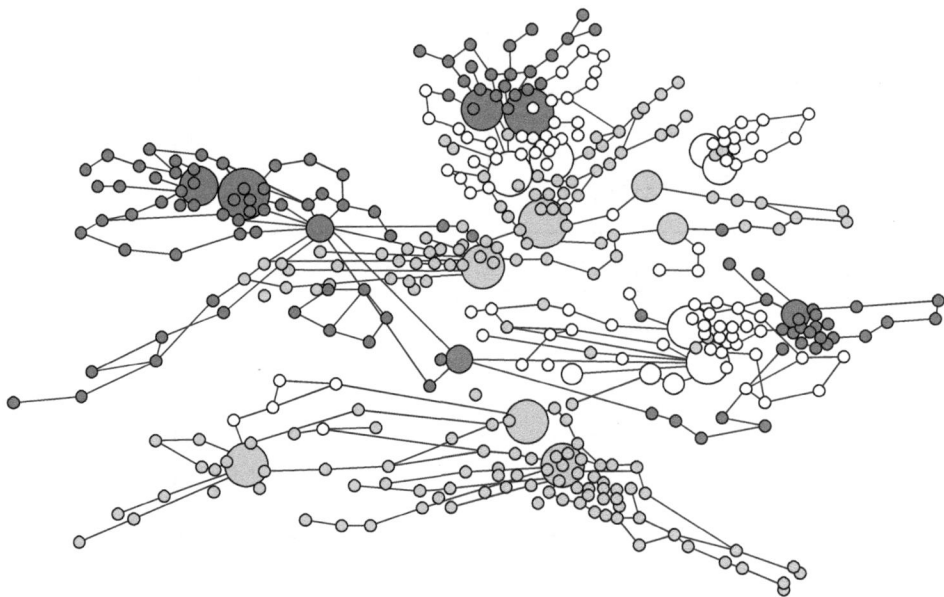

图 4-7　N 维拓扑

通过对以上的时间域和空间域的学习，智能故障系统可以进行故障聚类推理。系统在安装时通常会有一个默认的模型，但在现网运行时，系统可以利用在线学习的方法逐步学习网络故障的规律，从而不断提高其智能化水平。如图 4-8 所示，智能故障系统会进行时间域的学习，对当天的所有事件进行去噪、关联度学习、特征提取处理后，新增的告警事件将会自动形成统计故障传播图。然后，系统采用 AI 算法对这些统计数据进行学习，根据事件关联度的变化来更新模型。更新后的模型会自动应用于故障聚类推理，进而学习到更新的故障传播关系。这样，系统就能将更新的模型用于根因识别推理。另外，系统还会进行空间域的学习，学习网络中的拓扑和隧道等信息。新学习到的 N 维模型会被推送到传播域学习模块中，以提供更准确的故障识别和解决方案。通过时间域和空间域的学习，智能故障系统能够实现更加准确和高效的故障聚类推理。通过不断积累和学习网络中的新数据，逐步完善模型和故障传播图，从而实现越学越"聪明"的效果。总之，智能故障系统通过时间域和空间域的学习来进行故障聚类推理。系统在现网运行时通过在线增量且学习的方式逐步提升智能化水平，并将更新的模型和故障传播图应用于故障识别和解决方案。这种学习机制使得系统能够更好地适应网络变化和提供准确的故障处理。未来，我们将不断研究和改进智能故障系统，以更好地满足网络运维的需求。

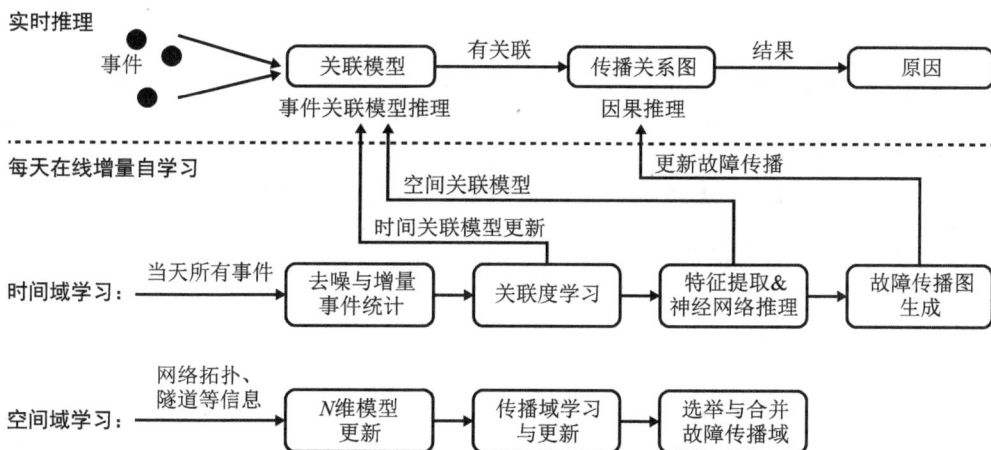

图 4-8　增量学习

综上所述，智能故障系统通过大数据和 AI 的结合，解决了基于规则的专家系统在网络故障系统中遇到的一些问题。它通过事件的关联学习来识别故障，减少了对规则的依赖，并通过自学习的方式降低了人力成本。智能故障系统的应用将进一步提高网络运维的效率和稳定性，为用户提供更好的服务。未来，智能故障系统还有很大的发展空间，技术团队将继续深入研究，提升系统的智能化水平。

4. 应用

从 2021 年 11 月到 2022 年 1 月，H 地市移动承载网的在线学习模型样本累计达到了 2000

多万个，同时告警之间的强关联量也由最初的 9384 个增加到了 16 546 个，经过一段时间的学习，在线学习模型逐步达到了一个稳定状态。对于常见的事件和故障，由于学习样本数据量比较大且学习周期短，一般在一个月左右就能学习成熟。而对于不常见的故障，由于学习样本数据量较小，积累速度相对较慢，往往需要更长的学习时间。一般来说，对于小样本故障的学习和聚类，其故障处理准确性要低于大样本故障的。小样本故障在运维团队派单系统中占比极低，通常不到 1%，因此，尽管小样本故障的定位准确性较低，但其对整体运维能力的影响相对较小。

通过抽取网络中生成的故障数据并将其和传统工单系统数据对比发现，故障处理的准确性和压缩率均出现较大提升，减少了大量的无效派单，提升了故障处理效率。通过某一时间段的 H 地市移动承载网传统派单和智能故障系统派单对比，智能故障系统的工单压缩率几乎在 30% 以上，极大提升了派单效率，如表 4-1 所示。

表 4-1　传统派单和智能故障系统派单对比

指标	指标值							
	2021年9月12日	2021年9月13日	2021年9月15日	2021年9月20日	2021年9月22日	2021年9月23日	2021年9月24日	2021年9月26日
传统派单数 / 个	75	187	152	289	228	199	359	249
智能故障系统派单数 / 个	51	112	109	197	156	130	216	146
压缩率	32%	40%	28%	31%	31%	34%	39%	41%

智能故障系统的出现，极大提高了故障处理的效率和准确性。传统的派单系统需要运营商人员手动分析和判断，容易出现误判和浪费资源的情况。而智能故障系统可以利用强大的算法和数据分析能力，快速、准确地分析和判断，并给出最优解决方案。智能故障系统的应用将极大地提升运营商的维护效率，降低维护成本，提供更好的网络服务质量。

4.2　数字孪生

物联网、云计算、大数据等新一代 IT 的发展，衍生出许多全新的网络业务。这些业务不仅给网络负载能力带来极大的挑战，也增加了网络的复杂性，加大了网络建设和运维的难度。

将数字孪生技术应用于网络，创建与网络设备一致、拓扑一致、数据一致的数字孪生网络，既可以验证网络配置的正确性，也可以测试新技术和新业务，助力网络实现低成本试错、智能化决策和高效率创新等，从而实现网络的极简化和智能化运维。

4.2.1 数字孪生网络定义

利用数字孪生技术创建真实网络设备的虚拟映像，可以构建数字孪生网络。相关文献[1]对数字孪生网络概念的定义是：真实网络的虚拟表示。通过该虚拟表示来分析、诊断、仿真真实网络，然后基于数字孪生的数据、模型和接口等控制真实网络，助力网络实现低成本试错、智能化决策和高效率创新等。为实现该目的，数字孪生网络需要在真实网络与虚拟孪生网络之间进行实时和交互式映射。

数字孪生网络的定义更强调仿真能力，包含网络数字孪生和网络仿真的功能[1]。本节对数字孪生网络定义做了一定程度的"裁剪"，如图 4-9 所示，更强调真实网络数字化镜像，不包含分析、诊断、仿真和控制等功能。

为了能够准确构建真实网络数字化镜像，真实和准确地反应网络的情况，需要实时感知 /获取真实网络的数据。

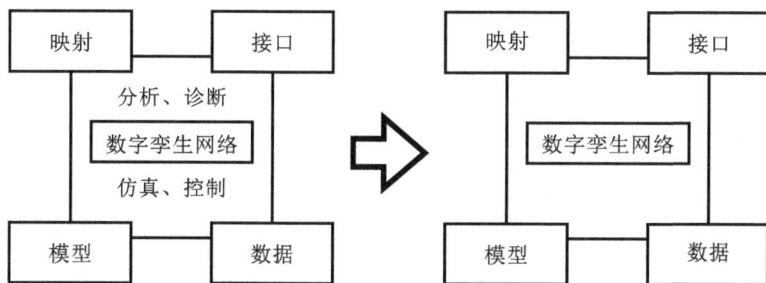

图 4-9 数字孪生网络的定义变化

数字孪生网络主要有如下几个特征。

模型：定义需要从真实网络中采集的数据，根据应用诉求，定义满足诉求的模型，对网络进行全面表达，并且反映网络的真实情况。数据通常应该包含配置数据、操作状态数据、拓扑数据、路由数据、度量数据、过程数据等。

数据：数字孪生网络应维护真实网络的历史数据和实时数据以及未来数据（对真实网络仿真 /AI 预测），能够表示和理解、预测真实网络的状态和行为。

接口：外部系统跟数字孪生网络通过接口进行交互，通常需要定义两种类型的接口，一种是数字孪生网络平台和真实网络之间的接口，对真实网络数据进行采集和控制；另一种是应用程序和数字孪生网络平台之间的接口，向各种应用开放数字孪生网络平台能力。

映射：建立数字孪生网络实体和真实网络实体间的实时交互关系，真实网络实体的状态变化可以实时影响到数字孪生网络实体。网络实际状态通过数字孪生网络实时可见。

图 4-10 所示为针对本节关于数字孪生网络的定义做出的参考架构描述。

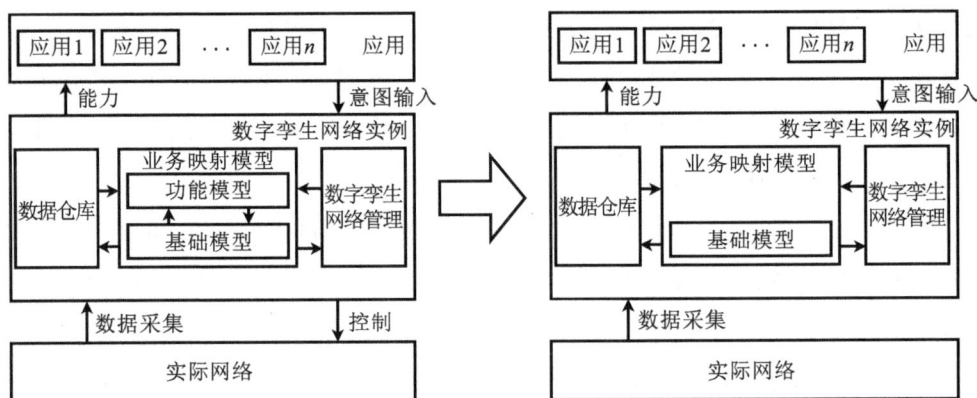

图 4-10 数字孪生网络参考架构变化

数字孪生网络参考架构主要包含 3 个子系统。

数据仓库：提供大数据存储和查询能力，存储各种网络数据，并向业务映射模型子系统提供数据服务（如快速检索、并发冲突处理、批量服务等）。

业务映射模型：对数据模型和存储模型进行映射，对存储的数据进行模型构建，构建各种模型实体数据，为各种网络应用提供数据模型实例。这里的模型主要是网络管理实体的数据模型，包含网元模型、网络模型、拓扑模型等。每个数据模型包含基本的配置和状态数据模型、性能数据模型，以完成对真实网络的准确表征。

数字孪生网络管理：实现数字孪生网络的管理功能，记录孪生实体的生命周期事务，监控孪生实体甚至单个模型的性能和资源消耗，可视化和控制数字孪生网络的各种元素，包括拓扑管理、模型管理和安全管理等。

采用不同协议采集不同类型的网络数据，同时将数据写入数字孪生网络，完成大规模网络的并行、实时数据的采集，实现对真实网络的网元、拓扑、业务、数据的全流程精细化"复制"，为分析、诊断、仿真、控制等网络运维优化操作和策略调整功能提供数据准备。

构建数字孪生网络面临以下挑战。

挑战一：大规模数据采集和存储。由于要保存历史和当前数据，大规模的数字孪生网络将显著增加数据采集和存储、相关模型的设计和实施的复杂性。因此必须使用有效的数据收集、存储和查询方法。

挑战二：数据建模准确性。基于大规模网络数据，数据建模不仅要确保模型功能的准确性，还必须考虑根据需要进行组合和扩展建模的灵活性和可扩展性，以支持大规模和多用途的应用。除了传统的管理对象及其 KPI 建模，针对 IP 网络，还要考虑路由、转发表项、协议状态等动态数据的建模。

挑战三：网络实时性。实时性对系统软硬件提出较高的性能要求，一方面，设计上要考虑基于事件的流处理架构，简化流程，尽可能降低数字孪生网络中任务的时间成本；另一方面，根据不同应用的实时需求，匹配相应的计算资源和合适的解决方案，完成数字孪生网络中的任务处理。

4.2.2　数字孪生网络架构设计

针对上述挑战，本节给出数字孪生网络参考实现架构，如图 4-11 所示。

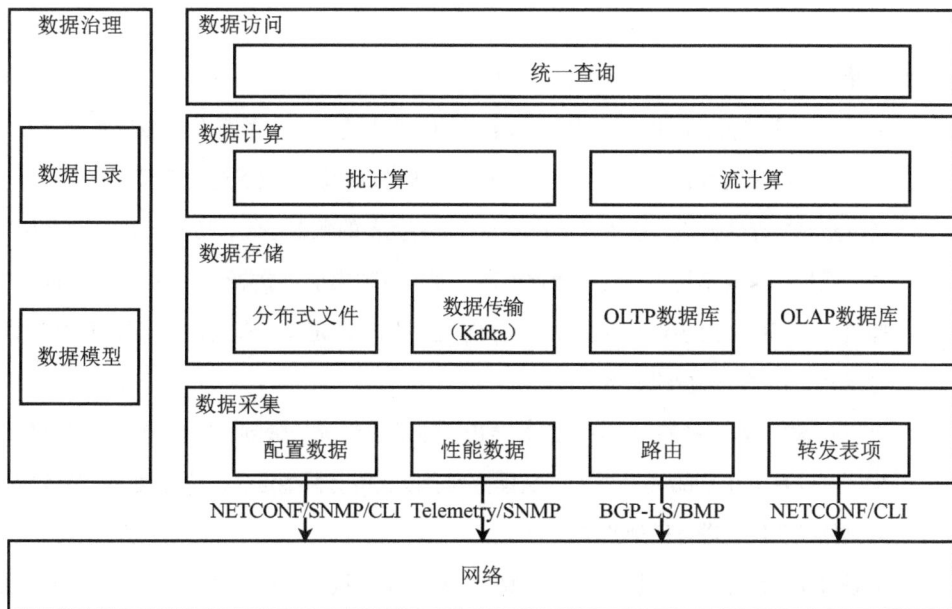

图 4-11　数字孪生网络参考实现架构

该参考实现架构包含如下逻辑组件。

- 数据采集。

  利用包括 NETCONF、SNMP、CLI、Telemetry、BGP-LS 和 BMP 在内的多种协议，从网络中采集实体数据；根据数据的特性选择合适的协议，并采用分布式采集策略以支持大规模网络的高效数据收集。

- 数据存储。

  构建了一个逻辑统一的数据库，用于存储大规模的网络运维数据；支持 HDFS（Hadoop Distributed File System，Hadoop 分布式文件系统）等文件存储解决方案以及 Druid、Gauss、HBase 等数据库存储选项，确保不同种类的网络数据得以恰当存储。

- 数据计算。

  部署了实时计算引擎，能够对数据进行编排和挖掘，实现实时处理；针对大流量和大数据场景，提供了高效的批处理（计算）和流处理（计算）能力，并支持事件驱动的增量计算。

- 数据访问。

  实现了全网数据的统一访问，通过统一的 SQL 查询接口，降低了数据库访问的差异性；对外提供统一的数据访问入口，同时支持 API 查询和 SQL 查询，提高了数据的可访问性。

- 数据治理。

  通过全网数据管理，呈现一张数据全景图。

  - 通过可视化建模，简化数据定义。通过可视化建模统一业务概念，屏蔽底层存储方式，以可视化的方式对设备、业务、应用、服务以及流水线等进行建模，对于上层业务屏蔽底层存储方式，应用只需建模即可拥有完备的数据存储、访问、处理等能力。

  - 领域数据目录共享复用，打破数据孤岛。通过打破模型的数据孤岛、打通领域间模型通道，模型可以跨领域相互复用，使得模型可以一次定义、多处使用，降低单应用模型定义、管理、维护的成本。

  - 可视化数据资产，简化模型管控与维护。通过资产统一管理，实现模型数据高效维护。可以直接在 Web 上查看各领域模型列表以及所有模型定义，快速搜索、快速定位到具体模型位置进行模型调整。

  - 全景可视，快速评估。提供各类模型的分析、统计报表，直观呈现当前系统有哪些主题、业务对象、逻辑实体、物理数据集，以及资产的增长、变化趋势等。

4.2.3　数据治理

通过数据目录管理和组织数据模型，可以方便数据的管理和使用。数据目录可以根据不同应用诉求采用不同的划分方式。本书推荐按照主题域、主题进行划分，将网络实体分别划分到不同的主题中，同时按照管理对象是否跨网元，再为模型划分网元层和网络层以及业务层，如图 4-12 所示。

对于网络实体的数据，可以将其归纳为以下几类。

- 静态数据：包括配置数据如路由协议和业务配置数据，以及存量数据如网元、单板、物理端口等。这类数据变更频率低，通常涉及创建、删除和更新等操作。

- 动态数据：网络运行期内生成的数据，如路由、隧道路径、协议状态、转发表项等。动态数据依据生命周期不同又可以细分为以下两类。

  - 与生命周期同时存在且不变化的数据，如路由和转发表项，仅涉及创建和删除操作。

  - 在生命周期内频繁变化的数据，如接口状态和协议状态，涉及创建、删除和更新等操作。

- 度量数据：如网络告警和性能指标，通常按需或周期性写入，主要涉及创建操作。

  对上述数据进行建模可以参考如下设计模式。

- MO（Managed Object，管理对象）：定义管理对象及其关系。适用于静态数据和第一类动态数据的建模。第二类动态数据通常作为管理对象的属性进行建模。

- Specification（规格）：源自 TM Forum SID 的设计理念，用于描述对象中某详细类型的不变特征。由于其不变性，一条 Specification 数据可被多个实例引用，从而减少存储需求。例如，设备规格、相同类型单板 / 设备的规格可单独建模。

- Historical Facts（史实）：记录系统中的事件、性能、统计信息等不可变更的事实。史实数据按时间序列记录，允许执行补齐和打标签操作。为保证对象删除后史实数据的可追溯性，会将对象的关键属性（如名称、地址）包含在史实数据模型中。性能和告警数据通常采用此模式建模。

- Role Entity（角色实体）：同样源自 TM Forum SID 的设计理念，用于满足系统扩展性需求。例如，对设备接口进行建模时，接口本身作为一个 MO，而接口的不同特性则作为不同的 Role Entity 进行建模。

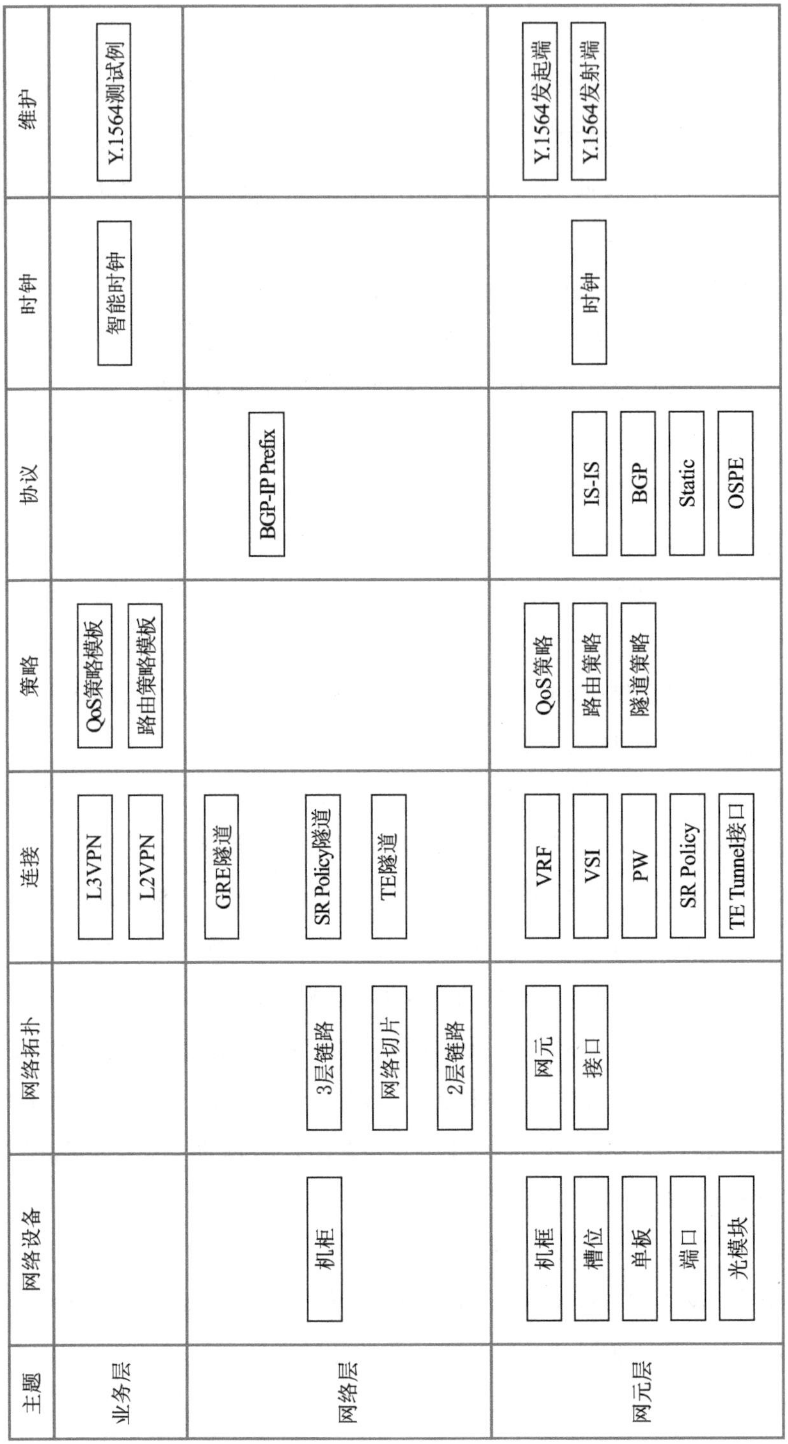

主题	网络设备	网络拓扑	连接	策略	协议	时钟	维护
业务层			L3VPN L2VPN	QoS策略模板 路由策略模板		智能时钟	Y.1564测试例
网络层	机框	3层链路 网络切片 2层链路	GRE隧道 SR Policy隧道 TE隧道		BGP-IP Prefix		
网元层	机框 槽位 单板 端口 光模块	网元 接口	VRF VSI PW SR Policy TE Tunnel接口	QoS策略 路由策略 隧道策略	IS-IS BGP Static OSPE	时钟	Y.1564发起端 Y.1564发射端

图 4-12　数据目录业务建模参考

4.2.4　数据存储

数据存储主要分为数据库存储和文件存储两种方式。数据库存储适用于需要频繁更新和复杂查询的数据，例如配置类静态数据或者度量类动态数据；文件存储适用于不常变更的数据，如规格类静态数据，因其一旦设定便很少更改，所以文件存储提供了一种高效的方式来维护这些数据。下面针对数据库存储方式、时间序列数据库、典型数据库系统（如 Druid、HBase、Gauss 等）以及典型文件存储系统 HDFS 分别展开介绍。实际应用时，可以针对网络运维数据的特点选用不同的数据存储策略。

1. 数据库存储方式

当前主要的数据库存储方式有行式存储（Row-Store）和列式存储（Column-Store）两种，根据数字孪生网络存储的数据类型和支撑的应用不同，可以采用相应的存储方式。

（1）行式存储

传统的关系数据库采用行式存储，如图 4-13 所示，一行中的数据在存储介质中以连续存储形式存在。行式存储的优点：适合随机的增删改查操作，或者需要频繁插入或更新的操作，其操作与索引和行的大小更相关；有利于整行数据的读取。行式存储的缺点：读取数据时，查询的目标只涉及少数几项属性，但由于这些目标数据埋藏在各行数据单元中，而行数据单元又特别大，应用程序必须读取每一条完整的行记录，从而使得读取效率极大降低，不利于数据压缩。

针对低查询效率，可以为数据库增加索引。针对数据压缩，可以执行单页、多页和索引压缩。单页压缩实现简单，压缩率低，更新影响较小；多页压缩的压缩率高，更新影响较大，不同类型的数据库支持的能力也不同；索引压缩技术可以提高存储效率和检索速度。

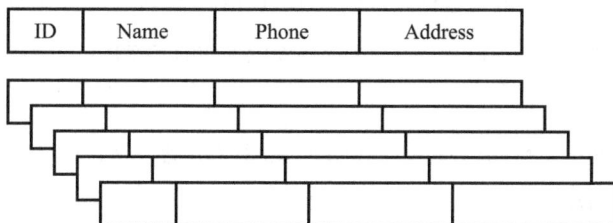

图 4-13　行式存储

OLTP（Online Transaction Processing，联机事务处理）数据库适合采用行式存储。

（2）列式存储

列式存储是相对于行式存储来说的，如图 4-14 所示，一列中的数据在存储介质中以连续存储形式存在。列式存储的优点：有利于单列数据的读取 / 统计等操作，在大数据量查询场景中，列式数据库可在内存中高效组织各列的值，最终形成关系记录集，因此可以显著减少 I/O 消耗，并缩短查询响应时间；还有利于数据压缩，因为各列独立存储，且数据类型已知，可以针对该列的数据类型、数据量大小等因素动态选择压缩算法，以提高物理存储利用率。列式存储的缺点：不适合数据需要频繁更新的场景；整行读取时，可能需要多次 I/O 操作。

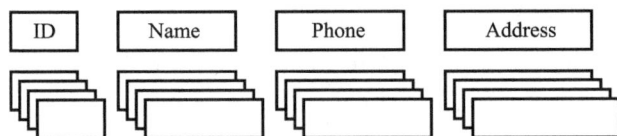

图 4-14　列式存储

OLAP（Online Analytical Processing，联机分析处理）数据库适合采用列式存储。

即使在面向行的系统中应用了面向列的思路来设计存储范式，在分析场景下，系统性能仍然无法与面向列的系统抗衡。在面向列的系统中，延迟物化、块遍历、压缩、隐式连接这几种优化方式才是 OLAP 下列式存储优于行式存储的关键。其中，压缩带来的性能提升要看具体的数据，最多可以提升一个数量级，延迟物化性能可以提升约 3 倍，块遍历和隐式连接性能可以提升约 1.5 倍。

2. 时间序列数据库

数字孪生网络需要存储历史、当前、未来的数据，数据连接成时间序列，存储的数据要携带时间标签，具备典型的时序数据的特点。可以使用关系数据库或 NoSQL 数据库来存储时序数据，通过拉链表存储历史记录，也可以使用专门构建的 TSDB（Time-Series Database，时间序列数据库）来存储。

与传统数据库相比，TSDB 通过其优化的存储结构和压缩算法，可以为基于时间的查询提供更快的写入和查询操作。TSDB 常用的技术如下。

（1）LSM-Tree 技术

LSM-Tree（Log Structured Merge Tree，LSM 树）是一种基于磁盘的数据结构，其核心思想是充分利用磁盘批量顺序写的性能比随机写的性能高出很多的特点，针对写入繁重的工作负载进行优化，通过在同级别写入请求中合并和压缩数据，实现高效的数据采集和存储。与传统 B 树相比，这种技术减小了写入放大率，并提供了更好的写入性能。

（2）基于时间的分区技术

时间序列数据库通常根据时间间隔对数据进行分区，从而实现更快、更高效的查询，以及更简易的数据保留和管理。这种技术有助于将最近、频繁访问的数据与较旧、访问频率较低的数据隔离开，优化存储和查询性能。

（3）数据压缩技术

时间序列数据库采用各种压缩技术，如增量编码、Gorilla 压缩或字典编码，以减少存储空间需求。这些技术利用时间序列数据库中的时间和基于值的模式，允许高效存储，而不会显著损失数据保真度。

（4）基于时间的函数和聚合技术

时间序列数据库为基于时间的函数（如移动平均数、百分位数和基于时间的聚合函数等）提供本机支持。与传统数据库相比，这些内置函数使用户能够更有效地执行复杂的时间序列分析，并实现更小的计算开销。

3. 典型数据库系统

（1）Druid 数据库系统

Druid 是一个实时分析的分布式数据库，旨在对大型数据集进行快速的查询、分析。Druid 有如下特点。

特点一：具有极高的查询性能。Druid 采用了列式存储和内存计算等优化技术，可以实时批量摄取大规模数据，并支持流式和批量数据导入。

特点二：支持索引，可以使用 CONCISE 或 Roaring 等算法来创建索引，用于快速过滤。

特点三：基于时间分区，按时间对数据进行分区，还可以根据其他字段进行分区。

特点四：采用近似算法，摄取数据时自动汇总聚合。

因此，Druid 特别适用于满足以下关键需求的数据存储场景。

场景一需求：高频数据插入与低更新率。当数据插入操作频繁发生，但数据更新操作相对较少时，Druid 能够高效处理这些持续的数据流，确保数据实时性。

场景二需求：以聚合和分组查询为主。针对大多数查询需求为数据聚合（如求和、平均值等）和分组（如按时间、地区等）的场景，Druid 提供了优化的查询性能，能够迅速响应这些复杂分析请求。

场景三需求：严格的查询时延要求。对于查询响应时间有严格要求的场景，Druid 将数据查询时延目标设定在 100 毫秒至几秒之间，确保用户能够即时获取分析结果，提升业务决策的时效性。

场景四需求：时间序列数据处理。Druid 支持时间序列数据的存储与查询，能够高效处理与时间相关的数据分析和报表生成。

场景五需求：单张表查询优化。在每次查询仅涉及单张表，无须进行跨表联合查询的场景下，Druid 实现了对表中数据的快速访问，进一步提升了查询效率。

场景六需求：快速计数与排序能力。针对需要对表中特定列进行快速计数和排序的需求，Druid 可以在大数据量下迅速完成这些操作，满足实时分析的需求。

然而，Druid 在某些特定场景下可能不是最佳选择，如低时延的主键数据更新场景，该场景要求主键对现有数据进行低时延更新操作，但 Druid 不支持流式更新，仅支持流式插入。

Druid 的进程可以被任意部署，为了理解和部署方便，本节将其分为如下 3 类，如表 4-2 所示。

表 4-2　Druid 进程的分类

名称	描述
Master	运行 Coordinator 和 Overlord，管理数据可用性和摄取
Query	运行 Broker 和可选的 Router，处理来自外部客户端的请求
Data	运行 Historical 和 MiddleManager，存储所有可查询的数据和执行负载摄取

Druid 的系统架构如图 4-15 所示。

架构中相关元素的概念如下。

Coordinator：管理集群中数据的可用性。监视 Data 服务器中的 Historical 进程，负责将数据段分配给特定的服务器，并确保数据段在各个 Historical 之间保持平衡。

Overlord：负责数据摄入负载的分配。监视 Data 服务器中的 MiddleManager 进程，负责将接收任务分配给 MiddleManager，并协调数据段的发布。

Broker：处理来自外部客户端的查询请求，查询过程的调度和聚合。

Router：可选项，可以将请求路由到 Broker、Coordinator 和 Overlord 等。

Historical：存储所有可查询的数据。

MiddleManager：执行负载摄取。读取外部数据源并发布新的 Druid 段。

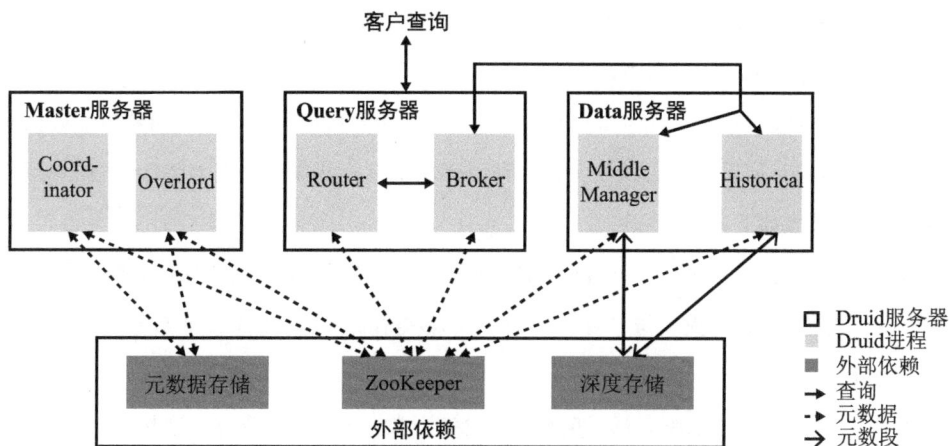

图 4-15　Druid 的系统架构

除了内置的进程类型，Druid 同时有 3 个外部依赖，如表 4-3 所示。

表 4-3　Druid 的外部依赖

名称	描述
深度存储	共享存储，在 Druid 进程之间传输数据
元数据存储	包含各种共享的系统元数据，如段可用性信息和任务信息
ZooKeeper	用于内部服务发现、协调和领导选举等

以上架构协同完成的主要功能如下。

数据摄入功能支持流式（流行的流式摄取方法是直接从 Kafka 读取数据）和批量（从文件中进行批加载）导入数据。MiddleManager 将导入的数据通过相应步骤（转换为列格式、构建位图索引、数据压缩等）创建一个紧凑且支持快速查询的数据文件（Segment）。有关 Segment 的信息也被写入元数据存储中，这个信息是一个自描述的信息，包括 Segment 的 schema、大小以及在深度存储中的位置等。Coordinator 会周期性（默认是 1min）地拉取元数据存储信息，选择一个 Historical 进程来加载这个 Segment，并将 Segment 发布到 Historical 中。

对于数据查询功能，查询首先进入 Broker，Broker 鉴别哪些 Segment 可能与本次查询有关。Segment 的列表总是按照时间进行筛选和修剪的，也可以有其他属性，具体取决于数据源的分区方式。然后，Broker 将确定哪些 Historical 和 MiddleManager 为这些 Segment 提供服务，并向每个进程发送一个子查询。接下来，Historical 和 MiddleManager 进程接收查询、处理查询并返回结果。最后，Broker 将接收到的结果合并到一起，形成最终的结果集并返回给调用者。

（2）Hadoop Database 数据库系统

Hadoop Database（也可简称为 HBase）是一个专为大数据设计的、高可靠性、高性能、面向列的分布式存储系统，它以 HDFS 为底层存储机制，并作为一个 NoSQL 数据库运作。HBase 的系统特点如下。

特点一：强一致性读 / 写。HBase 提供了强一致性读 / 写能力，这意味着数据在写入后立即对所有后续读取操作可见。与"最终一致性"的数据存储不同，HBase 非常适合高速计数器聚合等任务。

特点二：自动分片。HBase 通过区域的概念实现数据的分布式存储，这些 Region 会根据数据的增长自动进行拆分和重新分配，以优化集群的资源利用和查询性能。

特点三：自动故障切换。HBase 的 RegionServer 实现了高可用性设计，当某个 RegionServer 出现故障时，系统会自动将该 RegionServer 上的 Region 迁移到集群中的其他可用节点上，确保服务的连续性和数据的可用性。

特点四：查询优化技术。HBase 支持块缓存（Block Cache）和 Bloom 过滤器等高级查询优化技术，以加速数据的访问和查询过程。

因此，HBase 适用下述场景的数据存储。

场景一：大数据量存储。当数据量有数亿或数十亿条时，HBase 是一个很好的选择。如果数据量只有几千条 / 几百万条，使用传统的 RDBMS（Relational Database Management System，关系数据库管理系统）可能是一个更好的选择，因为所有数据都可能结束在一个（或两个）节点上，不能充分利用集群的能力。

场景二：高并发随机读写。HBase 支持高并发的随机写入和实时查询操作，适用于需要处理大量实时数据的场景。同时，它不依赖于 RDBMS 提供的复杂功能（如二级索引、事务、高级查询语言等），从而降低了系统设计和维护的复杂性。

场景三：高硬件资源要求。为了充分发挥 HBase 的性能优势，通常需要配备充足的硬件资源。

场景四：动态伸缩与数据多样性。HBase 支持 TB/PB 级别的海量数据存储，具有较高的吞吐能力和随机读写性能。同时，它能够处理结构化、半结构化和非结构化数据，满足不同类型数据的存储需求。

HBase 的数据模型如图 4-16 所示，涉及如下几个概念。

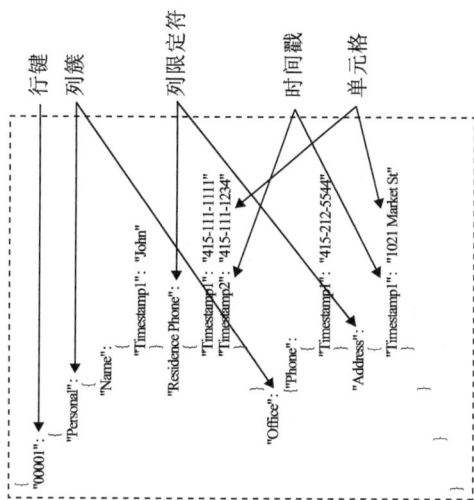

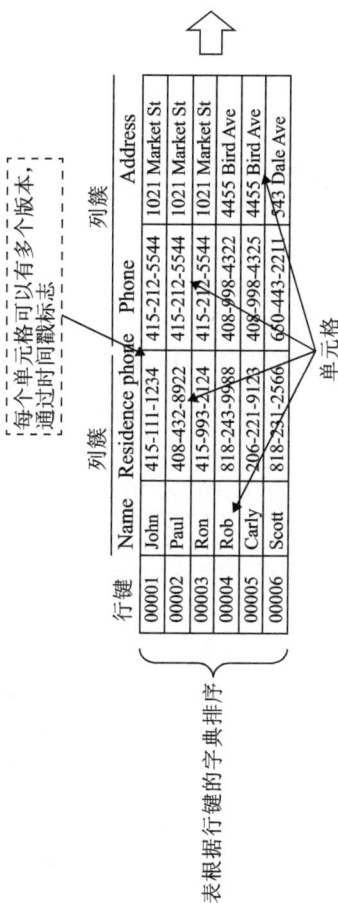

图 4-16 HBase 的数据模型

- 表：HBase 按照表组织数据。

- 行：表中的数据按行存储，行键是行的唯一标志。

- 列簇：行数据按照列簇组织，列簇影响数据的物理存储，需要预先定义，不修改。

- 列限定符：归属到列簇，标识每列。

- 单元格：存储内容。

- 时间戳：控制单元格中值的版本。比如，修改或者删除某一条数据的时候，本质上是往里面新增一条数据。

HBase 包含的组件如表 4-4 所示。

表 4-4 HBase 包含的组件

名称	描述
Master	又称为 HMaster，在 HA（High Availability，高可用性）模式下，包含主用 Master 和备用 Master。 当主用 Master 故障时，备用 Master 将取代主用 Master 对外提供服务。故障排除后，原主用 Master 降为备用 Master
Client	Client 使用 HBase 的 RPC（Remote Procedure Call，远程过程调用）机制与 Master、RegionServer 进行通信。Client 与 Master 进行管理类通信，与 RegionServer 进行数据操作类通信
RegionServer	RegionServer 负责提供表数据读写等服务，是 HBase 的数据处理和计算单元。RegionServer 一般与 HDFS 集群的 DataNode 部署在一起，实现数据的存储功能。数据存储时，通过行键横向切到不同的 HRegion 上
ZooKeeper	ZooKeeper 为 HBase 集群中各进程提供分布式协作服务。各个 RegionServer 将自己的信息注册到 ZooKeeper 中，主用 Master 据此感知各个 RegionServer 的健康状态
HDFS	HDFS 为 HBase 提供高可靠的文件存储服务，HBase 的数据全部存储在 HDFS 中

HBase 请求过程如图 4-17 所示，该过程未涉及 Master，Master 主要负责 HBase 中 RegionServer 的管理。

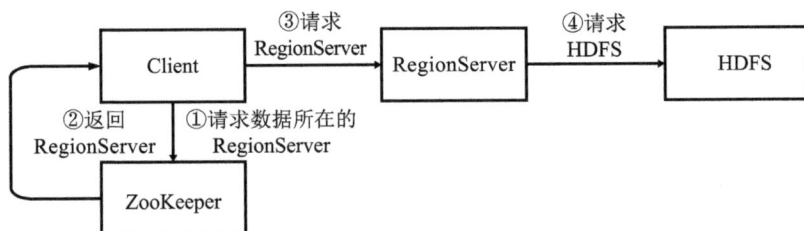

图 4-17 HBase 请求过程

（3）Gauss 数据库系统

作为一个企业级云分布式数据库，Gauss 在架构上着重构筑传统数据库的企业级能力和互联网分布式数据库的高扩展和高可用能力。

Gauss 具有下述特点：第一，采用 Shared-Nothing 分布式架构，定位为企业级云分布式 OLTP 数据库；第二，支持完备的 ACID（Atomicity, Consistency, Isolation, Durability, 原子性、一致性、隔离性和持久性）事务，采用分布式事务实现跨节点写操作的原子性和持久性；第三，使用分布式执行框架，支持散列、范围、列表、复制多种数据分布方式；第四，通过硬件冗余、实例冗余、数据冗余的多层级冗余的技术，实现系统软硬件无单点故障；第五，支持行列式混合存储，具备一定的 OLAP 能力。

Gauss 架构如图 4-18 所示。

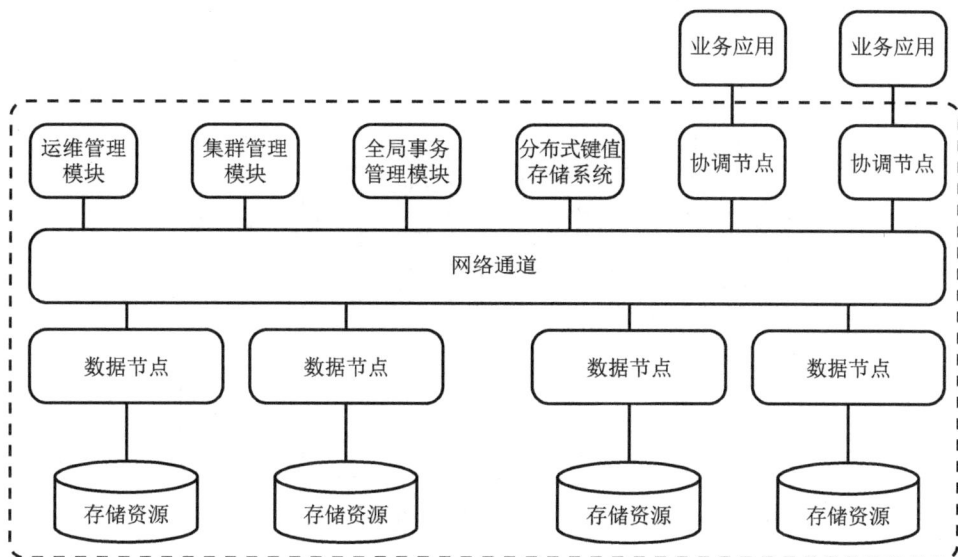

图 4-18　Gauss 架构

Gauss 架构的主要组件如表 4-5 所示。

表 4-5　Gauss 架构的主要组件

名称	描述
运维管理模块	提供集群日常运维、配置管理的管理接口、工具
集群管理模块	管理和监控分布式系统中各个功能单元和物理资源的运行情况，确保整个系统的稳定运行

续表

名称	描述
全局事务管理模块	负责生成和维护全局事务 ID、事务快照、时间戳、序列号信息等全局、唯一的信息
协调节点	负责接收来自应用的访问请求，并向客户端返回执行结果；负责分解任务，并调度任务分片在各数据节点上并行执行
数据节点	负责存储业务数据（支持行式存储、列式存储、混合存储等）、执行数据查询任务以及向协调节点返回执行结果
分布式键值存储系统	用于共享配置和服务发现（如服务注册和查找）
存储资源	服务器的存储资源，持久化存储数据

Gauss 存储对象如图 4-19 所示。

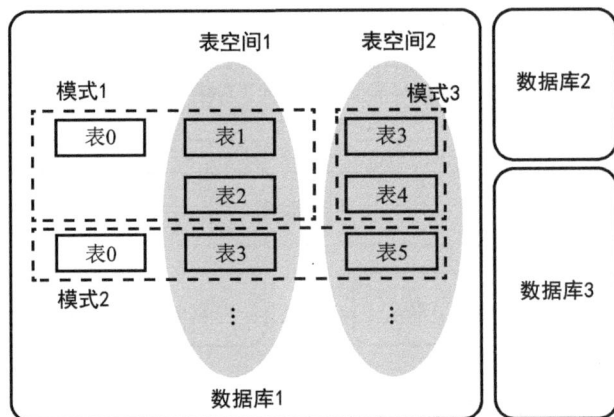

图 4-19　Gauss 存储对象

Gauss 存储对象包含如下几种。

- 数据库：实现有组织地、动态地存储大量相关数据，方便用户访问计算机的软件、硬件资源。

- 模式：逻辑概念，包含表、索引等其他数据库对象。

- 表空间：物理概念，指定数据库中表、索引等数据库对象的存储位置。

- 表：一个表空间可包含多张表，数据库中的数据都是以表的形式存在的，表是建立在数据库中的，在不同的数据库或相同数据库的不同模式中可以存放相同的表。

Gauss 执行过程如图 4-20 所示。

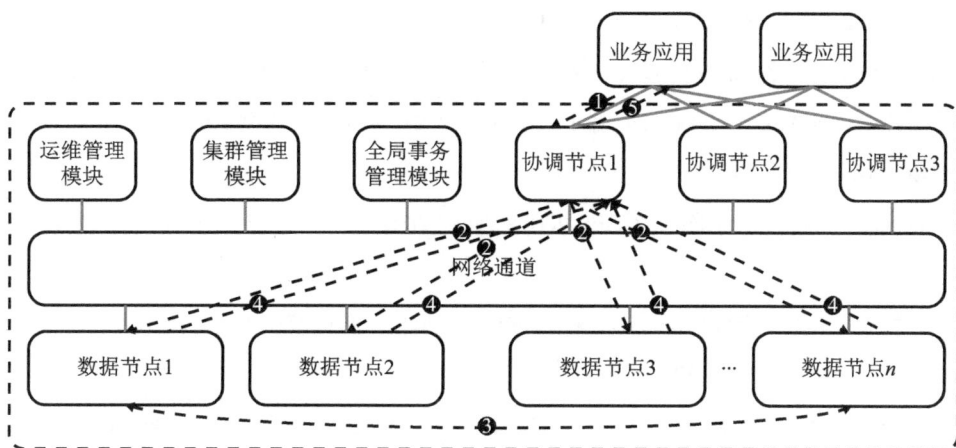

图 4-20　Gauss 执行过程

完整的执行过程包含如下几个步骤。

①业务应用下发 SQL 语句给协调节点，SQL 语句可以包含对数据的增加、删除、修改和查询等操作。

②协调节点利用数据库的优化器生成执行计划，每个数据节点会按照执行计划的要求去处理数据。

③因为数据是通过一致性 Hash（哈希）技术均匀分布在每个节点的，因此数据节点在处理数据的过程中，可能需要从其他数据节点获取数据，Gauss 提供了 3 种流（广播流、聚合流和重分布流）以减少数据在数据节点间的流动。

④数据节点将结果集返回给协调节点进行汇总。

⑤协调节点将汇总后的结果返回给业务应用。

4. HDFS

HDFS 设计的灵感来自 Google 发布的 GFS（Google File System，Google 文件系统），是运行在通用硬件上的分布式文件系统，具有高容错性、高吞吐量、大文件等特性。HDFS 特别适用于大文件存储和流式数据访问的场景，但在处理大量小文件（小于 1 MB）、随机写入或低延迟读取方面则稍显不足。

HDFS 有如下几个系统设计目标。

目标一：硬件失效管理。鉴于大型数据中心中硬件故障的高发性，HDFS 预设了对硬件异常的监测机制，并能自动恢复数据，确保数据完整性与系统稳定性。

目标二：数据一致性保障。通过采用 WORM（Write Once Read Many，一次写多次读）数据读写模型，严格限制文件修改，仅支持追加操作，从而维护数据的一致性与可靠性。

目标三：流式数据访问优化。基于 HDFS 的应用仅采用流方式读数据，重视吞吐量指标而非单一请求的响应时间。

目标四：多硬件平台兼容。HDFS 可在多种硬件平台上运行，提高了其部署的灵活性与广泛性。

目标五：大数据存储能力。运行在 HDFS 的应用程序有规模较大的数据需要处理，典型的文件大小为 GB 到 TB 级别。

目标六：移动计算能力。HDFS 的计算和存储采用就近原则，可以有效减轻网络的负载，并减少网络拥塞。

HDFS 架构如图 4-21 所示，HDFS 系统是一个典型的 Master-Slave（主从）架构，包含主备 NameNode 和多个 DataNode。主备 NameNode 运行在 Master 上，而 DataNode 运行在每一个 Slave 上，ZKFC（ZooKeeper Failover Controller，ZK 故障转移控制器）和 NameNode 一起运行。

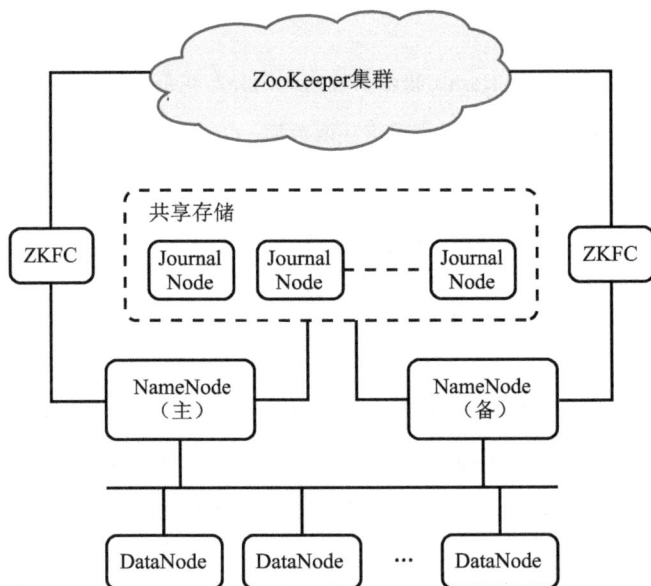

图 4-21　HDFS 架构

HDFS 组件的主要功能如表 4-6 所示。

表 4-6　HDFS 组件的主要功能

名称	描述
NameNode	名称节点，用于管理文件系统的命名空间、目录结构、元数据信息以及提供备份机制等，并保存数据块与数据节点的对应关系（动态生成）。如果集群中文件数量过多，内存将成为限制系统横向扩展的瓶颈。Hadoop 2.X 引入 HDFS Federation 机制，允许添加 NameNode，以独立命名空间卷的方式来解决这个问题
DataNode	数据节点，用于存储每个文件的"数据块"数据。DataNode 作为 HDFS 中的从节点，会不断向 NameNode 发送心跳、数据块汇报以及缓存汇报，并执行 NameNode 的响应指令，如创建、删除或者复制数据等
JournalNode	HA 模式下，用于同步主备 NameNode 之间的日志信息
ZKFC	ZKFC 是需要和 NameNode 一一对应的服务，即每个 NameNode 都需要部署 ZKFC。它负责监控 NameNode 的状态，并向 ZKFC 定期发送心跳，使自己可以被选举。当某个 NameNode 被 ZKFC 选为主节点时，主 ZKFC 通过 RPC 调用使相应的 NameNode 转换为 Active
ZooKeeper 集群	ZooKeeper 集群是一个协调服务，帮助 ZKFC 执行主 NameNode 的选举
客户端	HDFS 提供命令行接口、浏览器接口以及代码 API 等，供应用程序及用户使用。这些客户端接口的实现，都建立在 DFSClient 类的基础上，该类封装了客户端与 HDFS 其他节点间的复杂交互
通信协议	HDFS 将 Client、NameNode、DataNode 之间的调用抽象成如下类型接口。 Hadoop RPC 接口：基于 Protobuf 实现的 RPC 接口，用于 Client、NameNode、DataNode 的指令性通信。 流式接口：基于 TCP 或 HTTP（Hypertext Transfer Protocol，超文本传输协议）实现的接口。TCP 接口用于 HDFS 文件的读写，HTTP 接口用于备 NameNode 将新合并的 fsimage 传递到主 NameNode

HDFS 的数据读取流程如图 4-22 所示，分为下述几个步骤。

①业务应用调用 HDFS 客户端提供的 API 打开文件，并从名称节点获取数据节点的地址。

② HDFS 客户端联系名称节点，获取文件信息。

③业务应用调用 read API 读取文件。

④ HDFS 客户端根据从名称节点获取到的信息，联系数据节点，获取相应的数据块。

⑤ HDFS Client 会与多个数据节点通信并获取相应的数据块。

⑥数据读取完成后，业务应用调用 close 关闭文件。

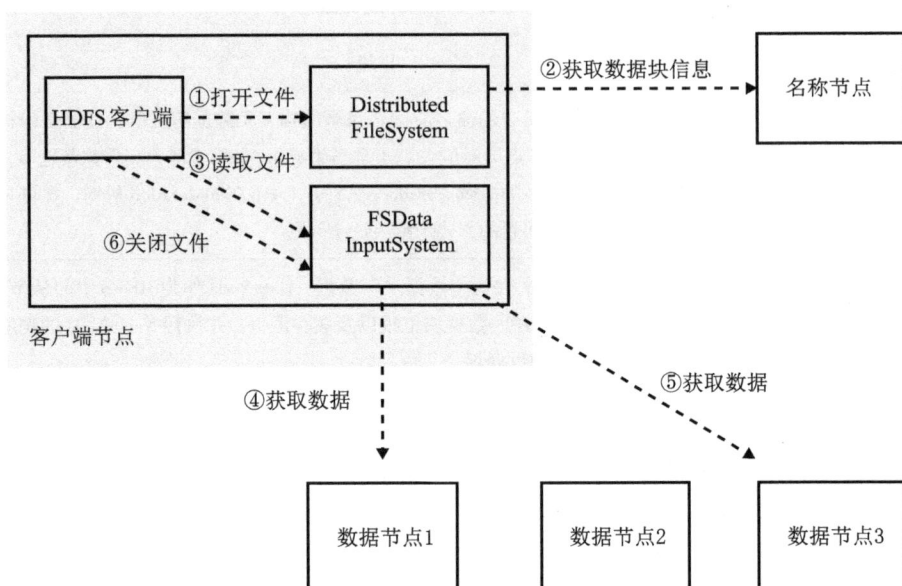

图 4-22　HDFS 的数据读取流程

HDFS 的数据写入流程如图 4-23 所示，分为下述几个步骤。

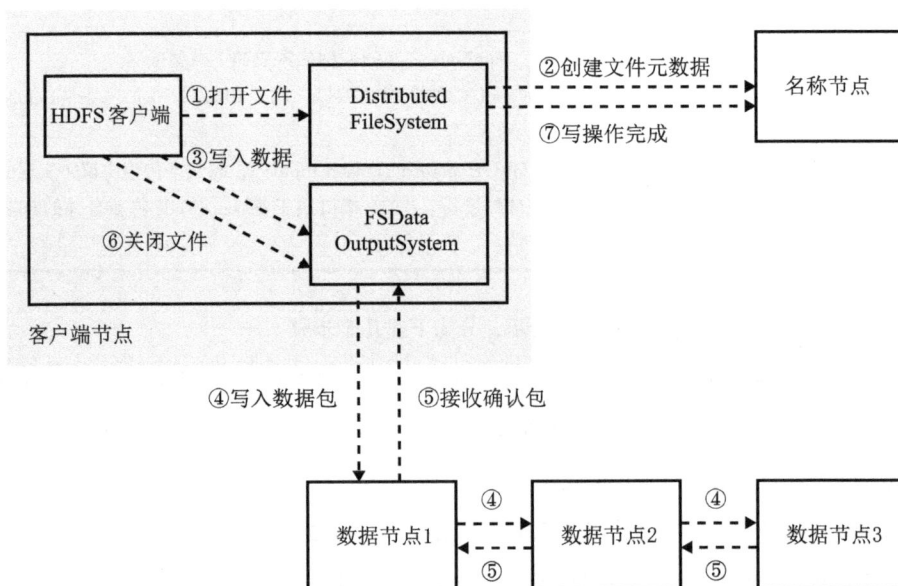

图 4-23　HDFS 的数据写入流程

①业务应用调用 HDFS 客户端提供的 API 打开文件，请求写入。

② HDFS 客户端联系名称节点。名称节点在元数据中创建文件节点。

③业务应用调用 write API 写入数据。

④ HDFS 客户端收到业务数据，从名称节点获取到数据块编号、位置信息后，为需要写入数据的数据节点建立起流水线；完成后，客户端再通过自有协议将数据写入数据节点 1，再由数据节点 1 复制到数据节点 2、数据节点 3 等。

⑤写完数据，将确认信息返回给 HDFS 客户端。

⑥所有数据确认完成后，业务应用调用 HDFS 客户端关闭文件。

⑦业务应用调用 close、flush 后，HDFS 客户端联系名称节点，确认数据写入完成，名称节点持久化元数据。

4.2.5 数据计算

数据计算通常分为两类：批计算和流计算。批计算处理的是"固定"、有界的数据集，主要操作大容量静态数据集，并在计算过程完成后返回结果。在批计算中，关注的是高吞吐量。流计算处理的是"不固定"、无界的数据流，流计算可以对随时进入系统的数据进行处理。流计算无须针对整个数据集执行操作，而是对通过系统传输的每个数据项执行操作，通常应用于实时计算上，关注的是低时延。批计算和流计算的对比如表 4-7 所示。

表 4-7 批计算和流计算的对比

指标	指标特性	
	批计算	流计算
计算数据	处理有限数据	处理连续数据
计算时机	数据收集完成后才进行处理	逐段实时处理数据
计算数据量大小	一次处理的数据量很大，处理时间长	事件触发处理，一次处理的数据量不大，处理结果立即可用

常见的数据处理架构有两种：Lambda 和 Kappa。

如图 4-24 所示，Lambda 架构的关键特征是使用两个独立的数据处理系统来处理不同类型的数据。一个是批处理，该系统批量处理数据，并将结果存储在集中数据存储系统中，如数据仓库或分布式文件系统。另一个是流处理，该系统在数据到达时实时进行处理，并将结果存储在分布式数据存储系统中。

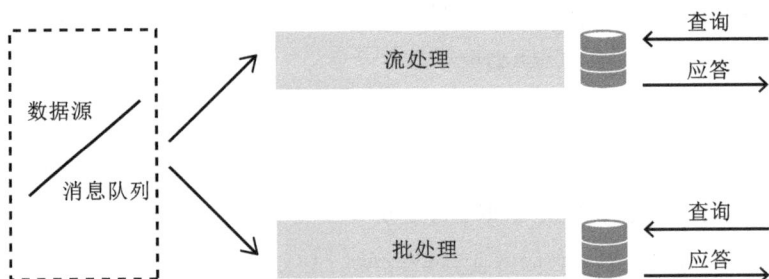

图 4-24　Lambda 架构

如图 4-25 所示，与 Lambda 相比，Kappa 架构将所有内容都视为流，使用单个数据处理系统即流处理系统完成数据处理。

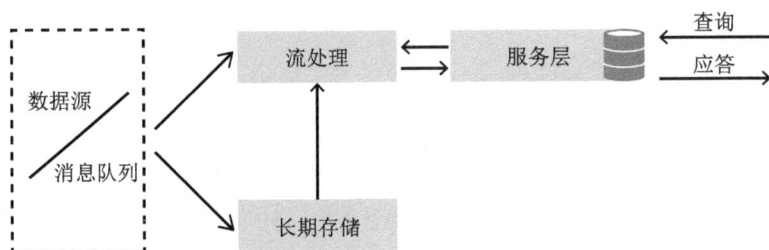

图 4-25　Kappa 架构

作为大数据处理领域常用的框架，Spark 可以被认为是用于 Lambda 架构的，Flink 可以被认为是用于 Kappa 架构的。Spark 框架支持流计算和批计算，批计算采用 Spark SQL，流计算采用 Spark Streaming。

Spark 在 Hadoop 生态圈中主要替代 MapReduce 进行分布式计算。不同于 MapReduce 的是，Spark 更多采用内存计算，减少了磁盘读写，比 MapReduce 性能更高，组件 Spark SQL 可以替换 Hive 对数据仓库的处理，组件 Spark Streaming 可以替换 Storm 对流计算的处理。

Spark Streaming 是 Spark 核心 API 的扩展，可以实现高吞吐量的、具备容错机制的实时流数据的处理。Spark Streaming 支持从多种数据源获取数据，包括 Kafka、Flume、Twitter、ZeroMQ、Kinesis 以及 TCP socket 等，从数据源获取数据之后，可以使用 map、reduce、join 和 window 等高级函数进行复杂算法的处理。最后还可以将处理结果存储到文件系统、数据库和现场仪表盘等。

Spark Streaming 的计算过程如图 4-26 所示。Spark Streaming 将流计算分解成一系列短小的批处理作业，再分批交给 Spark 引擎执行。整个流计算根据业务的需求可以对中间的结果进行叠加或者将其存储到外部设备。

图 4-26   Spark Streaming 的计算过程

4.2.6   数据处理过程

数字孪生网络需要实时处理数据，涉及数据采集、数据传输、数据计算、数据存储等多个环节，各环节需要配合实现。本节主要介绍数据采集与数据传输，关于数据计算请参考 4.2.5 节，数据存储请参考 4.2.4 节。

1. 数据采集

可以通过多种协议通道从网络上获取数据，常见的协议通道有如下几种。

（1）NETCONF/SSH/SNMP 等管理类协议通道：通过这类协议通道一般完成设备配置、状态查询、状态 / 告警上报等功能；状态 / 告警数据可以做到准实时，对于部分网络设备支持配置变更增量上报，配置数据也可以做到准实时。

（2）BGP-LS/PCEP（Path Computation Element Protocol，路径计算单元协议）/BMP 等控制类协议通道：完成网络拓扑收集、路由状态收集、隧道路径控制等功能，这类数据一般可以做到实时。

（3）Telemetry/NetStream/IFIT 等性能和状态类协议通道：完成网络流量、时延等数据的采集，实现网络状态分析能力。其中 Telemetry 通过推模式支持设备周期性地主动向采集器上送设备的接口流量统计、CPU 或内存数据等信息，相对传统拉模式的一问一答式交互，提供了更实时、更高速的数据获取功能，从而支持智能运维系统管理更多的设备，监控数据拥有更高精度并更加实时。监控过程对设备自身功能和性能影响小，为网络问题的快速定位、网络质量优化调整提供了重要的大数据基础。将网络质量分析转换为大数据分析，有力支撑了智能运维。

2. 数据传输

数据传输通常包含消息队列、数据同步、数据订阅、序列化等相关技术。可以采用 Kafka

满足相关诉求。Kafka 是一个高吞吐、分布式、基于发布订阅的消息系统，具有消息持久化、高吞吐、分布式、多客户端支持、实时等特性，适用于离线和在线的消息消费。Kafka 整体架构如图 4-27 所示。

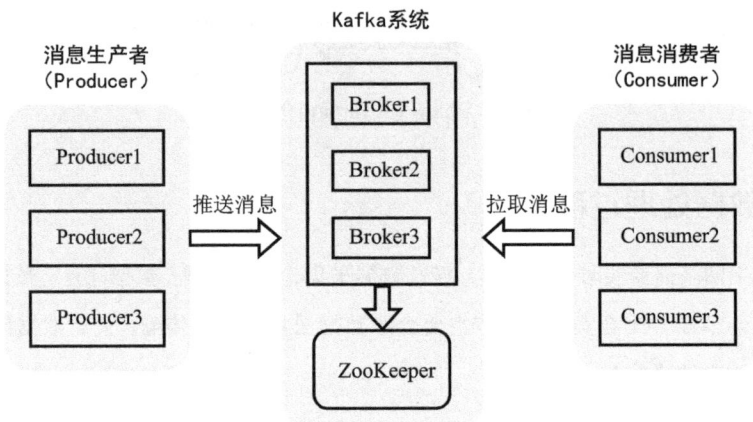

图 4-27　Kafka 整体架构

- Producer：消息生产者，负责推送消息到 Broker，消息通过 topic 进行归类并保存到 Broker。

- Broker：服务代理节点，多个 Broker 构成 Kafka 集群。

- Consumer：消息消费者，从 Broker 拉取消息。

- ZooKeeper：管理 Kafka 集群的状态和元数据。

典型的数据处理过程分为全量数据处理和增量数据处理。数据处理过程如图 4-28 所示，首先通过数据采集从设备上获取全量 / 增量数据，然后通过批处理将数据落盘到不同存储系统。全量数据处理一般在系统初始化的时候执行。完成数据的全量加载，系统正常运行后，通常采用增量数据处理，以减少系统的资源消耗，提升数据实时性。

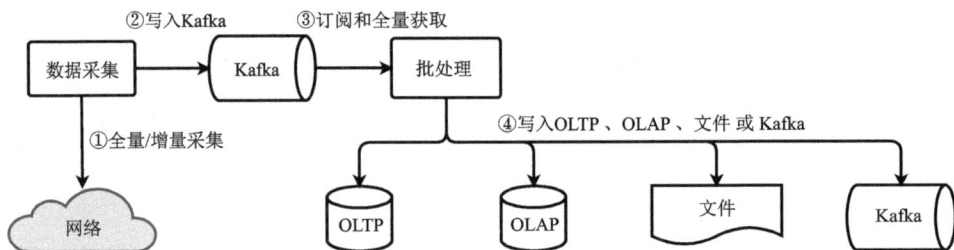

图 4-28　数据处理过程

4.3　网络仿真验证

网络仿真通常是在计算机中构造虚拟的环境来反映现实网络环境，从而有效地提高网络规划和设计的可靠性和准确性，明显地降低网络投资风险，减少不必要的投资浪费。

常见的仿真模型类型如图 4-29 所示，当结果可以完全预测时，采用确定性模型；当过程中的变量未知时，则采用随机模型。

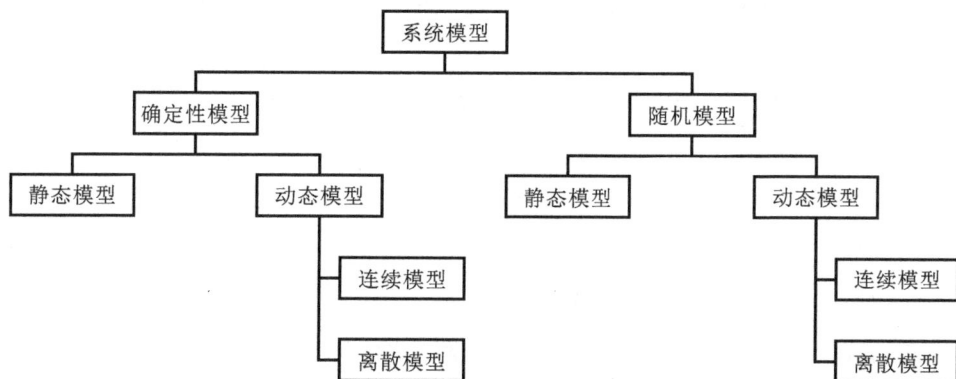

图 4-29　常见的仿真模型类型

确定性模型和随机模型均可分为静态模型、动态模型两类。静态模型描述了某个时刻的系统行为，输出只依赖输入和模型内部变量，适合不随时间变化的场景；而动态模型可以代表随着时间的推移而变化和发展的过程，不仅考虑当前时间点的输入，还考虑以前时间点的输出，输出是一个时间函数。

离散模型用于在离散时间点对系统进行更改。连续模型旨在处理不断变化的过程。离散模型和连续模型的区别如表 4-8 所示。

表 4-8　离散模型和连续模型的区别

特征	区别	
	离散模型	连续模型
目标系统变化	系统在事件之间没有变化	系统随时间持续变化
主要特征	事件是离散模型的主要特征	时间是连续模型的主要特征
时间轨迹	模型在时间上从一个事件"跳"到另一个事件，事件之间的状态是不相关的	模型会随着时间的推移持续跟踪系统

离散事件仿真通过模拟事件的发生和处理过程来研究网络的性能和行为。连续事件仿真则用微分方程模型描述网络行为，通过求解该方程组来进行仿真。网络仿真验证会随着配置的变化而变化，适合确定性－动态－离散模型。网络流量随时间不断变化，流量仿真适合随机－动态－连续模型。流量可以通过基于数据驱动的 AI 技术实现，通过学习历史流量数据，对未来某个时间点的流量进行仿真预测。

离散事件仿真一般由以下基本要素组成。

- 实体：系统所研究的对象。它是系统边界内的对象，系统中流动的或活动的元素都可以称为实体。
- 事件：引起系统状态发生变化的行为。仿真系统是由事件来驱动的。
- 活动：用来表示两个可以区分的事件之间的过程，标志着系统状态的转移。
- 进程：由若干个有序事件及若干个有序活动组成，一个进程描述了它所包括的事件及活动之间的逻辑关系和时序关系。
- 仿真时钟：用来表示仿真时间的变化。
- 统计计数器：仿真系统的状态随着事件的不断发生呈现出动态变化，统计计数器用于统计仿真系统中产生的关键变化。

IP 网络仿真主要采用离散事件仿真的方式实现，常见的仿真软件 OPNET 和 NS 也采用此方式。

4.3.1 IP 网络仿真技术分类

IP 网络仿真技术是网络设计和运维中的重要工具，主要分为协议仿真与网络验证两大核心技术。

1. 协议仿真

协议仿真专注于模拟路由协议的行为，自动生成路由表项。它允许网络工程师观察和分析路由协议在不同场景下的表现。协议仿真技术可以细分为 3 类：模拟器仿真、建模仿真与抽象图仿真。这三者虽各有特色，但共通之处在于如何在准确度、运行速度与资源开销之间寻求最佳平衡。一般而言，高准确度往往伴随着较低的运行速度与较大的资源开销。

（1）模拟器仿真

模拟器仿真通过采用先进的虚拟容器技术，加载并运行路由器软件镜像文件，实现路由器设备的虚拟化。多个虚拟容器相连，共同模拟出复杂的网络行为。容器间的控制行为和交互报文与真实设备高度一致，从而保证了仿真的精确度。该技术更多地应用于命令行学习、培训等场景，也可应用于重要割接项目的方案验证阶段。但该技术也存在以下局限性：第一，仿真核心能力依赖各个厂商发布的软件镜像文件，导致仿真系统的可获取性和时效性差；第二，对已经部署完成的网络进行仿真，由于无法快速还原现网拓扑，需依赖步骤烦琐的手动操作；第三，仿真基于设备的软件镜像文件，存在大量的交互报文，因此对 CPU、内存和硬盘等资源的消耗比较大，不适合对大规模网络仿真。

（2）建模仿真

建模仿真通过软件对网络设备、接口、链路等物理对象以及网络各层次的协议进行精确建模。该技术通过软件内部通信模拟网络设备的交互行为，能够捕捉并反映网络的关键行为特征。由于仿真是基于协议配置进行的，不涉及真实报文的发送，也不关注网络瞬态事件，因此资源消耗相对较小。然而，这种技术也有其局限性：第一，需要为不同厂商和协议开发特定的模型和适配器，这可能导致较大的工作量；第二，由于仿真基于稳态，因此无法准确模拟路由活动中的中间状态。尽管存在这些缺点，但是建模仿真技术非常适用于网络规划设计验证、容量规划、What-if 分析以及生存性分析等场景。

（3）抽象图仿真

抽象图仿真的原理在于忽略协议细节，专注于网络的连通性和路径选择的开销等关键因素。它基于网络拓扑生成的图计算流量流向，从而推导出路径信息。这种技术本质上是图算法的扩展，具有资源消耗小以及运行速度快的优势。然而，抽象图仿真技术也存在一些缺点：第一，仿真的精细程度有限，无法模拟 VPN 业务、BGP 策略等复杂的控制逻辑；第二，可扩展性较差，难以从抽象仿真平滑过渡到更精细的仿真。尽管如此，抽象图仿真技术在网络规划阶段，尤其是容量规划中，仍显示出其独特的适用性。

2. 网络验证

网络验证用于全面验证网络的行为和功能，确保网络配置和策略按预期工作。网络验证技术是确保网络稳定性和可靠性的关键，通常通过形式化方法实现，这些方法使用逻辑表达式和求解器来检查网络的连通性、环路和黑洞等问题。网络验证分为配置面验证与数据面验证两大类。

（1）配置面验证

配置面验证的原理是根据设备配置信息，模拟设备协议交互信息，采用仿真算法生成网络数据面。配置面验证可以支持离线仿真，一般用于事前验证，即在对网络进行更改前，预先验证更改可能对网络造成的影响，比如是否会影响业务连通性、造成业务中断等，保证更改网络配置的正确性。配置面验证要计算生成数据面，对系统资源要求较高。

（2）数据面验证

数据面验证的原理是基于设备转发表或 SDN 控制消息构建数据面，分析当前数据面行为，一般属于事后验证，即根据网络当前的实际运行情况，分析业务连通性是否受到影响。数据面验证的缺点是不能分析链路故障条件下的连通性。

配置面和数据面验证的主要区别在于数据来源的不同，配置面验证侧重于预测性的仿真分析，而数据面验证侧重于对现有状态的评估，在实际应用中，结合仿真功能，通常更倾向于使用配置面验证来实现网络更改前的全面风险评估。

4.3.2 IP 仿真验证引擎设计

IP 仿真验证引擎架构如图 4-30 所示，该引擎分为 3 层，分别是应用层、模型层和框架层。组件之间分层解耦，且下层组件不能反向依赖上层组件。

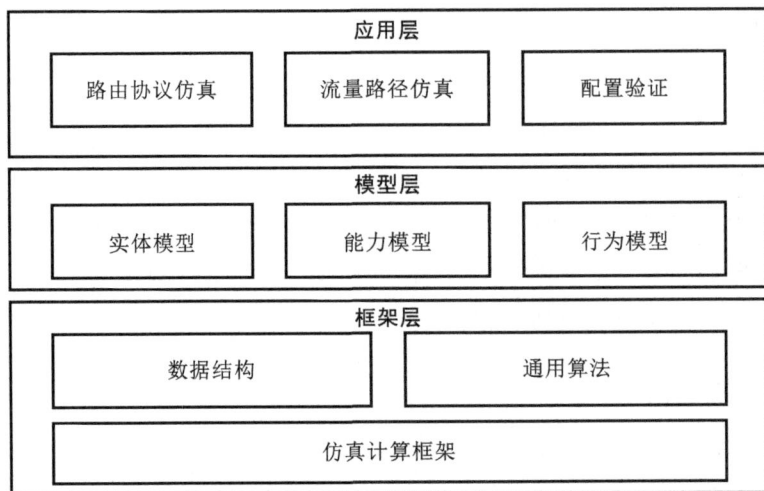

图 4-30 IP 仿真验证引擎架构

- 应用层：提供网络仿真功能和公共能力。其核心功能主要包括路由协议仿真、流量路径仿真及配置验证等。
- 模型层：致力于构建支持多协议、多厂商的仿真模型，主要包括实体模型、能力模型以及行为模型等。在仿真验证的模型设计上，可以采用典型的 OOD（Object-Orienting Design，面向对象设计）和 DDD（Domain-Driven Design，领域驱动设计）的设计思想，并抽象为 3 个关键元素：对象（Object）、能力（Capability）及行为体（Actor）。

对象：参与仿真系统的实体对象，包括拓扑、网元、接口、链路、流量等。

能力：定义了仿真系统的网络能力，如协议行为。不同类型的实体对象支持相应的网络能力。

行为体：协议计算行为。每个协议绑定一个 Actor 计算单元，即使能协议计算行为。

- 框架层：提供仿真计算框架、数据结构及通用算法等基础框架组件。其中，仿真计算框架需要具备并发、可伸缩、实时的事务处理能力，以便满足高吞吐量、低时延的业务诉求。在实际应用中，可以采用图 4-31 所示的 Actor 计算框架。

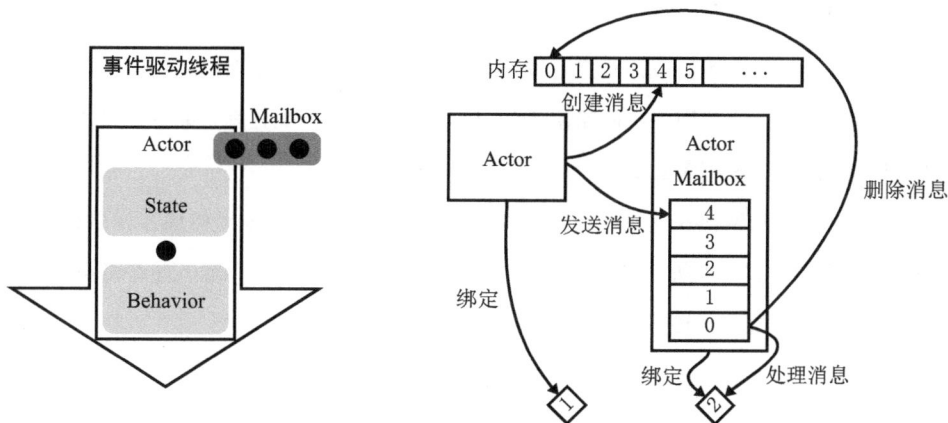

图 4-31　Actor 计算框架

Actor 计算框架由状态（State）、行为（Behavior）、邮箱（Mailbox）等部分组成。

状态：指的是 Actor 对象的变量信息，状态由 Actor 自己管理，避免了并发环境下的锁和内存原子性等问题。

行为：指的是 Actor 中的计算逻辑，通过 Actor 接收到的消息来改变 Actor 的状态。

邮箱：是 Actor 和 Actor 之间的通信桥梁，邮箱内部通过 FIFO 消息队列来存储发送方 Actor 消息，接收方 Actor 从邮箱队列中获取消息。

每个 Actor 作为一个处理逻辑的最小单元，接收并处理各种消息，然后将处理结果发送给另外的 Actor。整个系统通过 Actor 消息相互交换和执行，模拟系统的运行过程。Actor 经过高度抽象，完全屏蔽了使用线程时的各种细节。

而框架层中的数据结构及通用算法主要包括前缀树数据结构和算法、图相关数据结构和算法等，用来实现快速 IP 地址匹配和最短路径计算能力。前缀树即字典树，又称为单词查找树或键树，是一种树形结构，也是哈希树的变种。通过前缀树数据结构对路由协议仿真生成的结果进行数据压缩，并保存到路由表（Routing Table）中，实现基于 IP 地址前缀的精确匹配与最长匹配查询功能，为两点间路径查找、全网检测等路径、流量仿真功能提供基础支撑。而最短路径计算则通常首先将网络抽象为图，对图进行建模，然后基于图进行路径计算。最短路径算法通常采用 CSPF（Constrained Shortest Path First，基于约束的最短通路优先），基于多种约束条件计算最短路径，并采用 Diff-Graph（差分图）算法优化，从而实现算法多线程并发计算。

4.3.3　路由协议仿真

本节对应用层的路由协议仿真进行详细介绍。路由协议仿真是对网络控制面进行仿真，根据路由协议配置，生成网络中的路由表信息，从而验证协议配置是否能够满足用户需求。协议仿真主要包括以下关键技术。

关键技术一：网络协议建模。在数据通信网络仿真系统中，按照物理客观事物定义网络实体，包括拓扑、节点等。按照网络协议分层，将拓扑划分为静态、直连路由、IS-IS、OSPF、BGP 等协议拓扑，逻辑关系如图 4-32 所示。

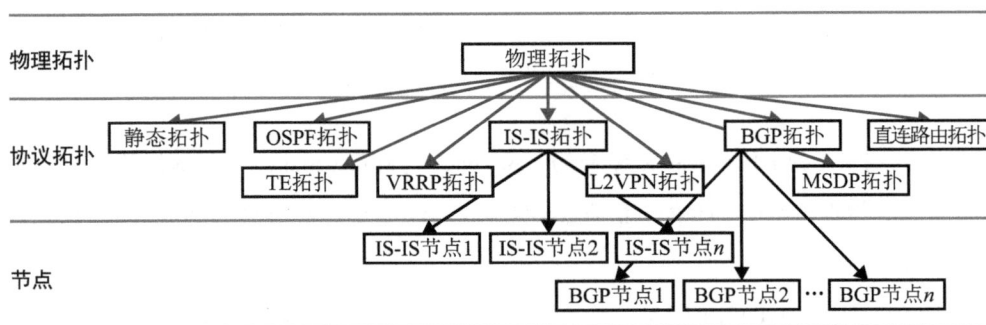

图 4-32　逻辑关系

关键技术二：路由泛洪。将网元的每个协议节点定义为最小的计算实体，将路由泛洪、路由的订阅/发布等消息定义为事件。如图 4-33 所示，事件分为节点内路由事件、节点间路由事件和隧道变更事件等，将每个协议节点处理事件产生的路由状态变化的过程定义为活动，通过事件驱动的模式,触发系统中所有计算实体进行运算,直到系统中所有的事件处理完成或形成稳定状态,则完成一次路由协议仿真,仿真结果记录在各个实体的路由表中。

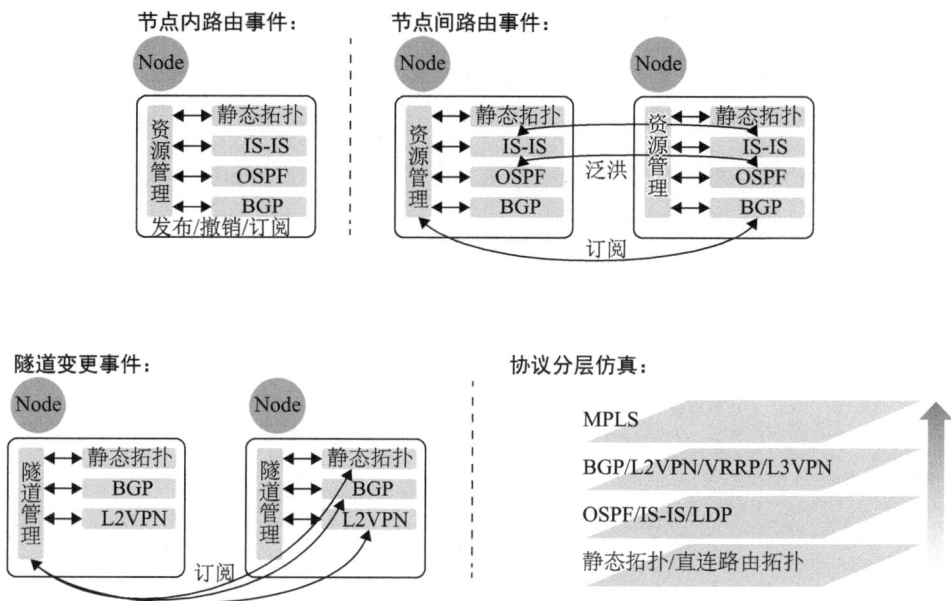

图 4-33 路由泛洪

关键技术三:路由振荡检测。协议仿真由事件触发,不断迭代计算,最终形成稳定状态。在仿真的过程中,如果出现事件的不断振荡,就会对仿真性能和准确度造成影响,所以需要路由振荡检测,如图 4-34 所示,从而快速识别振荡,并对路由振荡的场景进行仿真抑制。待振荡结束,再进行迭代计算,以提升仿真准确性和仿真性能。

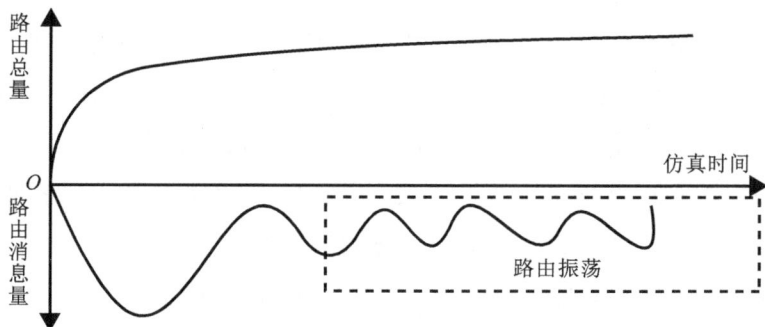

图 4-34 路由振荡检测

4.3.4　流量路径仿真

流量路径仿真用于验证源到宿的一条流实际是否能够转发成功。其原理是基于仿真模型中的协议拓扑分层特性，依赖于路由协议仿真计算生成的不同层次的路由数据，实现业务路径分层展开功能和负载叠加计算功能。具体实现是通过图遍历算法，从 Ingress 方向逐跳遍历路由表、标签转发、隧道展开，寻找下一跳出接口（通过 IP 路由表寻找下一跳信息：基于下一跳 IP 前缀，从节点路由表中查找下一跳信息。通过标签寻找下一跳信息：模拟设备标签切换行为，从入标签表查找出标签信息，再从出标签表查找实际物理出接口），直到 Egress 节点或下一跳失败，如图 4-35 所示。

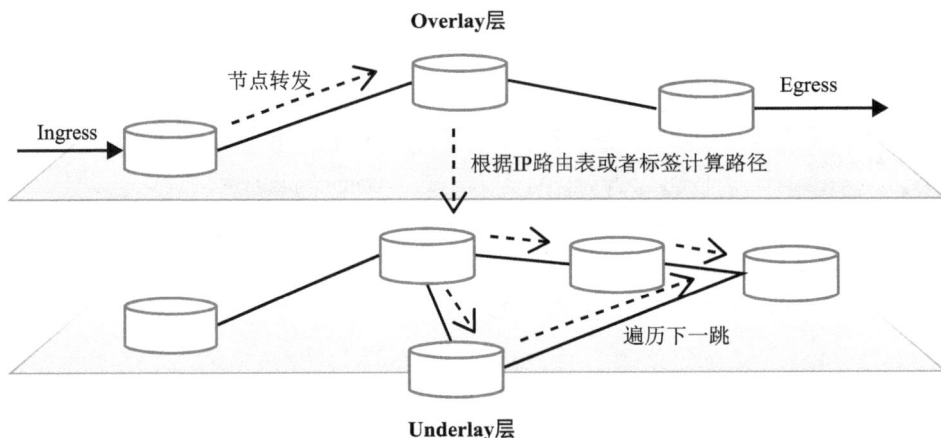

图 4-35　流量路径仿真

4.3.5　配置面验证

通过路由协议仿真生成路由表，从而生成网络数据面，可以简单将数据面理解为不同设备上的路由转发表，随后进一步通过数据面验证算法进行数据面验证。数据面验证过程如图 4-36 所示，首先完成当前网络中的拓扑、配置面、数据面等数据信息的收集；然后对其进行网络建模，网络建模基于报文头空间算法进行，即将网络模型转换为算法转发模型进行求解；最终在网络验证环节，根据构建的算法转发模型进行网络可达性、路由黑洞和路由环路的验证，从而间接达到对网络控制面验证的目的，验证网络配置的正确性。

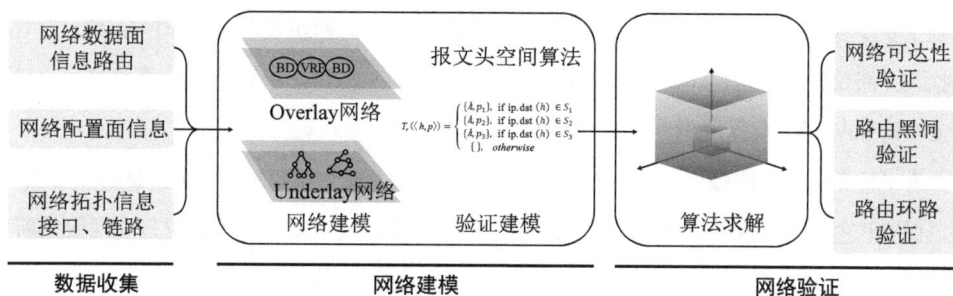

图 4-36　数据面验证过程

1. 可达性实现原理

将全网接口互相组合构成源、宿信息，包括源节点接口、宿节点接口，根据求解对（起始节点、目的节点和目的命中报文空间）中的命中报文，首先在源节点匹配源接口，然后将该源接口连接的宿节点所有报文空间合并，并将宿节点当作下一次迭代的源节点，循环迭代，到达宿网元接口 IP（或环路，或无下一跳）停止搜索。

如图 4-37 所示，C 节点为源节点，目的节点为 B、D，目的命中报文空间为 $\{1,6\}$，从 C 开始进行搜索，搜到的路径为 $\{C.2, B.2, B.3, D.1, D.2\}$、$\{C.1, A.2, A.3, B.1, B.4\}$。

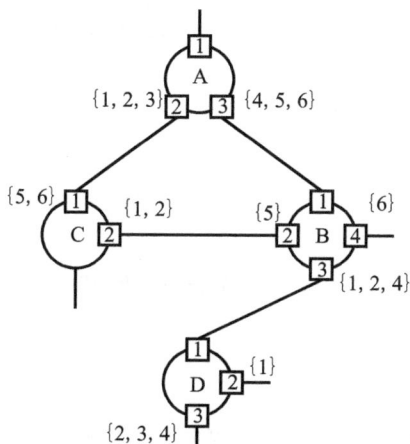

图 4-37　可达性验证

2. 路由黑洞定义与实现原理

黑洞路由是指在某些业务场景中，为了避免路由环路的产生，网络管理员可能会主动配置的一些特殊路由。对于这类路由，其出接口通常被设置为 NULL0，意味着所有到达该路由的流量将不会被转发，而是直接被丢弃。与黑洞路由不同，路由黑洞是指在网络的一个节点接收到了路由信息，但由于配置或其他原因，并没有将这些路由信息传递给其他网元，导致流量在该节点被截断。

为了检测网络中的每个网元是否存在路由黑洞问题，首先需要明确一个全量的报文空间，这里假设该空间由报文标识符集合 {1, 2, 3, 4, 5, 6} 构成。接下来，遍历针对每个网元的所有接口，并获取每个接口的邻居节点。对于每个邻居节点，比较其能够接收到的报文空间（即邻居节点的可达报文集合）与当前网元理论上应该能够转发或处理的报文空间，并计算上述两个报文空间的差集。如果这个差集不为空，说明存在某些报文在通过本网元时未能正确转发至其邻居节点，即存在路由黑洞问题。

如图 4-38 所示，C.1 接口接收到的报文空间为 {1, 2, 3}−{1, 2, 5}={3}，则报文 3 对应的路由前缀为路由黑洞。

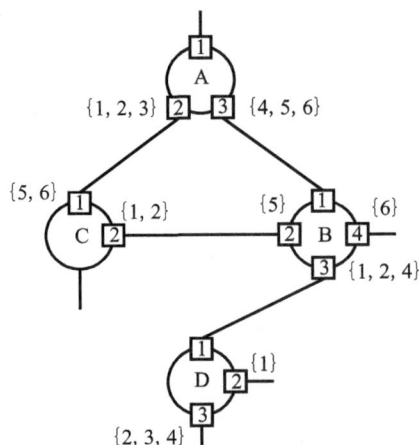

图 4-38　路由黑洞检测示例

3. 路由环路定义与实现原理

路由环路是指当一个数据包从某个网络设备的一个端口进入，经过一系列的网络转发过程后，再次通过同一个端口离开该设备，这表明数据包经历了一条循环路径。这种情况下，数据包在网络中不断循环，而未能被有效传输至预定目标。

路由环路的检测原理是对每个网元进行环路检测，并输入全量报文空间，根据报文与转发报文匹配情况获取转发接口，对每个转发接口进行深度搜索，当前搜索的网元入接口或出接口若在之前搜索的入接口或出接口列表中为环路，则停止搜索。

如图 4–39 所示，{5} 进入 A.1 会产生环路，而环路的路径为 {A.3, B.1, B.2, C.2, C.1, A.2, A.3}。

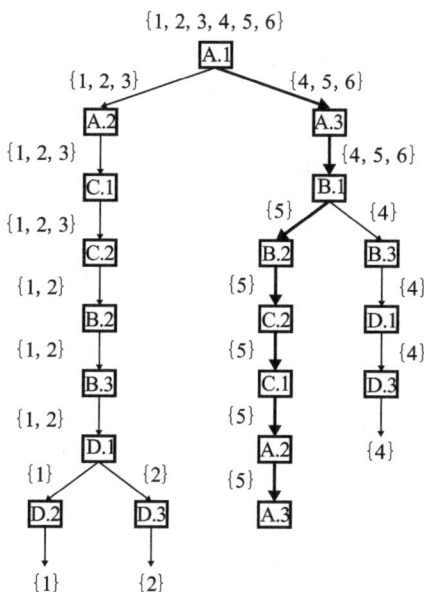

图 4-39　路由环路示例

4.3.6　仿真验证应用场景

1. What-if 分析

What-if 分析是一种假设分析的评估方法，假设采取不同的策略方案会产生何种结果，以便做出最佳的决策。在网络仿真分析领域，What-if 分析应用于仿真分析可能的网络变化（如设备 / 链路故障、流量变化等）对业务的影响，使运维人员更清晰地了解影响范围，分析、制定必要的应对方案，从而提升业务可靠性。

通过运行假定条件生效前后的仿真对比结果，可以得出如下内容。

- 关键设备、链路故障时，对应业务流量的中断情况。
- 业务转发路径变化后，业务时延及跳数变化情况。
- 业务是否存在链路负载超出阈值的风险。

对比上述 What-if 仿真分析结果，可为网络关键设备、链路的风险评估和维护等提供数据依据。

2. 容量规划

网络的本质是转发流量，随着网络中接入用户的增多、新业务的上线，网络中转发的流量在实时变化，网络运维者面临的一大难题是如何精准地规划网络资源（如哪些节点需要扩容，哪些链路需要升级带宽），以适应网络流量增长的需求。

网络容量规划的目的是将目标网络中的流量（基于增长趋势通过 AI 预测后得到或基于新增业务添加后得到）通过流量仿真叠加在网络中，生成网络负载地图，再通过负载地图识别出流量瓶颈链路或节点，以指导网络扩容规划。同时，目标网络的规划信息也可以作为输入，进行仿真，得到一个满足未来流量模型的网络，以验证扩容规划的合理性。这个过程可以反复迭代，以达到网络规划的最优结果，容量规划的过程如图 4-40 所示。

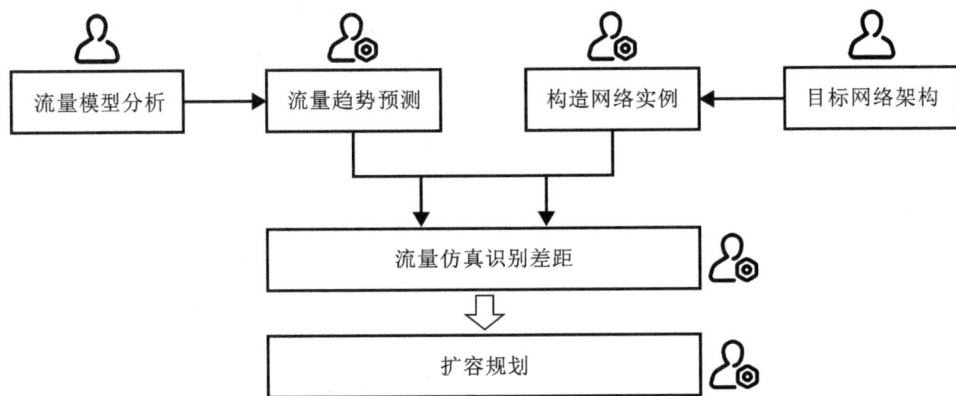

图 4-40　容量规划的过程

3. 健壮性分析

电信网络作为社会基础设施，对可靠性的要求越来越高；另外，网络的规模不断扩大，结构越来越复杂，发生故障也不可避免。如何在故障发生时，尽可能降低故障对网络的影响，变得至关重要。如果规划一张故障容忍度符合要求的网络，那么需要大量的故障场景分析工作，单靠人力是难以穷尽的，需要工具的支撑，健壮性分析功能就十分适用于该场景。

健壮性分析通过分析网络中关键元素（如网元、链路）故障场景下业务所受的影响，并对所有故障场景下的业务影响程度进行排名，能够识别网络故障条件下最差的场景，以及造成最差场景的故障原因。

进行健壮性分析时，首先要确定需要分析的故障对象，比如将设备节点、链路、共享风险组等作为故障对象。然后确定分析的级别，分析级别可以为一次故障分析（一次故障一个对象），或者二次故障分析（一次故障两个对象）。通过健壮性分析，可以得到中断 Flow 的统计报表、路径变化 Flow 的统计报表、链路负载超限报表、E2E 时延超限报表以及 E2E 跳数超限报表等。

4. MOP 验证

网络变更、割接等操作一直是引发网络事故的重大风险点，如何在网络变更过程中保证实施方案的正确、合理，并将其对网络中现有业务的影响降至最低，是网络变更方案设计的首要关注点。

在没有仿真工具之前，变更方案设计通常是通过同行专家评审、实验室验证等手段确保可行性的，但是这些手段费时费力，而且由于资源的限制很难满足现网 1∶1 的验证诉求，导致变更风险无法完全消除。在引入仿真工具后，割接操作的每一步的结果都可以在仿真软件中验证，以识别每一步操作对业务的影响，确保割接任务的成功。

MOP（Method of Procedure，实施方案文档）验证一般支持验证如下网络变更操作。

- 拓扑变更：接口 up/down，链路新建或删除。
- 命令行下发：IGP、BGP 及 MPLS 等协议的配置、下发。

MOP 验证的结果一般包括业务路径变化和网络负载地图的展示。

4.4　IP 流量优化与控制

IP 流量优化与控制是从业务质量角度对隧道路径进行持续自动优化的过程，以确保网络状态始终保持最佳，从而实现网络效能的最大化。该过程主要涉及以下技术。

技术一为带宽参数调优：通过限制带宽使用，可以避免网络拥塞和带宽浪费。常见的带宽参数调优技术包括流量控制、拥塞控制、QoS 等。

技术二为路由选择优化：通过优化路由选择算法和路由表，可以提高网络的传输效率和稳定性。常见的路由选择优化技术包括路由聚合、路由过滤、路由重分发等。

技术三为网络拓扑优化：通过优化网络拓扑结构，可以减少网络时延和丢包，提高网络性能。常见的网络拓扑优化技术包括网络分段、网络负载均衡、网络冗余等。

技术四为网络隧道路径优化：通过算法控制隧道路径，达到网络流量均衡、提升隧道

SLA 质量保障能力。

限于篇幅，关于带宽参数调优技术、路由选择优化技术、网络拓扑优化技术请参考其他相关文献，本节将重点介绍网络隧道路径优化技术。

4.4.1 IP 流量优化架构设计

IP 流量优化架构如图 4-41 所示。

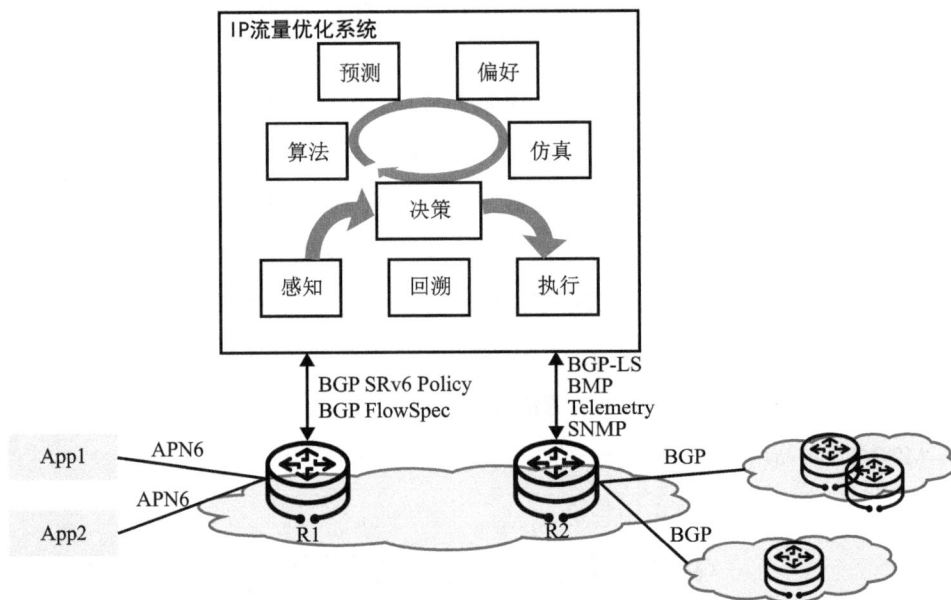

图 4-41 IP 流量优化架构

IP 流量优化系统需要具备感知、决策、执行和回溯等闭环流程运行能力，使能网络管控系统自行持续运行，并持续迭代，直至达成预设目标，以满足自愈和自优化场景的诉求。

自治域优化系统自闭环功能不同于传统自动化能力。传统自动化能力是在一次性触发执行策略或计划后，由人工判断执行结果是否达成目标。如果目标未达成，需要人工调整策略或计划后再次执行。而自治域优化系统的自闭环功能可以在通过管理功能一次性触发执行后，自动检查和判断目标是否达成。如果目标未达成，则根据网络数字孪生数据和目标自动重新编排计划并再次执行，经过多次迭代直至达成目标。

下面针对感知、决策、执行、回溯 4 个环节分别展开叙述。

4.4.2 IP 流量优化感知

IP 流量优化感知环节的核心职责是快速感知异常，即根据业务目标要求，对业务状态和网络状态进行自动化检测，以便能及时发现异常或通过采集的状态数据提前预测异常。

IP 流量优化相比传统网络管理对感知能力提出了更高的要求，具体变化点如下。

首先，异常判断原则发生变化，传统网络管理系统大量依靠网元的告警或者分析日志来发现故障，但这些故障没有和业务目标关联，有可能并不影响任何业务，也会被当成异常处理，而 IP 流量优化系统对感知能力的要求是以故障对业务目标产生的影响来判断是否出现异常。因此 IP 流量优化系统要将采集到的告警、日志、话单、性能指标等数据与各种业务目标进行整合，生成异常状态数据。

其次，异常判断时效性发生变化，基于告警、日志、话单、性能指标等数据的异常分析，通常耗时在分钟级及以上，这对于要求严苛的 IP 流量优化场景来说是无法接受的。IP 流量优化要求异常判断在秒级甚至亚秒级完成，传统的方法无法达到这一要求，因此部分感知和分析能力会被要求在网元侧完成。

IP 流量优化感知用到的主要协议是 BGP-LS 和 Telemetry，其中 BGP-LS 感知节点故障、链路故障，链路带宽、时延变化等拓扑异常状态；Telemetry 感知业务 SLA 异常。此外，IP 流量优化感知可以通过 APN（Application-aware Networking，应用感知网络）技术识别应用流量，使得网络能够更精确地感知应用，进而为其提供相应 SLA 的网络服务，实现针对应用的流量调优。

1. BGP-LS

BGP-LS 主要用于将设备收集的链路状态和 TE 属性信息上报给 IP 流量优化感知系统。相较基于 IGP 等协议的网络拓扑和状态信息上报方式，BGP-LS 提供了一种更加安全的拓扑上报方式，无须在感知系统与设备之间建立 IGP 邻居关系，从而避免了感知系统对既有拓扑连通性的影响；另外，由于 BGP-LS 仅上报变化的拓扑信息，有效避免了 IGP 周期泛洪给感知系统带来的消耗，使得信息收集更加简单、高效。BGP-LS 的典型应用场景和架构如图 4-42 所示。

在此架构中，消费者相当于感知系统，负责接收和处理网络拓扑信息。每个 IGP 区域中，仅需其中一台运行 BGP-LS 的路由设备和消费者建立 BGP-LS 邻居关系，即可实现信息的直接上报。同时，为了应对大型网络中的复杂性和扩展性需求，路由设备也可以和一个集中的

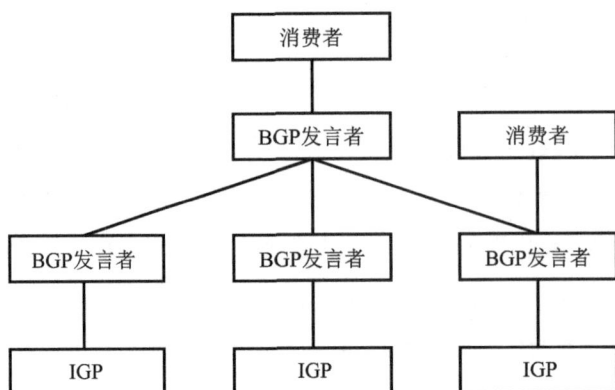

图 4-42 BGP-LS 的典型应用场景和架构

BGP 发言者建立 BGP-LS 邻居关系，让这个集中的 BGP 发言者作为信息汇聚节点与最终的消费者建立 BGP-LS 邻居关系。由于消费者只需一个设备建立 BGP-LS 连接就可以实现全网拓扑信息的收集，从而极大简化了网络的运维和部署过程。

BGP-LS 是在原有 BGP 的基础上引入了新的地址族 / 子地址族和新的 NLRI（Network Layer Reachability Information，网络层可达信息）来携带链路、节点和 IPv4/IPv6 地址前缀的相关信息，这种新的 NLRI 被称为链路状态 NLRI。BGP-LS 主要定义了如下 4 种链路状态 NLRI。

● Node NLRI（节点 NLRI）：用于描述网络中的各个节点及其属性。

● Link NLRI（链路 NLRI）：详细记录节点之间的连接关系及链路特性。

● IPv4 Topology Prefix NLRI（IPv4 拓扑前缀 NLRI）：捕获 IPv4 地址前缀及其在网络拓扑中的位置信息。

● IPv6 Topology Prefix NLRI（IPv6 拓扑前缀 NLRI）：与 IPv4 类似，但适用于 IPv6 地址前缀。

针对上述链路状态 NLRI，BGP-LS 还定义了相应的属性，用于携带与链路、节点以及 IPv4/IPv6 地址前缀相关的参数和属性。这些属性以 TLV（Type-Length-Value，类型 – 长度 – 值）的形式编码，与相应的 NLRI 一同封装在 BGP-LS 消息中，主要包括如下 3 种类型的属性。

● Node Attribute（节点属性）：描述节点的各种参数和特性。

● Link Attribute（链路属性）：提供关于链路状态、容量、时延等详细信息。

● Prefix Attribute（前缀属性）：附加到 IPv4/IPv6 拓扑前缀 NLRI 上，以提供额外的上下文信息。

BGP-LS 提供了针对 SR 的协议扩展，可以向感知系统上报 SR 网络的链路状态以及各节点和链路的 SR SID（Segment ID，段 ID 标签）相关信息。以 SRv6 为例，在 IETF 的 draft-ietf-idr-bgpls-srv6-ext 中定义了 BGP-LS 的 SRv6 扩展，用于上报 SRv6 的 Locator 信息、各种类型的 SRv6 SID 以及相关的属性信息等。

除了收集和上报域内的拓扑和状态信息，IETF 的 RFC 9086 和 draft-ietf-idr-bgpls-srv6-ext 还定义了可以用 BGP-LS 收集域间的链路连接信息及域间链路的 SR SID 信息，从而使网络管控系统能够基于收集到的域内和域间信息，构建跨多个 IGP 区域或跨多个 AS 的网络拓扑，并通过 SR 实现跨多域的流量工程路径计算。

2. Telemetry

Telemetry 是一种可以从设备上远程、高速采集数据的网络监控技术。Telemetry 按照 YANG 模型组织数据，利用 GPB（Google Protocol Buffer，Google 混合语言数据标准）格式编码，并通过 GRPC（Google Remote Procedure Call，Google 远程过程调用）协议传输数据，由于编码效率和传输效率高，IP 流量优化感知系统获取 SLA 数据更高效。相对传统的"拉模式"，即采集器与设备之间是一问一答的交互，Telemetry 具有如下优势。

- 采用"推模式"主动推送数据，减小设备压力；
- 以秒级的周期推送数据，避免网络时延造成数据不准确；
- 可以监控大量网络设备。

3. 基于 APN 的应用流量识别

随着网络技术的快速发展，网络承载的业务类型日益增多，不同业务对网络性能的要求也不同，传统网络业务承载在应对这些挑战时，存在如下问题。

问题一：高带宽不等于高体验。传统网络虽然能够提供高带宽服务，如千兆套餐，但与 100Mbit/s 或 500Mbit/s 等套餐相比，在用户的实际业务体验上并未带来太多差异化能力的提升。一方面是因为千兆业务未提供时延、可靠性等差异化保障；另一方面是因为高带宽需求本身出现了很多细分场景，如游戏业务要求低时延、直播要求高上行带宽、高清视频会议要求高质量对称带宽，这些细分场景要求网络具备面向多种业务的差异化品质保障能力。

问题二：多业务共存对高价值业务影响大。传统网络业务在原有高速上网、IPTV、语音等业务的基础上，不断叠加在线教育、健康护理、安全监控、VR/AR 等新的增值服务，这些业务共存在同一张网络上，容易导致带宽争抢，影响高价值业务的用户体验。

问题三：传统网络机制限制多。针对业务体验方面的优化诉求，传统网络通常依赖静态策略路由和人工逐跳部署的方式实现，这些方式实施复杂，难以实现大规模和面向多业务的动态部署。

为满足用户对网络体验的差异化和个性化需求，基于 APN6（Application-aware IPv6 Networking，应用感知的 IPv6 网络）、SA（Service Aware，服务感知）等技术，围绕感知业务应用需求，网络管控系统可以为不同业务提供差异化体验服务。

（1）基于 APN6-ID 的应用识别技术

APN6-ID 利用 IPv6 提供的编程空间携带 APN6-ID 标识和需求信息，从而精确地标识网络上的关键业务。得益于 IPv6 地址空间的广阔性，APN6-ID 能支持成百上千的应用标识，并能进一步扩展以满足特定应用对服务等级协议的需求。

使用 APN6-ID 服务的应用提供商需要与提供 APN6-ID 服务的网络运营商 / 提供商建立互信关系，以确保特殊需求的应用流量能够通过 APN6-ID 得到有效识别，进而提供精细的差异化服务。其中，APN6-ID 应用较为广泛的领域是游戏、企业业务加速，如图 4-43 所示。

图 4-43　基于 APN6-ID 的业务应用加速

针对业务应用上行流量，应用向服务端发起访问的报文会直接封装相应的 APN-ID 以区分不同的应用报文。在 ONT/CPE 处，通过识别 APN-ID 为不同应用报文打上不同的 QoS 优先级标记（802.1P），ONT/CPE、OLT 上行基于 QoS 优先级标记进行队列调度，优先保障高价值应用转发。城域边缘路由器通过识别 APN-ID，将不同的应用流量调度至相应的网络切片，例如将游戏业务调度至低时延切片（金），将高清视频调度至大带宽切片（银）。在加速 POP 路由器处，终结切片后再基于 APN-ID 将不同的应用流量引入相应的加速通道以进行优化转发（同一切片内的不同应用可能需要进入不同加速通道进行优化转发）。

针对业务应用下行流量，不同应用资源服务端发出的报文直接封装相应的 APN-ID。在加速 POP 路由器基于 APN-ID 将不同的应用流量调度到不同的网络切片，城域边缘路由器终结切片后，识别 APN-ID 进行 QoS 优先级标记（802.1P），OLT、ONT/CPE 下行基于 QoS 优先级标记进行队列调度，优先保障高价值业务转发。

（2）基于 SA 的单板应用识别技术

在应用提供商与提供 APN-ID 服务的网络运营商 / 提供商尚未建立互信关系的情况下，网络运营商 / 提供商可以在城域边缘设备部署 SA 单板进行应用识别，不同应用标记不同的 APN-ID。网络可基于标记的 APN-ID 进行应用加速，而无须依赖应用提供商标记 APN-ID，此过程如图 4-44 所示。

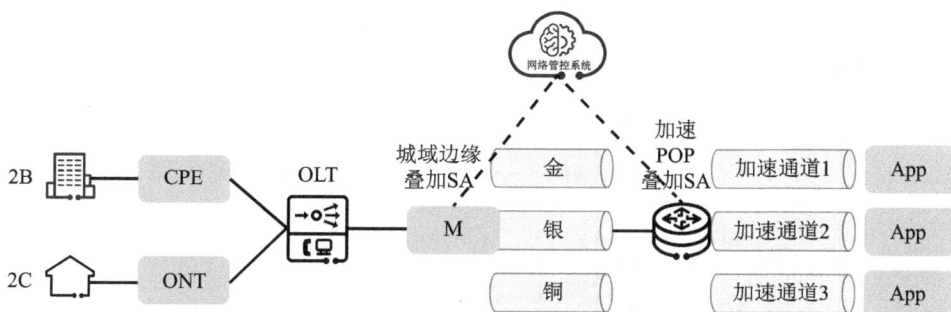

图 4-44　基于 SA 单板进行应用识别

针对业务应用上行流量，ONT/CPE 可通过 VLAN/IP 五元组识别用户或应用，并基于 802.1P 标准打上不同的 QoS 优先级标记。在 ONT/CPE 和 OLT 设备中，基于 QoS 优先级标记进行队列调度，优先保障高价值用户或业务的转发。城域边缘路由器通过 SA 单板进行应用识别，由网络管控系统给城域边缘路由器下发应用识别策略。城域边缘路由器识别应用后，在应用报文上标记对应的 APN-ID，并根据 APN-ID 引入不同的加速通道（同一切片内不同应用可能需要进入不同加速通道进行转发）。

针对业务应用下行流量，不同应用资源服务端发出的报文在加速 POP 路由器中由 SA 单板进行应用识别，并标记对应的 APN-ID 后，进入对应的网络切片进行处理。

SA 单板可以基于如下技术进行应用识别。

技术一为特征匹配：端口识别、报文特征字等。

技术二为加密应用指纹识别：基于 TLS（Transport Layer Security，传输层安全协议）指纹识别技术识别无明显特征的加密流量。

技术三为公共服务关联识别：基于用户业务关联技术，识别内嵌的大量公共服务的应用。

技术四为基于流行为分析：基于多包关联、多流分析，提取数据包报文长度、传输方向、到达时间、包传输间隔等行为特征。

多种识别技术可以通过组合来提高应用识别的准确度。同时，SA 单板通过不断更新知识库快速识别新协议和新应用。SA 单板不仅可以识别应用，还可以进行应用质差分析，呈现应用的丢包和访问时延情况，从而评估应用体验。图 4-45 展示了 SA 单板对 TCP 时延的检测过程。

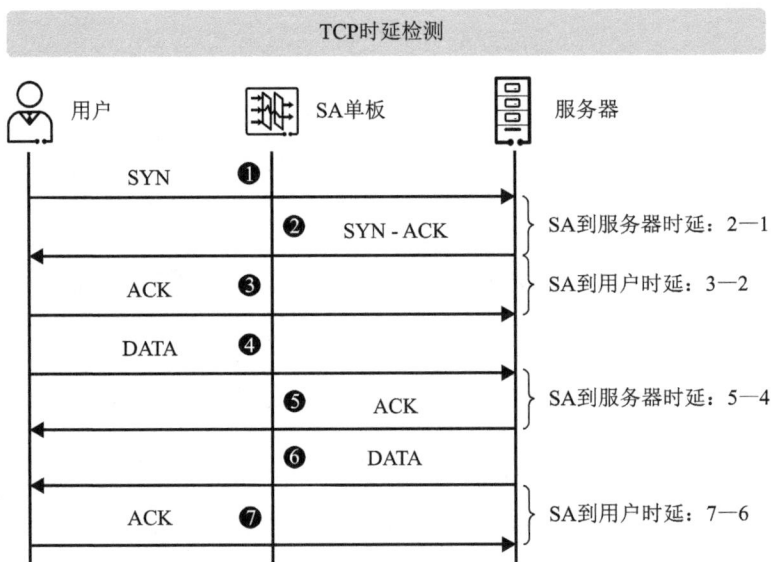

图 4-45　SA 单板对 TCP 时延的检测过程

SA 单板通过记录收到 TCP 报文的时间差计算时延。

- 利用 SYN 的 3 次握手报文之间的时间差，计算 SA 到服务器时延（2—1）、SA 到用户时延（3—2）。

- 利用数据传输报文和 ACK 报文的时间差，计算 SA 到服务器时延（5—4）、SA 到用户时延（7—6）。

4.4.3　IP 流量优化决策

IP 流量优化决策环节负责根据网络的实际情况，利用知识将目标转换成可以执行的网络操作。决策是 IP 流量优化系统中体现核心自治能力的关键功能，也是最复杂的步骤之一。

决策环节按目标类型可以分为确定性目标决策和非确定性目标决策，按目标数量可以分为单目标决策和多目标决策。

1. 确定性目标决策

确定性目标一般指系统中的已知知识可以直接覆盖的目标。这一类目标的决策过程是直接使用知识,结合孪生数据,将目标明确地翻译成可以执行的网元操作,并且相关操作结果能保证目标达成。首先,决策功能根据目标知识求解得到需要对网络执行的行为计划;然后,决策功能调用数字孪生功能中的行为仿真能力,数字孪生功能基于行为计划和孪生行为模型得到仿真结果;最后,决策功能根据仿真结果判断决策计划实施后是否可以达成决策目标。如果未达成决策目标,则决策功能可以重新决策,通过决策—仿真—判断—重决策这种反复迭代形成一个自动化决策—仿真验证的小闭环,在不影响实际网络的情况下,帮助决策功能逐步逼近最佳决策计划。

2. 非确定性目标决策

非确定性目标一般是指系统中的已知知识不能直接覆盖的目标。对于这一类目标的决策过程,除了目标知识求解、孪生验证外,还要利用 AI 大模型结合流量特征训练出流量、时延、抖动等变化预测模型,并对求解结果的用户偏好进行 AI 调优训练,将预测模型和偏好选择融入求解、验证过程中,形成可以执行的网元操作。此时翻译出来的网元操作也不一定能完美地达成目标,可能需要一个反复进行数据特征提取、训练、求解、验证和执行的过程才能得到最优解,这个过程的耗时明显长于确定性目标决策的耗时。

3. 单目标决策

单目标决策一般是指决策结果可以保证某一个目标最优,但是可能导致其他的目标结果劣化。单目标决策一般用于唯一性目标或最高优先级目标保障的场景。例如重大灾害时,如果把接通率最优作为唯一的目标,则所有围绕接通率的决策都属于单目标决策。

4. 多目标决策

多目标决策一般是指同时满足多个目标的要求,寻求整体最优。例如在某商业区,既要保证接通率,又要满足节能的要求,则属于多目标决策。由于涉及多个目标同时决策,为避免相互影响,目标冲突检测和解决也是决策的重要能力。多因子云图算法应用于多目标决策,可以大致分为 3 种:多因子单路径算法、多因子多路径算法和多因子多业务算法。

（1）多因子单路径算法

多因子单路径算法指的是在满足多约束因子的前提下按照指定的策略计算最优路径。支持的算路策略包括最小 TE metric、最小 IGP 开销、最小时延、最高可用度、带宽均衡等，支持的算路因子包括带宽、时延、跳数、丢包率、误码率、可用度、切片、亲和属性（包括 exclude-any、include-any、include-all 等）、显示路径（包括显式包含、显式排除）、双向共路等。多因子可以任意组合，以满足各类差异化的业务诉求，并且支持退避计算，即算法优先计算满足所有约束的最优路径，如果计算失败，则智能地计算出尽量满足约束的路径。约束因子可分为单点约束因子和 E2E 约束因子，其中单点约束因子指针对单个节点或链路的约束，比如带宽、亲和属性、显式排除、丢包率、误码率等，这类问题可以通过扩展无约束 Dijkstra 算法来解决；E2E 约束因子顾名思义指的是针对端到端路径的约束，比如显式包含、时延、跳数等，这类问题属于非确定性多项式难问题，需要用特殊的算法来解决。

（2）多因子多路径算法

多因子多路径算法指的是在单路径的多约束因子的基础上叠加路径之间的约束因子，包括主备路径分离算法、隧道路径分离算法、UCMP（Unequal Cost Multiple Path，非等值负载分担）算法等。

- 主备路径分离算法：为 HSB（Hot standby，热备份）业务计算尽量分离的主备路径，并且按照 SRLG（Shared Risk Link Group，共享风险链路组）分离、节点分离、链路分离顺序依次退避。

- 隧道路径分离算法：遵循隧道间的分离原则，即隧道的主 LSP 分离，一条隧道的主 LSP 与自己的备 LSP 分离，一条隧道的主 LSP 与另一条隧道的备 LSP 分离。

- UCMP 算法：按照算路目标计算出最优的路径和权重组合。根据不同的场景，分裂策略分为度量值最优优先、分离优先、平行链路负载分担优先、平行标签优先等。

（3）多因子多业务算法

多因子多业务算法是指为了实现网络级的吞吐量、开销、时延等目标而设计的针对多业务的路径调度算法，包括局部调优算法和全局调优算法。局部调优算法支持指定节点、链路、隧道等进行手动局部调优及基于带宽越限、时延约束、丢包率约束、误码率越限等进行自动局部调优。而全局调优算法顾名思义可以针对全网隧道进行调优。作为全局调优算法的一种，云图算法支持混合策略，即调优过程中不同的隧道采用不同的策略，算法智能地在多业务、多策略之间实现权衡，从而使网络达到最优状态。

业界主流的调优算法是基于图论和运筹优化理论构建云图算法，其中图论主要用于解决多因子路径计算问题，运筹优化理论主要用于解决网络流调度问题。可将网络流调度问题建模成线性规划问题进行求解，但由于不可能把网络中两点之间的所有可行路径都穷举进行建模，因此采用列生成方法来增量地计算可行路径。线性规划的列生成框架如图 4-46 所示。

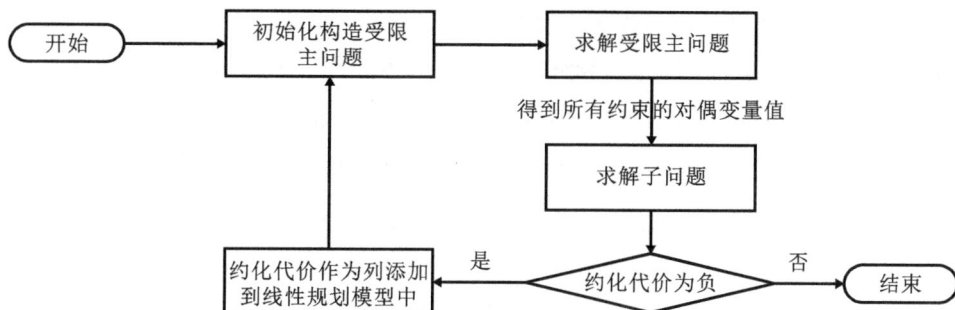

图 4-46　线性规划的列生成框架

列生成框架的主要步骤如下。

第一步，初始化构造受限主问题，即用多因子路径算法为每一条网络流计算一条能够承载其带宽诉求的最短路径，如果计算失败，则用一条代价无限大的虚路径代替，建立线性规划模型。

第二步，利用线性规划求解器求解受限主问题，得到所有约束的对偶变量值。

第三步，计算新路，根据对偶变量值对链路进行加权并求解子问题，即基于加权后的链路权重用多因子路径算法为每一条网络流计算最短路径。

第四步，迭代新路，判断计算出来的新路中是否存在约化代价为负的情况，如果有，则将约化代价作为列添加到线性规划模型中继续第二步操作，否则结束迭代生成结果。

4.4.4　IP 流量优化执行

IP 流量优化执行环节负责执行决策后的操作，需要选择合适的下发通道以快速、可靠地将决策操作下发给设备。执行子系统不需要提供复杂的智能化能力，以自动化执行为主，既能执行单个的控制命令，也能执行批量的控制命令。网络管控系统通过 BGP SR Policy 或 BGP FlowSpec 将控制命令传递给设备，设备根据指令完成 IP 流量优化。

在设计执行功能时，要考虑到应急情况下人工接管执行过程的能力，以及在执行过程中，必要时应对关键命令进行人工授权，以确保业务安全。

1. BGP SR Policy

网络管控系统通过 BGP Policy 修改设备上的 SRv6 Policy 路径，以此完成决策操作指令的下发任务。

BGP 中定义了 BGP SR Policy 子地址族 SAFI（Subsequent Address Family Identifiers，子地址族标识符），以提供在控制器与网络设备之间使用 BGP 传递 SR Policy 的候选路径信息的机制。在 BGP SR Policy 子地址族的路由更新消息中，SR Policy 的键值对 <Color, Endpoint> 在 BGP SR Policy 的 NLRI 中携带，而 SR Policy 的候选路径信息通过对 RFC 9012 定义的 BGP Tunnel Encaps Attribute 进行扩展来携带。BGP SR Policy 地址族的路由更新消息的格式如下所示。

```
SR Policy SAFI NLRI: <Distinguisher, Policy-Color, Endpoint>
Attributes:
    Tunnel Encaps Attribute (23)
    Tunnel Type: SR Policy
    Binding SID
    Preference
    Priority
    Policy Name
    Explicit NULL Label Policy (ENLP)
    Segment List
        Weight
        Segment
        Segment
        ...
```

其中，Segment List 表示 SR Policy 路径，Weight 表示权重，Segment 表示路径所经过的节点、链路。

2. BGP FlowSpec

网络管控系统通过 BGP FlowSpec 修改 IP 流量流向，以此完成决策操作的下发任务。

BGP FlowSpec 可以识别"源 IP+ 目的 Community"以及反向"源 Community+ 目的 IP"双向低时延 SRv6 Policy 隧道，实现业务双向访问最低时延。BGP FlowSpec 还可以和 SRv6 UCMP 技术联合使用，通过匹配大象流的源 IP 和目的 IP，将大象流引到网络中的轻载链路，解决网络局部拥塞造成的体验不佳问题。

BGP 中定义了 BGP FlowSpec 子地址族 SAFI，提供在控制器与网络设备之间使用 BGP 传递 Flow 匹配信息的机制，实现流量入隧道、链路的功能。根据 RFC 5575[2] 定义，BGP FlowSpec 地址族的路由更新消息中，流的源 IP、目的 IP、协议号、源端口、目的端口等流特征在 NLRI 中承载，而引流入隧道的动作在属性中携带。BGP FlowSpec 地址族的路由更新消息的格式如下所示。

```
FlowSpec SAFI NLRI：<Destination Prefix, Source Prefix, IP Protocol,
Port, Destination port, Source port, ICMP type, ICMP code, TCP flags,
Packet length, DSCP (Diffserv Code Point), Fragment>
Attributes：
traffic rate (0x8006)
    id
    rate
traffic action (0x8007)
    terminal
    sample
redirect (0x8008)
    vrf
    srpolicy (source ip, color, prefix-sid)
traffic marking (0x8009)
dscp
```

其中，redirect 表示重定向，srpolicy 表示 SR Policy 隧道，包含隧道 source ip、color、prefix-sid 等字段。

4.4.5　IP 流量优化回溯

IP 流量优化自闭环流程中，还有一个很重要的能力，即控制流量优化自闭环回溯能力。如果控制自闭环不成功，则需要人工对控制闭环的过程进行回溯，即通过对控制自闭环的步骤进行逐步回放的方式，检查失败的点，并对失败的原因进行解释。另外，出于安全、可信的原因，人需要对控制自闭环进行审计，审计过程也需要通过回溯来展示控制闭环中的必要信息。

IP 流量优化回溯子系统的能力构建建议如图 4-47 所示。

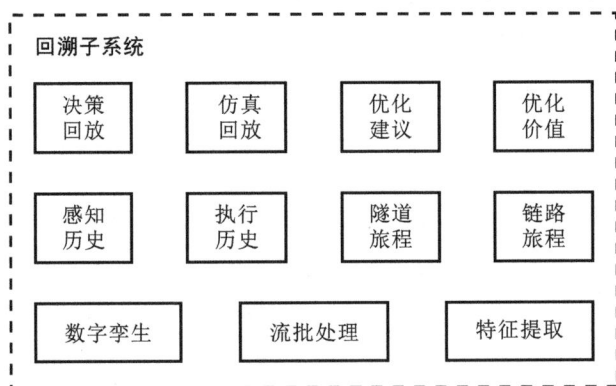

图 4-47　IP 流量优化回溯子系统的能力构建建议

IP 流量优化回溯子系统首先将感知历史、执行历史、隧道旅程和链路旅程等记录到数字孪生中；然后通过流批处理把某一次优化的上下文还原，完成决策回放、仿真回放；最后根据隧道变化和链路变化的特征提取，给出流量优化价值和优化建议。

感知历史、执行历史：为了便于准确追溯网络优化，通常要求感知历史能记录 1 个月到 3 个月的网络拓扑、拓扑变化事件、隧道路径、隧道变化事件、执行结果等。涉及的技术有数字孪生、数据压缩、数据备份、数据防篡改等。

链路旅程、隧道旅程：为了挖掘、分析网络潜在风险，需要实现基于区域 / 业务类型的网络状态统计分布，包括流量越限统计、接口丢包统计、隧道故障统计、时延越限统计等。对 TOPN 问题进行原因分析，从根本上解决网络质量问题，化解网络风险。涉及的技术有数据统计、数据挖掘、流批处理、隧道特征学习、原因推理等。

决策回放、仿真回放、优化建议：从每天上百次网络优化中挑选部分网络优化进行回放、还原，分析优化结果是否符合预期，优化参数是否合理。涉及的技术有现场还原、预期路径校验、用户偏好学习、优化参数推荐等。

优化价值：为了展现网络优化的效果，通过链路拥塞解除次数、链路故障自愈率、绿色节能总量等指标说明。涉及的技术有 BI Studio 数据视图在线订制等。

4.5 网络安全

随着 IPv6 时代的到来，安全建设不再是单一的安全问题，而是与技术研究、网络建设、软 / 硬件架构息息相关的体系化工程。随着万物互联时代的到来和数据的爆炸式增长，各类应用及软件数量激增，传统的威胁检测及查漏洞的方式可能面临投入越来越大、效果却难以满足防护需求的情况。因此在 IPv6 时代，应将信任机制和风险机制结合形成双轮驱动，以此构筑 IPv6 安全防护体系。

所谓信任，是两个实体之间建立的一个彼此连接关系，这个关系要求彼此能够按照预期的方式运作。在实体交互的过程中，需要监视双方是否在约定的预期范围内活动。如果发生风险性的偏差，就需要纠正此类偏差，甚至是中断彼此的信任关系。信任并不是绝对的，而是相对的、动态变化的，会随着时间、空间的变化（例如传输介质改变）发生变化。

信任机制是指通过可信任的、确定性的"白名单"，将不可信任的、不确定的设备、流量、用户行为等排除，在此基础上辅以威胁检测及漏洞排查的风险机制，为业务提供更加确定性的安全保障。

在 IPv6 网络中，通过"实体""连接""业务与数据"等逐层构筑可信机制。其中，实体设备可信是可信网络的基础支撑，连接可信是可信网络的关键保障，业务与数据可信是可信网络的核心目标。

4.5.1 IP 网络安全架构设计

如图 4-48 所示，IP 网络安全架构包含设备安全及可信、连接安全及可信、业务安全及可信 3 个部分。

● 设备安全及可信。设备可信是可信网络的基础支撑，组成网络的关键设备（如路由器、交换机、防火墙等）和网络管控系统应满足安全、可信的要求。设备的安全、可信首先要保证各个部件的生产、设备的组装以及运输的可信，这被称为供应链可信，再基于供应链可信，叠加硬件可信根（信任体系中信任的基点，芯片级的硬件可信根具有不可篡改性）、安全启动等技术手段，实现设备防篡改和入侵防御等安全能力。

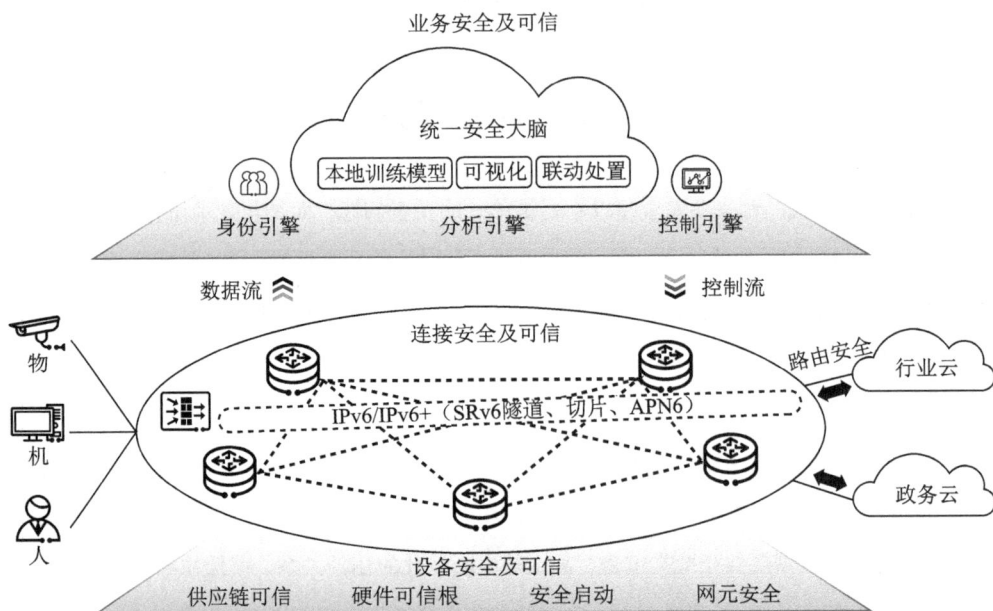

图 4-48　IP 网络安全架构

- 连接安全及可信。连接安全、可信的目标是构建确定性网络。首先，网络里的所有流量路径和行为都要具有确定性，避免存在不符合预期的流量，确保网络可信。例如，采用 SRv6 隧道、切片、APN6 等 IPv6+ 技术，确保流量路径可预期、行为可溯源，避免发生不符合预期的横向扩散和违规访问行为。然后，基于数字身份和信任评估框架构建持续的信任评估机制，加强入网可信身份验证，确保"身份可信"。最后，基于全网统一的身份和认证服务，为接入网络的实体对象提供唯一的可信身份标志，如数字证书、生物特征、设备 ID 等，再结合流行为分析，确保接入网络的人、机、物的身份可信和行为合规。

- 业务安全及可信。以业务和数据安全为核心，以基于 AI 的威胁关联检测为手段，实现云平台、网络、安全的一体化的智能安全防御。通过采集全网的流量、安全日志、告警、文件、资产等安全数据，并对这些数据进行全域安全检测，及时发现异常或违规行为，快速处置和闭环威胁事件，避免风险扩散。基于自动化的安全策略处置，可以将威胁闭环的时间从 24h 缩短到秒级，实现安全损失最小化。

通过上述 IP 网络安全架构，运营商可以构筑端到端的 IPv6 安全防护体系，通过风险识别与可信认证的双轮驱动，为 IPv6 网络提供安全、可信、合规的系统性保障。

4.5.2　设备安全及可信

近年来，通过网络及安全设备自身的漏洞成功渗透内部网络的案例屡见不鲜，这无疑对网络设备的健壮性和抗攻击性提出了更高、更严格的要求。对此，业界对网络设备的安全、可信进行了更多的研究和探索，取得了一定的成果。其中，网络设备的可信启动是为了保障设备从上电到正常运行过程中不会发生软 / 硬件的篡改及替换，网络设备的 3 面隔离则提升了设备自身的安全防护能力。

1. 网络设备的可信启动

可信启动提供了一种安全机制，可以有效阻止在启动过程中加载并运行未经授权的应用。启动程序通过签名公钥验证软件的数字签名，确保所加载软件的完整性和可信性，只有通过签名验证的镜像文件才允许被加载和运行。在启动过程中的任何阶段，一旦签名验证失败，启动过程都会被立刻终止。

如图 4-49 所示，设备的可信启动分为生产阶段、硬件启动、软件启动 3 个阶段。

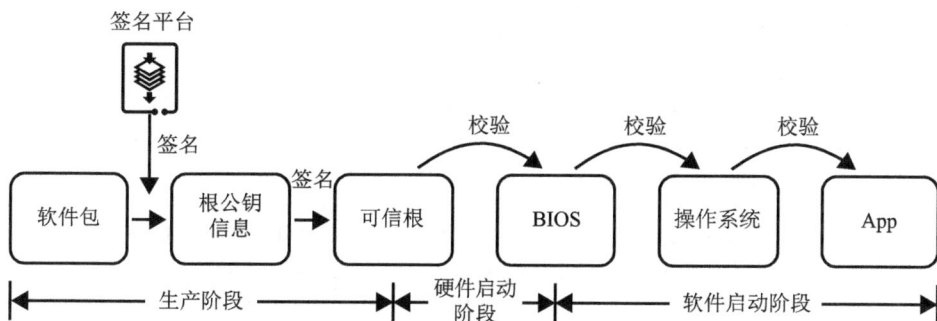

图 4-49　可信启动流程

生产阶段：通过统一的签名平台对软件包进行签名，得到根公钥信息以及可信根。在烧片阶段，将签名文件烧录到对应的闪存（Flash Memory）上，将根证书烧录到芯片内部不可更改的部分，再将片内引导程序内置于 SoC 内部的 BootRom 中，该 BootRom 具备不被非法篡改的物理属性。至此，设备芯片内部完成了可信根环节部署。

硬件启动阶段：系统上电或复位后，CPU 首先执行 BootRom，由 BootRom 对 BIOS（Basic Input/Output System，基本输入输出系统）与根公钥做 Hash 校验以确保其完整性。如果 Hash 校验失败，则拒绝启动 BIOS，直接复位系统；如果 Hash 校验成功，则启动 BIOS，信任链转移到 BIOS。

软件启动阶段：BIOS 用证书信息对操作系统进行签名验证，验证通过则加载运行，信任链继续传递给操作系统，验证不通过则拒绝继续启动。操作系统启动后，从软件包指定位置读取 App，然后对 App 进行校验。如果校验失败，则拒绝继续启动；如果校验成功，则启动 App。

上述过程实现逐级校验，建立从芯片可信根到产品应用软件的完整信任链，实现安全启动，保证软件、硬件不被篡改。

2. 网络设备的 3 面隔离

网络设备作为构建网络的节点，其自身的安全性尤为重要。通过对当前各类网元设备的分析和研究，并依据不同功能平面进行隔离防护，可提升网络设备自身的健壮性。网络设备可以划分为管理面、控制面、数据面，3 个面互不影响，但是又相互依赖，缺一不可。它们的功能如表 4-9 所示。

表 4-9　数据面、控制面和管理面的功能

名称	功能
数据面	也称为转发面或用户面，处理和转发设备上不同端口的各种协议类型数据，通过硬件转发表项实现基于协议特征的流量转发，包括 FIB（Forwarding Information Base，转发信息库）表、VLAN 表等
控制面	用于控制和管理所有网络协议的运行，提供了数据面所必需的各种网络信息和转发查询表项，例如 OSPF、IS-IS、BGP、ARP、IGMP、IPv6、MPLS 等
管理面	面向系统操作维护人员（或外部第三方管理软件），提供用户管理、证书管理，设备管理对象的监控、配置、告警、统计等，不直接对系统的运行状态产生影响，一般管理通道使用的协议有 SSH、SNMP、CLI、NETCONF 等

如果数据面不隔离，攻击者通过发送大量的非法数据报文攻击网络设备，可能导致设备的 CPU、内存等资源过量消耗，控制协议报文到达的时候可能因为缓冲溢出而被丢弃，控制面因而无法及时响应网络变化，导致业务受损。如果控制面不隔离，攻击者可能利用网络协

议漏洞攻击网络设备，可能导致非法提权，进而对其他面进行控制，或发起拒绝服务攻击导致网络设备无法正常工作。如果管理面不隔离，攻击者可能通过系统或第三方软件漏洞攻击网络设备，非法获取配置权限，更改网络设备配置，导致控制面协议中断、数据面业务错乱或受损。所以，每个面都要考虑部署相应的安全策略，以防范承载网可能受到的攻击。推荐的安全防护方法如下。

（1）数据面安全防护方法

方法一：配置安全访问控制列表，过滤掉已知网络攻击数据包。

方法二：应对典型协议报文的攻击进行防护，常见攻击类型包括但不限于 Ping of Death 攻击（利用超长的 ICMP 报文对系统进行的拒绝服务攻击）、SYN（Synchronize Sequence Numbers，同步序列编号）泛洪攻击（利用 TCP 的 3 次握手机制大量建立半链接，持续消耗系统资源的攻击）、Teardrop 攻击（通过发送携带错误分片标志位和偏移字段的报文导致系统异常的攻击）、Smurf 攻击（通过将 ICMP 应答请求报文的回复地址设置成受害网络的广播地址，导致目标系统异常的攻击）、Land 攻击（通过发送具有相同源地址和目标地址的欺骗数据包，导致目标设备异常的攻击），针对不同的攻击配置防护策略，如进行清洗、限速、过滤、丢弃。

（2）控制面安全防护方法

方法一：配置安全防护及访问策略，对设备控制、流量管理及其他业务流量等进行安全管控。

方法二：针对路由协议，应启用路由协议认证功能，确保与可信的设备进行交互，同时启用协议自有或网络设备增补的安全防护能力，提升路由协议交互的安全性。

方法三：按需配置各类表项的规格限制，如最大条目路由限制等，预防可能遭受的路由冲击，避免网络设备瘫痪。

（3）管理面安全防护方法

方法一：根据最小权限分配原则对设备管理账号进行权限管理、定期口令更新与留档审计等。

方法二：登录设备应使用 SSHv2 等安全协议，并通过 ACL（Access Control List，访问控制列表）限制可远程管理设备的 IP 地址段；网络管理系统应采用 HTTPS（Hypertext Transfer Protocol Secure，超文本传输安全协议）等安全协议，采集协议应采用 SNMPv2c 及以上版本。

方法三：关闭设备上不必要的服务及端口，如 HTTP、FTP（File Transfer Protocol，文件传送协议）、TFTP（Trivial File Transfer Protocol，简易文件传送协议）等，若有使用需求，应在受控的条件下使用，使用结束后回退到关闭状态。

基于上述 3 个面的防护及隔离设计，能够有效提升网络设备自身的安全性和可靠性，为 IPv6 网络建设提供可信的网元基础设施。

3. 网络管控系统的安全

（1）网络管控系统面临的安全威胁

网络管控系统主要部署场景包括 On-Premises（本地部署）场景和 SaaS 私有云部署场景。面临的主要安全威胁如下。

On-Premises 场景威胁：北向接入账号盗用、网络攻击风险；人为破坏导致双机无法备份风险；通过 API 漏洞提升权限篡改业务风险；非法接入、篡改网元通信报文等风险。

SaaS 私有云部署场景威胁：API 向公网暴露，存在远程入侵、网络攻击风险；账号盗用、隐私数据泄露风险；设备或者网络管理系统被仿冒，存在设备管理风险。

数据隐私威胁：全网的网络数据和终端消费者信息在数据管理、存储、发布等环节存在泄露、篡改风险。

北向非法访问威胁：对端系统环境安全性无法保证，通过互联网接入，受攻击或冲击风险大，存在客户端账号盗用、仿冒入侵、网络攻击等风险；攻击后存在数据泄露、篡改的风险。

南向网络攻击威胁：虚拟化网元采用 NFV 技术，从原来的封闭架构转变为开放架构，很多边缘设备会被部署在开放的环境中，网元受攻击的可能性变得越来越大。

（2）网络管控系统的安全目标

网络管控系统的安全目标是在合法、合规的前提下保护产品、服务及承载的用户数据的机密性、完整性、可用性，同时需具备可追溯性和抗攻击性。

安全目标一，机密性：确保信息在存储、使用、传输等过程中不会被泄露给非授权用户或实体。

安全目标二，完整性：确保信息在存储、使用、传输等过程中不会被非授权用户篡改，同时还要防止授权用户对系统及信息进行不恰当的篡改，保持信息内、外部表示的一致性。

安全目标三，可用性：确保授权用户或实体对信息及资源的正常使用不会被异常拒绝，允许其可靠而及时地访问信息及资源。

安全目标四，可追溯性：确保实体行动或信息流动可被追溯。

安全目标五，抗攻击性：系统或设备遭受攻击时，具备必要的防护能力。

（3）网络管控系统的安全方案

通过纵深防御体系，设置尽可能强大的防御火力，需要从多层次、多维度构建安全防护网。

安全方案一，网络层安全：利用防火墙在系统外围构建安全的网络隔离，防止攻击者轻易进入系统内部。

安全方案二，虚拟化隔离：通过 VM（Virtual Machine，虚拟机）隔离、虚拟网络隔离等将 VM 网络环境隔离，防止病毒在系统中肆意蔓延。

安全方案三，系统层安全：通过操作系统加固、DB 加固、Web 容器加固等消除或减少系统安全漏洞，消除或减少系统安全隐患，提高攻击者破坏系统的难度。

安全方案四，应用层安全：通过访问控制、安全传输、安全存储、个人数据保护等，减小和控制应用、数据丢失或损坏的风险，防止数据泄露或失窃。

安全方案五，安全运维：通过身份及权限管理、数字证书管理、密钥管理等，防止仿冒入侵，保障信息和数据的完整性和安全性。

4.5.3　连接安全及可信

连接安全及可信是指通过有效的技术手段，让网络中的流量按预期规划的路径流转。通过阻止不符合预期的流量，确保网络流量及用户访问都是符合预期的或确定的。SAVNET（Source Address Validation Network，源地址验证网络）和零信任是连接安全及可信中的两个应用较为广泛的技术。SAVNET 是一种基于源验证的网络内生安全方案，能够有效地识别和过滤网络中的虚假源。零信任则是一种接入安全方案，它提供了持续认证、动态授权的访问能力。

1. SAVNET 网络内生安全

源地址安全是互联网基础网络安全的两大核心支柱之一（另一个是路由安全）。基于源地址伪造的分布式拒绝服务攻击和网络欺骗是互联网中的长期核心威胁。伪造源地址发送报文会在仿冒位置信息的同时隐藏发送方的真实身份，给网络攻击识别和溯源带来了很大阻碍。目前基于源地址伪造的网络攻击有很多种，除 DDoS 攻击，还包括单包攻击、投毒攻击、基

于欺骗的蠕虫 / 恶意软件传播、反射攻击等。源地址伪造的网络攻击种类繁多、发生频繁，会造成大量经济损失，威胁国家安全。

当前网络环境中部署的源地址安全方案普遍为基于防火墙、访问控制列表的源地址伪造攻击防护体系。首先，通过大规模采集流量报文进行大数据分析，提取攻击报文的特征。然后，由网络安全专家依据经验和分析辅助工具，对提取的报文特征进行甄别和筛选。最后，按照分析结果，在设备上手动配置 ACL 规则，丢弃具有特定匹配信息的流量。此类方案存在缺陷，首先，依靠对已发生攻击的事后分析来防御未来的类似攻击，威胁感知较为滞后，且对流量报文特征的提取和筛选十分依赖网络安全专家的经验，易出现查全率和准确率不够高的问题。然后，此类方案缺乏前端路由信息支撑，难以准确定位全部攻击源头，且溯源过程耗时长。最后，攻击流量的拦截通常基于配置 ACL 策略，长期维护困难、易出错，且受到设备 ACL 表项规格的制约。

针对上诉源地址安全方案存在的问题，SAVNET 技术在及时性、全面性和精准性等方面进行了改进。SAVNET 技术可以生成本地转发表并发送原始的源前缀通告报文，报文包含源前缀和目的信息。网络设备收到通告报文则在本地生成源 IP 地址验证表，包含源前缀和入接口，同时接力发送源前缀通告报文。通过周期性通告与变化触发动态通告，同一个 AS 域内所有的路由器均会生成源前缀验证表，收到报文时自动查询源前缀表，检测源 IP 地址非法报文。SAVNET 技术可部署于域内和域间场景，保护网络内部和外部源 IP 地址。

SAVNET 技术提供基于网络内生的实时、全面、精准的检析控智能闭环系统，为网络提供全网覆盖的源 IP 地址威胁感知及可视化，自动化生成验证规则和精准过滤部署，并提供源 IP 地址伪造攻击监测和近源主动防护服务。

常见的 SAVNET 防御方案 [如 uRPF（unicast Reverse Path Forwarding，单播反向路由转发）、SAVE（Source Address Validation Everywhere，无处不在的源地址验证）] 采用基于路由信息的源地址验证方案实现攻击流量识别和主动过滤。这类源地址验证方案的基本原理是建立源地址与路由器入接口的映射关系，检测从该源地址发出的业务报文是否从相应入接口到达。考虑到如今互联网的连通性很强，通过验证业务报文源地址对应的入接口，可以极大程度检测出入接口异常，防止源地址伪造问题。

图 4-50 展示了 SAVNET 的实现过程。R2 上安装有 SAV（Source Address Verification，源地址校验）表，表示具有源前缀 P1 的业务报文的合法本地入接口是 a 接口。H1 是 P1 的合法持有者，其发往 H3 的业务报文可以顺利通过 R2；H2 发送伪造源地址 P1 的业务报文，由

于伪造的报文会到达 R2 的 b 接口，与 SAV 规则不匹配，所以该业务报文在 R2 处会被丢弃。

R2 上的 SAV 表

源前缀	合法入口
P1	a

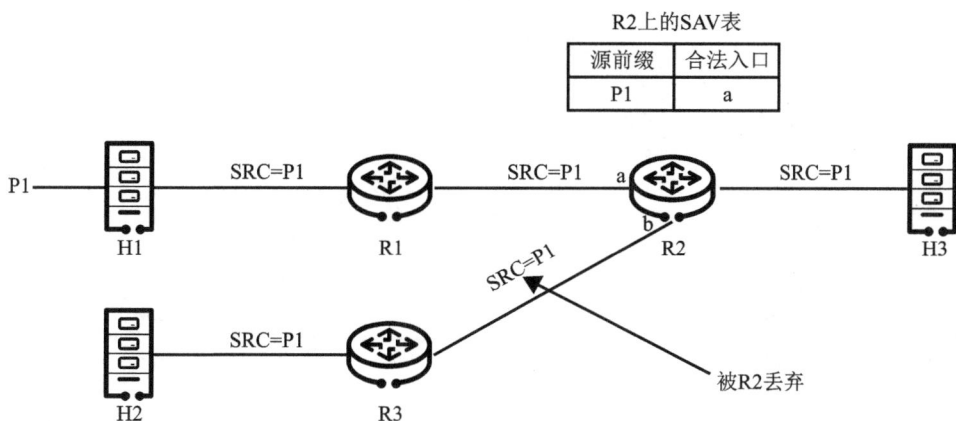

图 4-50　SAVNET 的实现过程

2. 零信任接入安全

零信任的核心思想是企业不应自动信任，应默认外部和内部威胁始终存在，所有的用户、设备、网络流量和应用等都应该经过认证和授权，安全策略必须是动态的，并基于尽可能多的信任要素确定，即"始终验证，永不信任"。它的本质仍是一种从零开始建立信任关系的思想，最初默认对系统内任何实体都不信任，经过对访问进行逐次验证、动态授权、持续评估，动态调整信任关系，最终达成安全、平衡的信任。

零信任是一种端到端的实体（用户 / 应用）鉴别、授权、访问控制框架，不再让实体基于其他部件建立信任关系。在实体"鉴别、授权"的过程中，可以根据终端环境与用户行为感知结果等，不断调整信任评估结果，以实现实体间的"持续可信"与"自适应安全"，提高安全性。

零信任通用安全架构如图 4-51 所示，其中关键组件的功能如下。

- PE（Policy Engine，策略引擎）：通过对终端设备属性、可信环境信息、用户访问行为、网络安全流量事件等信息的汇聚，对用户安全性进行动态信任评估，并根据评估结果进行风险联动通报和安全指令下发。

- PA（Policy Administrator，策略管理）：对实体进行集中策略管理与授权，为访问主体颁发唯一身份凭证；与 PE 进行联动，接收风险联动通报和安全指令，根据风险对用户进行对应的权限判定；与零信任策略执行点联动，下发动态访问控制策略。

- PEP（Policy Enforcement Point，策略执行点）：与 PA 联动，执行动态访问控制策略，实

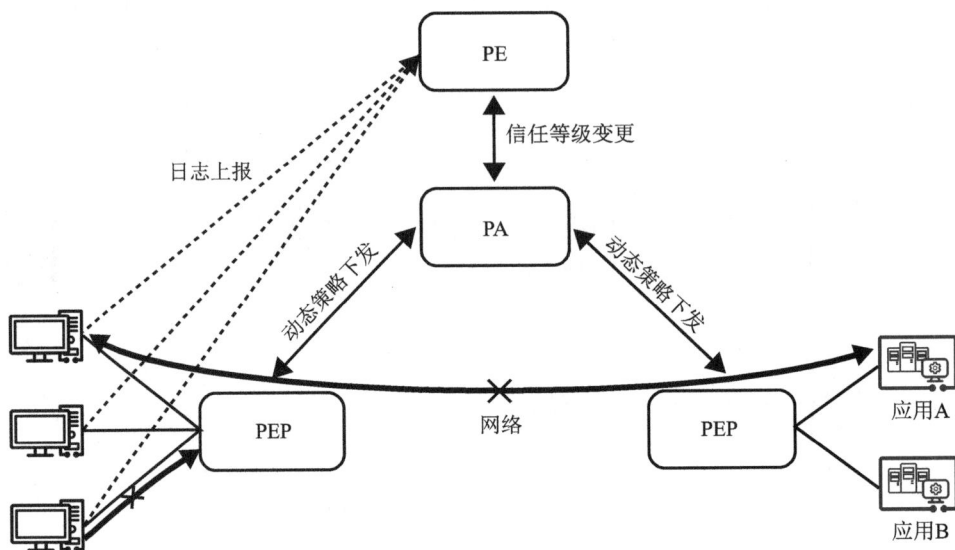

图 4-51　零信任通用安全架构

现细粒度的访问控制。

零信任通用安全架构以"身份"为中心，实时感知实体的安全环境变化，持续通过多维（如终端风险、网络流量、用户行为等）的环境风险评估，动态调整实体的信任等级，并据此进行实时的访问授权变更，保障用户访问业务全流程安全、可控。根据终端用户类型和接入方式的不同，零信任接入支持 PC 端、移动端、物联端等多类型设备的本地接入和远程接入等不同场景。

4.5.4　业务安全及可信

基于对 IPv6 机制及先进理念的探索，结合设备可信及安全、连接可信及安全构筑的可信基础，各运营商在业务安全及可信方面也有了诸多成功实践。例如，云网安一体化防护方案通过持续的全量安全数据收集、AI 加持的关联分析引擎、协同联动的自动化处置能力等，为业务安全提供了端到端的防护能力。基于 IPv6 扩展头的应用访问控制方案，充分发挥了 IPv6 特性，提供了比 IPv4 时代更加精细和可随路验证的访问控制能力。

在可信网络基础和确定性网络的基础上，通过对云平台、网络、安全等信息进行持续的全量收集，并进行统一的安全分析、动态评估和整体呈现，打破安全运营烟囱，实现自适应攻击防御，提升安全分析精准率，实现精准溯源，缩短威胁遏制时间，最终实现云平台、网络、安全一体化防护和一体化运营。

云网安一体架构提出了"一体分析、一体决策、一体处置"的基本原则，颠覆了传统静态、被动、单点的安全防护思路，旨在打造智能化的网络安全架构，实现风险持续检测、威胁主动研判、智能全局防控。

（1）一体分析

为了提升安全事件分析的准确性，需要收集尽可能多的信息，特别是终端（含服务器）的信息、流量的信息、安全日志的信息等。这些信息分别散落在不同的网络位置，必须要对端、网、云、安进行统一纳管并收集，设置唯一的安全"大脑"，以获得更精准的分析结果。在信息收集的时候，需要遵循的原则是：尽可能搜集全面，但同时要考虑成本。另外，在信息收集之后，还需要基于智能威胁分析模型进行大数据关联分析、综合分析和研判，实现威胁告警准确率的提升，减少无效告警。由此可实现云内和云外数据协同，威胁一并呈现，全网安全态势一体呈现，提升安全运维效率。

（2）一体决策

为了尽可能对核心资源进行保护，在初次认证通过后，需要对终端和用户的风险进行实时评估，评估的维度要包含终端风险、网络流量异常和用户违规行为（例如用户访问位置的突然变化）等信息。基于多维的评估结果，对终端或用户风险给予评分，结合终端或用户的身份对终端或用户的权限进行调整，实行降级、阻断等操作。

（3）一体处置

当识别到严重威胁时，需要立即自动或者手动确认后对威胁进行遏制，以避免威胁进一步扩散到其他位置。对于遏制的位置有多种选择，如果位置选择过高，威胁会继续扩散到同区域内的其他资产处，因此必须选择尽可能接近攻击源且在可控制范围内的设备。如果手动对接入位置进行排查，一般需要查找多台网络或安全设备的日志、表项等才能够找到准确位置，还有可能涉及跨部门的协同，耗时往往在小时级甚至天级，效率低下。所以，可通过分析层、管控层、执行层设备之间的自动化协同联动，实现威胁源分钟级快速定位、分钟级近源快速处置的能力，彻底消除当前的威胁，有效提升运维效率。

基于前述设计目标，为了实现统一分析、近源阻断、精准溯源3个目标，云网安一体架构分为执行层、控制层、分析层3个层次，如图4-52所示。

执行层是指参与业务交互的物理设备及运行在物理设备之上的应用软件，由终端、网络、

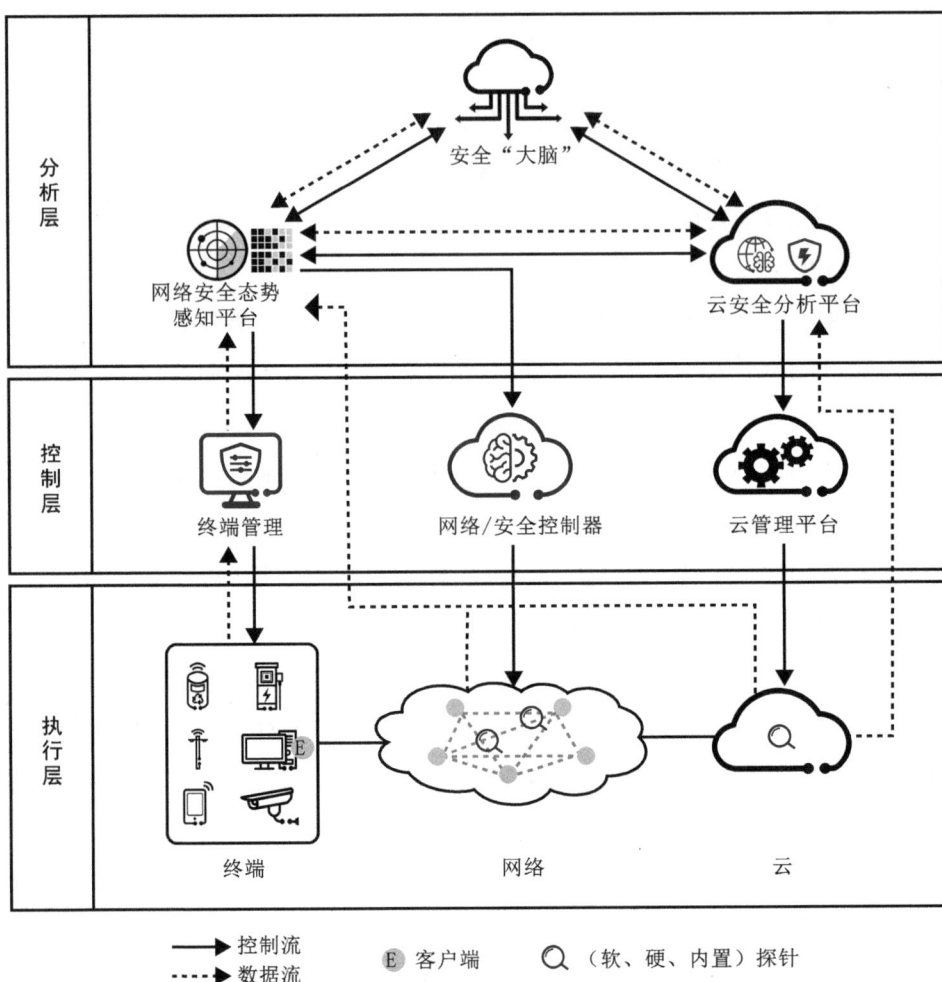

图 4-52　云网安一体架构

云 3 个部分组成，每个部分均包含各自的安全设备。其中，终端包括物联终端、办公终端、智能终端（如手机）等。网络通常由广域网和园区 / 物联接入网组成，上下级网络通过广域骨干网完成连接。云包括云平台、云内应用、数据、云数据中心网络 4 个部分。执行层在整体架构中负责收集转发用户流量，收集资产、状态、流信息、日志信息等，并上送给安全管理中心，接收从控制器下发的授权策略和阻断策略，对终端、用户、流量进行相应的处置。

控制层由终端管理、网络 / 安全控制器、云管理平台等组成。其中，终端管理负责收集终端资产、终端状态、终端安全日志等，并对终端进行安全处置。网络 / 安全控制器通过南向

NETCONF、SNMP 等接口，统一管理、控制物理和虚拟网络，完成网络配置的自动化下发。同时，北向与安全大数据平台对接，完成安全威胁的自动化闭环。云管理平台负责云业务的部署，以及虚拟网络、虚拟机创建等服务。控制层在架构中，向下对执行层进行管理、控制，向上和安全大数据平台进行协同，提供溯源等信息。控制层从分析层接收授权 / 阻断 / 查询策略并下发给执行层，是实现自动化阻断和溯源的关键部分。

分析层由网络安全态势感知平台、云安全分析平台和安全"大脑"等组成。其中，网络安全态势感知平台收集终端和网络的信息，并进行分析，实现网络侧的态势感知。云安全分析平台负责收集云平台、应用、数据的安全信息，完成云自身安全威胁分析。安全"大脑"负责统一收集网络安全态势感知平台、云安全分析平台的事件信息，并进行关联分析和威胁统一呈现。在实际部署中，安全"大脑"可能和网络安全态势感知平台或者云安全分析平台合一。分析层在整体架构中通过智能算法对所有信息进行综合分析和研判，并对全网的安全态势进行统一呈现，将需要处置的事件下发给控制器进行处理，是云网安一体架构的核心。

4.5.5 路由安全

边界网关协议是核心的互联网域间路由系统协议，也是连通全球网络空间的技术基石。近年来，路由安全问题频繁发生，随着网络的长期运行，路由安全策略逐渐累积，变得越来越复杂，导致维护难度加大。例如业务需求变化时，调整策略通常需要人工操作，这不仅效率低下，而且缺乏预防性措施。更严峻的是，面对恶意劫持等安全威胁，现有策略往往难以提前防护，通常威胁在造成严重影响后才被察觉，导致无法及时响应。此外，当异常发生时，缺乏有效的手段来跟踪威胁变化过程和确定源头，使得溯源变得困难。这些问题凸显了传统路由安全策略在适应性、预防性和响应性方面的不足，亟需通过更智能和自动化的方法来提升网络的安全性和运维效率。

1. BGP 路由安全分析应用场景

BGP 路由安全分析是确保网络稳定性和安全性的关键应用，它在宏观和微观层面上提供了全面的监控和分析能力。

在宏观监控方面，BGP 路由安全分析特性能够基于可视化运维能力精确绘制出用户视角下的全球 BGP 各 AS 域的连接关系图。通过 AS 拓扑视图直观看到全球互联网路由在 AS 域间扩散到本地的方向和路径、BGP 路由 Peer、AS 发布路由、BGP 路由 Peer Down、AS 发布 Prefix 波动告警等信息，实时对全球网络质量进行评估，并通过 AS 路径特征分析发现路由异常。异常事件包括从邻接对等体中收到更明细的路由前缀、相同的路由前缀变更源 AS 信息、相同的路由前缀变更 AS PATH 信息、路由前缀违反商业关系以及非法泄露给邻接对等体等。

在微观监控方面，BGP 路由安全分析特性能够通过重保路由的可追溯性能力，监控重要用户 IP 地址段以及知名 ISP 的 IP 地址段的变化。由于这些路由通常在较长时间内保持稳定，任何微小的变更都可能指示潜在的安全问题。常见的异常事件有 BGP 路由震荡异常、BGP 邻居建立、BGP 邻居拆除、BGP 前缀撤销、BGP 路由路径变化、BGP AS 源变化、商业关系和路由劫持等。

2. BGP 路由安全监控关键技术

关键技术一：路由采集技术。网络设备的 BGP 运行状态可通过 BMP 进行实时监控，涵盖 BMP 会话的初始化与终结、对等体关系的建立与解除，以及路由前缀的更新与撤销等。BMP 主要部署在 IGW 节点和运营商互联互通节点，以非侵入方式高效采集路由状态。与传统的人工查询相比，BMP 的采集效率显著提高。与 BGP 邻居采集方式相比，BMP 能够采集包括 Adj-RIB-in、Adj-RIB-out 和 Local-rib 在内的多种路由信息（见图 4-53），提供更原始和多样的数据源。BMP 的另一个优势是其与厂商无关，任何支持 BMP 的设备都可以作为 BMP Client 端，主动向上层控制系统上报路由变更信息。BMP 采集系统使用的 BMP 标准如下。

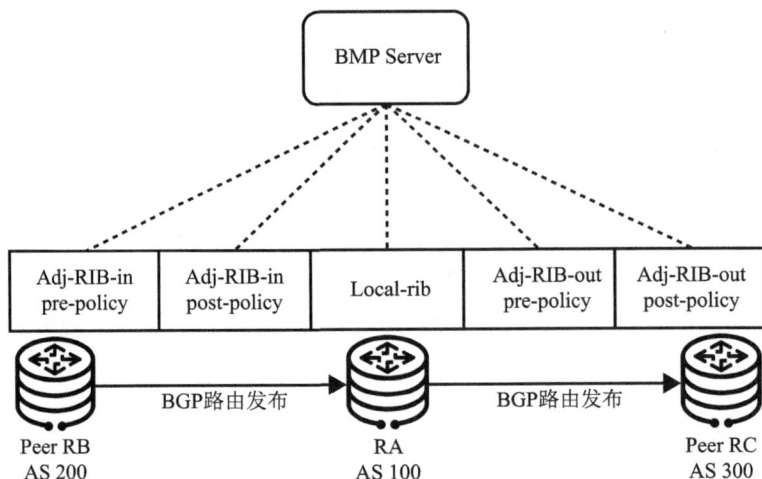

图 4-53 BMP 采集系统

- RFC 7854：定义了 BMP（Adj-RIB-in），支持监控 BGP 的邻接路由信息。

- RFC 8671：在 BMP 中增加了对 Adj-RIB-out 的支持，允许监控 BGP 的传出路由信息。

- RFC 9069：在 BMP 中增加了对 Local-rib 的支持，允许监控本地路由信息。

关键技术二：高性能计算技术。要实现对 IP Core 路由安全的检测，需要将学到的路由信息发布给其他 AS 进行检测，确保学到的路由是可信的，且发布的路由不会引起路由泄露，这就要求 BMP 服务器具备强大的高性能计算能力。BMP 采集的大量 BGP 数据需存储在数据仓库中，并通过数据映射模型转化为持久化的 BGP 网络孪生体数据。BGP 路由分析服务利用预设的形式化流水线，高效处理这些孪生体数据，生成有用的业务信息。数字孪生体管理能力使用户能够直观地管理 BGP 网络孪生体数据的完整生命周期，并提供数据的可视化展示。

关键技术三：路由态势感知。为了洞察路由变化趋势和背后的深层次原因，BGP 路由分析服务在如下几个方面实现路由态势感知。

- BGP 全球洞察：通过大数据分析路由波动率可以呈现前缀增删改数量变化曲线、前缀总数变化曲线，以及各变化率 Top N 统计。

- BGP 路由可视：NCE 基于 GIS 地图的 BGP 拓扑增量计算，可以呈现 global AS、AS 连接关系以及路由在 AS 间扩散的路径信息等。

- 异常事件可视：支持识别路由源 AS 变更、AS 路径变化、路由撤销、路由突增等异常事件。

- 路由变更回溯：为了识别路由变化规律，通过数据孪生系统支持 3 个月以上的路由变更历史回溯能力。

4.6　参考文献

［1］　ZHOU C, YANG H, DUAN X, et al. Digital twin network: concepts and reference architecture [R/OL]. (2022−07−11) [2024−04−30].

［2］　MARQUES P, SHETH N, RASZUK R, et al. Dissemination of flow specification rules [R/OL]. (2009−08) [2024−04−30].RFC 5575.

第5章

IP 自动驾驶网络的应用与实践

IP 自动驾驶网络的愿景是为千行百业输送数字动能，为用户提供自助订购零接触、分钟级开通零等待、自助排障零故障的云网一体电商化体验。首先，对于网络而言，IPv6+ 是 IP 网络的新引擎，通过 SRv6、切片和 IFIT 等协议技术的创新，实现数据包级别的精准控制；其次，智能管控系统则有助于构建网络高清数字地图，实时感知网络状态，对外提供网络连接、拓扑和分析的服务化接口，与全球 OSS 厂商开放集成；最后，在设备、网络和业务 3 层均引入 AI 技术，让分层闭环的智慧决策成为可能。

本章将进一步探讨实现 IP 自动驾驶网络的典型应用与实践，围绕网络规划、建设、维护及优化四大核心场景，详细阐述 IP 自动驾驶网络典型的应用与实践，深入探讨 IP 自动驾驶网络技术如何帮助运营商与企业提升网络运维效率、降低运维成本、优化用户体验。

5.1　基于大模型技术的 Net Master 智能运维助手

1. 项目背景

某移动公司承载了全国最庞大的移动用户群体，管理了一张复杂度极高的移动网络。随着网络规模的日益扩大和用户需求的日益增长，运维人员遭遇了一系列挑战。

挑战一：由于基站、专线类业务的接入设备种类繁多，导致资源核查变得复杂。

挑战二：业务中断排障断点多，一旦网络业务出现中断，由于网络结构复杂，需要花费大量时间和精力进行故障定位和处理。

挑战三：当故障发生时，需要到设备处进行故障查询和诊断，但往往需要等待较长时间才能获得查询结果。

这些排障流程中存在的断点，导致运维成本居高不下。因此，该公司在网络运维中的核心挑战是最小化网络故障对用户体验的影响，并实现故障处理的自动化闭环管理。这不仅需要减少对专家经验的依赖，还要简化运维人员在多系统数据和多现场工程师之间的复杂交互。

2. 解决方案

华为 iMaster NCE 基于网络数字地图丰富的 API，构筑了"一图一脑"（网络数字地图 +Net Master）的整体方案架构，基于华为盘古大模型进行增量训练，依托智能网络的融合感知能力提供丰富的网络 KPI 数据。Net Master 面向网络运维人员和现场代维上站人员，提供自然语言对话式运维能力，简化疑难问题定位、网络资源智能查询等操作，大幅提升运维效率和质量，推动"AI+ 故障监控"端到端自动化闭环。Net Master 排障闭环过程如图 5-1 所示。

Net Master 在 3 个业务流阶段应用大模型技术，实现排障流程简化和运维效率提升。

- 故障识别阶段：对告警数据进行关联聚类，应用 IFIT 技术，输出原因告警，减少无效派单数量。
- 故障诊断阶段：基于 Agent 和意图理解的能力大幅提升排查效率，精准找到故障原因。
- 故障闭环阶段：打造"中小屏助手"，打通"运维最后一公里"，改变了一线作业人员烦琐的电话或微信沟通方式，大幅度减少上站成本。

如图 5-2 所示，Net Master 基于大模型智能决策 Agent 技术和网络数字地图丰富的 API，实现基于角色的 Copilot 和基于场景的 Agent 这两类应用的能力增强，改变了原来的小模型和固定关键字检索模式，实现了思维链排障和自然语言交互，实现从智能硬件到故障管理系统的系统能力的全面提升，支撑外线作业人员和 NOC 运维工程师高效作业。

3. 客户收益

某移动公司 SPN（Slicing Packet Network, 切片分组网）专业科室已经有 300 多名运维工程师在日常运维中使用 Net Master 智能运维助手。其中，中屏累计调用 1 万多次，小屏累计调用 2 万多次，排障自动化率达到 90%，运维提效约 80%，实现故障上站自查询，无须微信沟通，详细描述见表 5-1。

表 5-1　客户收益

团队	使用场景	场景描述	单次时长优化
传输维护团队	报障协查	基站业务或集客业务、个障/群障排除	30min 缩短到 5min
	资源核查	查询空闲端口，查询环带宽、环双规	10min 缩短到 3min
	隐患排查	根据基站 IP 确定重保网元，选定隐患进行巡检	天级缩短到小时级
	协维支撑	查光功率、查告警、查故障拓扑、查带业务	15min 缩短到 1min
现场代维团队	查询信息	查光功率、查告警、查故障拓扑、查带业务	15min 缩短到 1min

业务流程阶段：

| 故障识别 | 故障诊断 | 故障闭环 |

传统流程

海量告警

工单系统派单 → 故障领域确认 → 故障影响对象排查 → 故障原因诊断 → 接收工单 → 工单信息查询 → 故障对象确认 → 修复结果确认 → 回复工单

智能化流程

Net Master：告警智能聚合，基于原因，精准派单

Net Master：自动问答，故障原因

Net Master：多轮对话，精简给出

接收工单

手机App：知识问答，状态自查询，协助上站修复

回复工单

Net Master 中屏、小屏协同

"一图一脑"，对话式交互，关联OMC界面，自动生成

上站App自诊断，自查询，实时交互，减少沟通成本

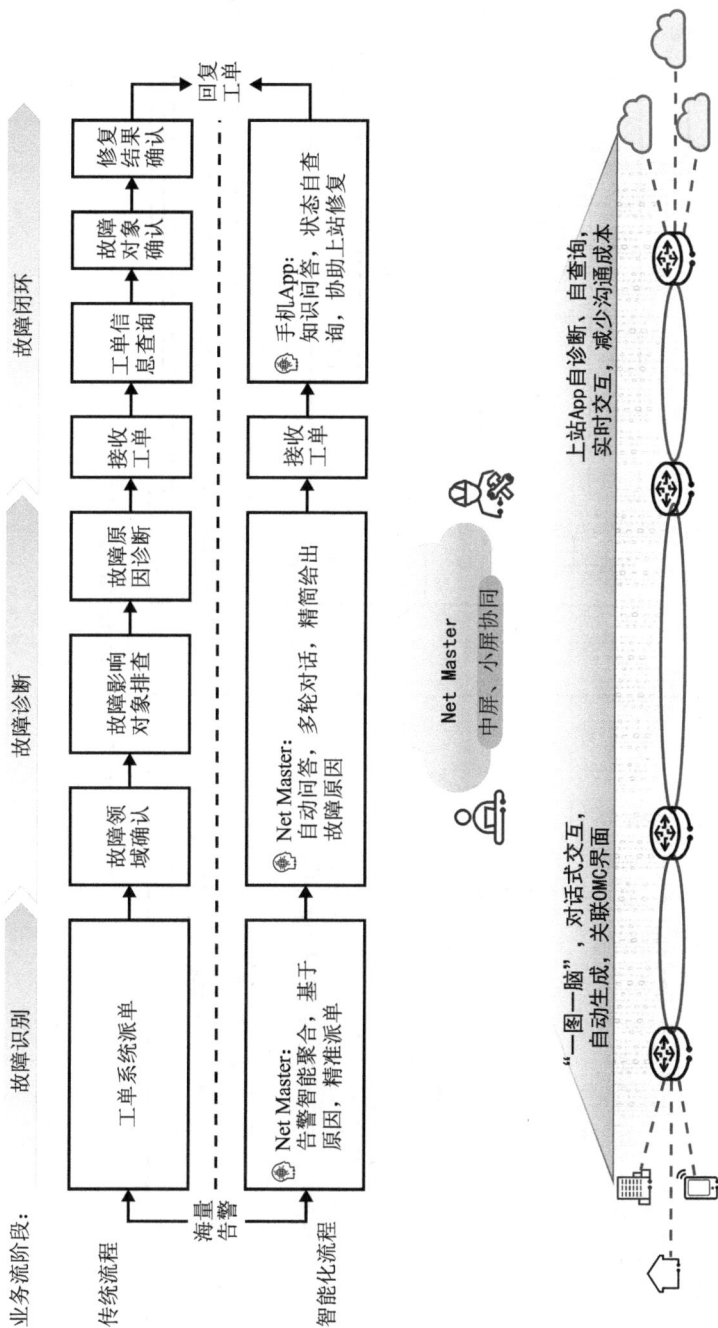

图5-1 Net Master 排障闭环过程

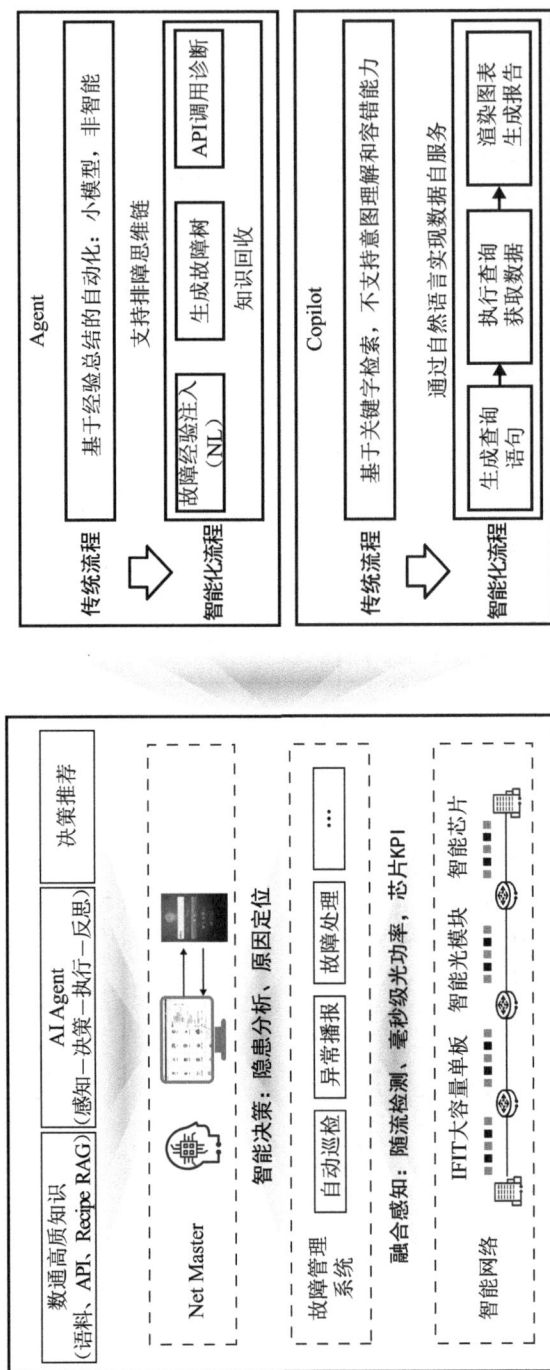

图 5-2　Net Master Copilot 和 Agent 能力

5.2 基于流程可编排技术的业务自动化

1. 项目背景

当前 4G/5G 基站开通部署流程如图 5-3 所示，存在的问题主要有以下两方面。

- IP 地址分配容易冲突：使用 Excel 表格手动分配，复制多个表格，存在操作耗时长和资源分配容易冲突的问题。

- 电路调度配置耗时长：使用网络管理界面，手动单击多个界面，单条电路开通需约 35min。

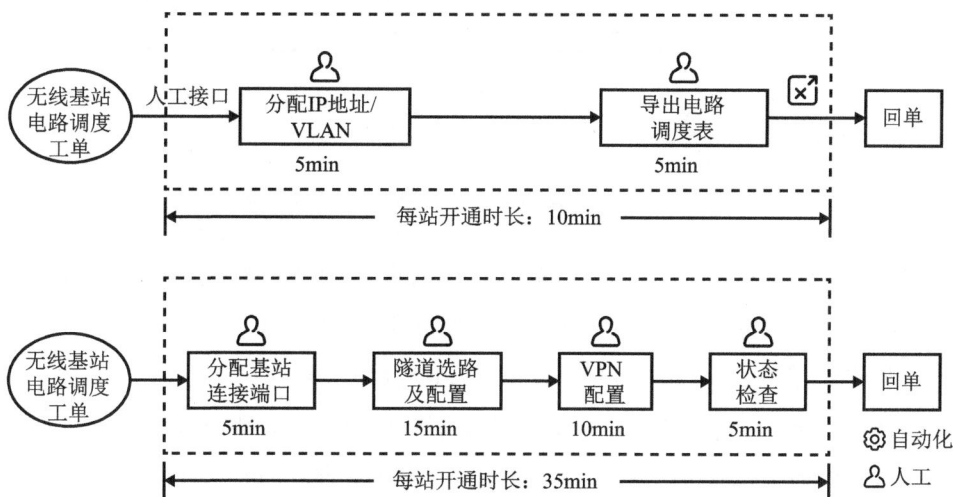

图 5-3 当前 4G/5G 基站开通部署流程

据统计，5G 基站的建设密度将会是 4G 基站的 4～6 倍，传统基站开通手段难以为继，某运营商未雨绸缪，与华为共同创新孵化了 5G 承载电路自动开通解决方案。该方案无须人工设计部署参数，支持 5G 基站业务批量开通，可以大幅减少重复作业，实现分钟级业务上线。

2. 解决方案

5G 承载电路自动开通解决方案通过跨域场景的快速编排，实现电路自动激活和业务的自动发放，5G 承载电路自动开通包括电路自动激活和业务自动发放两部分，详见图 5-4。

- 电路自动激活：从综合资源管理系统获取到电路调度单和业务工单中关于业务开通等场景的需求，需求包括业务名称、接入机房、电路级别、带宽要求等信息，支持电路激活方案自动化设计，实时同步网络已占用资源，自动分配基站 IP 和 VLAN，调用隧道、网元、VPN、路由域等基站业务开通原子 API，完成电路自动开通。

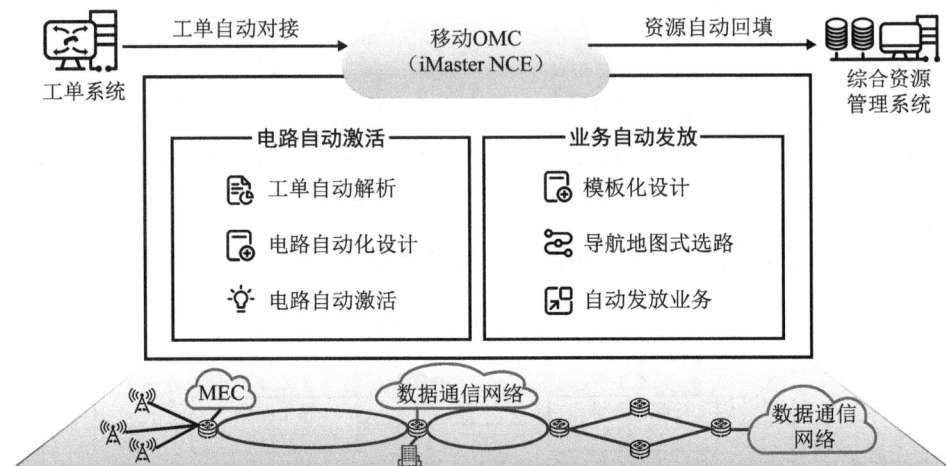

图 5-4　5G 承载电路自动开通解决方案整体架构

- 业务自动发放：iMaster NCE 基于预配置模板，提取 5G 基站所属的 L3VPN 域名称等预配置信息，实现业务开通自动化，并将业务开通状态信息基于接口方式返回给综合资源管理系统电路调度单，用于 5G 基站业务开通工单的闭环处理。

5G 承载电路自动开通解决方案通过跨域场景的快速编排，实现电路自动激活和业务自动发放，包括接口自动部署、免人工设计、业务流程可编排、一键批量自动化部署等关键技术。

（1）接口自动部署

L3VPN 到边缘配置要求涉及隧道、网元、VPN、路由域等，方案将一次性配置设定为人工预部署，伴随基站上线生成的配置通过接口自动部署，保证效率提升的同时极大降低了业务自动部署的人工设计复杂度。

（2）免人工设计

自动设计代替人工设计，实现效率翻倍和人员减半。自动设计的流程如下。

第一步，综合资源管理系统派送调单，获取开站要求，结合综合资源管理系统数据，进一步识别出基站连接的 UPE 网元。

第二步，解析设备面板图，提取单板类型，从 iMaster NCE 侧同步存量可用的网络资源，按需提取对应的端口信息。

第三步，基于 SPE 对分配 C 段地址，按接入环分配具体 C 段地址，剔除存量已用 IP 后，从剩余可用资源中按规则提取 IP 对或 VLAN，分配给接入网元和基站。

第四步，调用预配置的模板，提取基站业务归属的 VPN 域名称等预配置信息，完成业务开通。

（3）业务流程可编排

5G 基站业务开通方案基于不同业务场景，调用流程编排能力，仅需修改标准组件对应的数据逻辑，即可实现新场景适配。集团企标定义的标准 OMC 接口与 DC 提供的标准北向接口均可称为组件，5G 承载电路自动开通解决方案支持对标准接口进行组合，形成新的业务组件，降低上游调用的复杂度。

（4）一键批量自动化部署

一键批量自动化部署，包括隧道路径自动计算和下发、VPN 创建、用户路由扩散自动计算等功能。其中，隧道路径自动计算功能为用户呈现多条候选路径并供用户选择。用户选择了相应隧道的路径后，后续在建立隧道时会保证隧道路径尽量按照用户的期望建立。

3. 客户收益

5G 基站业务开通方案的效率提升主要表现在网络设计、开局配置、网络测试 3 个建设阶段。

网络设计阶段：传统基站开通方案依赖人工通过模板分配数据，工作量大，可能出错；5G 基站业务开通方案支持基于资源池系统自动分配空闲端口、IP 地址校对，避免人工填写端口和 IP 地址导致的资源冲突问题。

开局配置阶段：传统基站开通方案依赖线下邮件调度和在网络管理多个界面切换配置业务，需要人工回填资源数据，效率较低；5G 基站业务开通方案支持在资源管理系统一键式触发 SPN 业务自动配置，配置完后自动回填资源管理数据，单条基站业务激活时间从 45min 下降到 3min，业务开通效率提升至原来的 15 倍。

网络测试阶段：传统基站开通方案依赖人工使用工具进行基站业务连通性测试，5G 基站业务开通方案则支持业务下发成功后，系统自动向资源管理系统发送业务激活成功的通知，无须手动登录网络管理平台进行基站业务 Ping 和 Traceroute 测试操作。

5.3　基于 AI 技术的智能故障管理系统

1. 项目背景

传输网故障管理面临以下 3 个痛点，导致运维过程中冗余工单比较多，上站故障定位和维修效率低。

- 传输网告警和工单量大：中等省份 SPN 告警量每月大概有 8000 万条，其中传输告警占比超过 50%，传输故障工单每月超过 3000 张。

- 故障处理效率低：运维人员接收到故障工单后，通过电话或者工作群求助网络管理维护人员进行故障定界、定位，确定故障对象后进行故障排除，每工单平均故障排除时长超过 150min。

- 故障工单信息不准确：由于缺少关联告警原因衍生关系、物理拓扑、业务影响性等关键因素，导致工单信息中缺少关键信息，如光缆中断工单中因光纤宿端网元信息缺失，无法指导运维人员精准上站排除故障。

2. 解决方案

iMaster NCE 智能故障管理系统通过告警聚类的在线训练和实时推理能力，实现 Incident 管理、原因告警分析的 E2E 智能运维能力，减少运维人员对无效事件和衍生事件的处理频次，提升故障处理效率，达到降工单、快定界的目的。

如图 5-5 所示，智能故障管理系统支持 AI 模型在线学习和实时推理，迭代训练出事件聚类模型及故障传播图，增强模型的泛化性，持续丰富应用场景，提升模型准确性。AI 模型覆

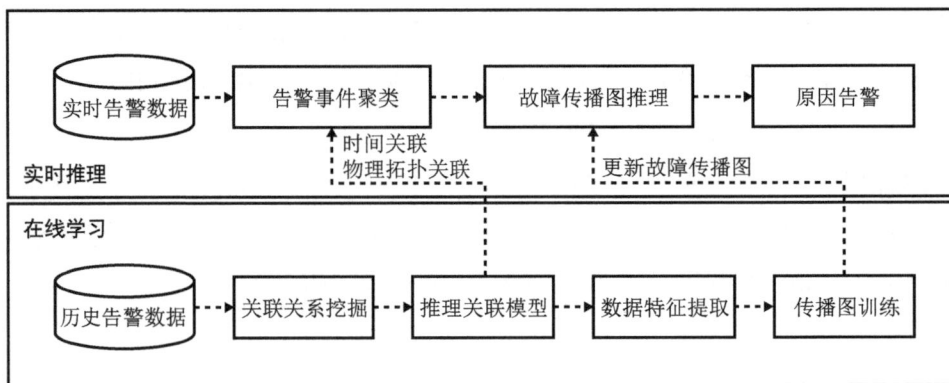

图 5-5　智能故障管理系统 AI 模型训练流程

盖设备、单板、电源板、子卡、光模块、物理端口等常见的 6 类 25 种典型原因告警场景。

如图 5-6 所示,智能故障管理系统收到网络告警后,通过 AI 聚类算法,将大量相关的告警归并生成某个网络 Incident,并对该 Incident 进行原因告警识别,呈现该 Incident 的原因事件和衍生事件,自动进行故障传播图画像诊断和业务影响分析,减少运维人员对无效事件和衍生事件的处理频次,提升故障处理效率,实现"降工单、快定界、简上站"。

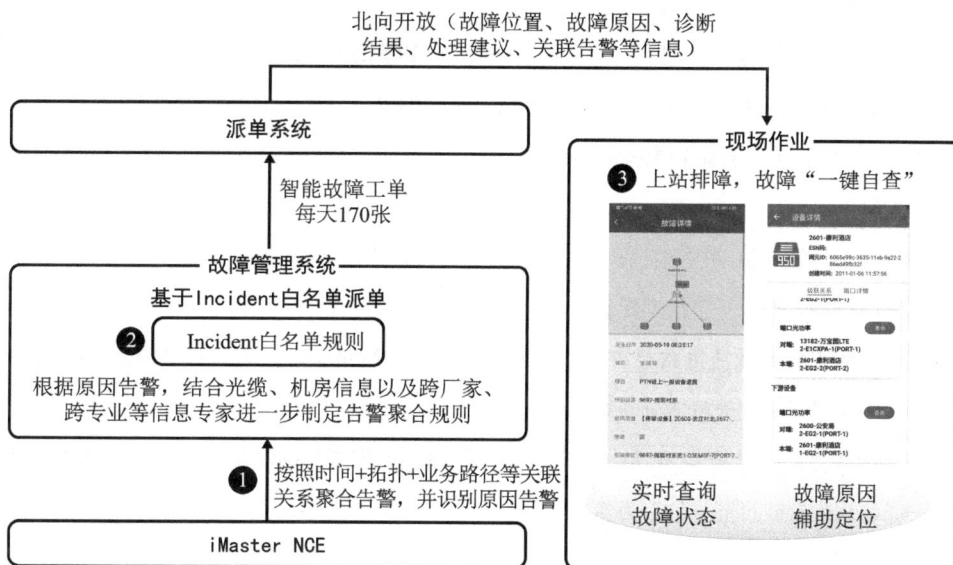

图 5-6　智能故障管理系统告警处理流程

3. 客户收益

SPN 智能故障管理已经融入用户传输网工单系统处理流程,由原来的告警派单转变为故障派单,在实际应用中用户传输故障工单同比减少 40% 以上,提供原因告警支撑故障上站处理,故障处理效率整体提升 20%。

5.4　基于网络仿真技术的配置验证

1. 项目背景

IP 网络承载着大量跨地市、跨省份,乃至跨国的语音及数据业务,网络配置变更属于高危操作,必须非常慎重,以避免可能造成的重大损失。一个细小的路由配置错误就可能引发广泛的影响，给运营商和用户带来巨大的经济损失。IP 网络具有规模庞大、管理复杂、单点配置错误影响大等原生特征。

- 规模庞大，管理复杂：随着设备和业务数量的增加，管理难度呈指数级增长，对运维人员的技能要求也相应提高。

- 单点错误，全网扩散：由于 IP 网络采用分布式路由协议，一个单点的错误会迅速扩散至全网，造成网络级别的事故。

- IP 出错，业务瘫痪：IP 网络作为底层基础设施，IP 网络故障会触发核心网等业务瘫痪。

如图 5-7 所示，传统 IP 网络配置变更流程无法预知配置变更对网络的影响，也就无法确保配置的 100% 正确。要做到配置的 100% 正确，需要通过技术手段事前感知配置对网络的影响，识别错误配置。

- 错误配置可能导致路由数突增、突降：IP 网络存在各种路由策略，路由策略会影响 IP 网络路由选路规则，一条错误配置可能会影响百万路由。

- 错误配置可能导致流量路径突变：IP 网络存在各种链路参数，比如 IGP Cost、TE Metric 等，一条错误配置就可能导致路由黑洞。

- 错误配置可能导致流量突降：IP 网络存在各种 QoS 配置，QoS 配置会影响流量的大小，一条错误配置就可能导致百万流量突降。

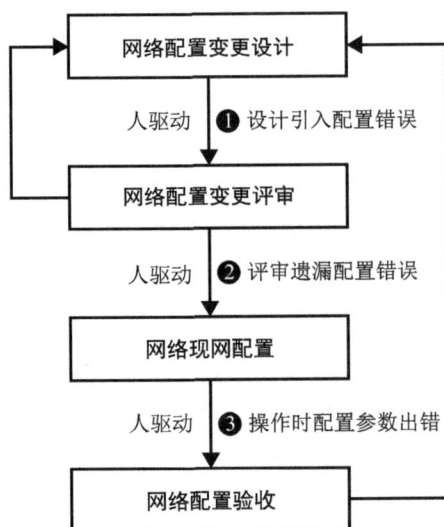

图 5-7 传统 IP 网络配置变更流程

2. 解决方案

iMaster NCE 配置验证系统基于华为网络数字地图内生高精度仿真框架，实时在线生成高精度镜像网络，以网络配置变更、互联路由与流量等作为输入，模拟网络协议、流量的状态和行为，仿真网络设备的路由表项与转发表项，为网络变更风险评估提供真实、客观的基础数据。

iMaster NCE 配置验证系统在网络业务割接前模拟业务路由变化，割接方案涉及复杂 IGP/BGP 调整，存在路由环路风险。如图 5-8 所示，用户割接前通过云网预知系统完成割接方案评估、验证，仿真网络协议以及流量流向的变化，最大限度避免了割接带来的业务安全风险。

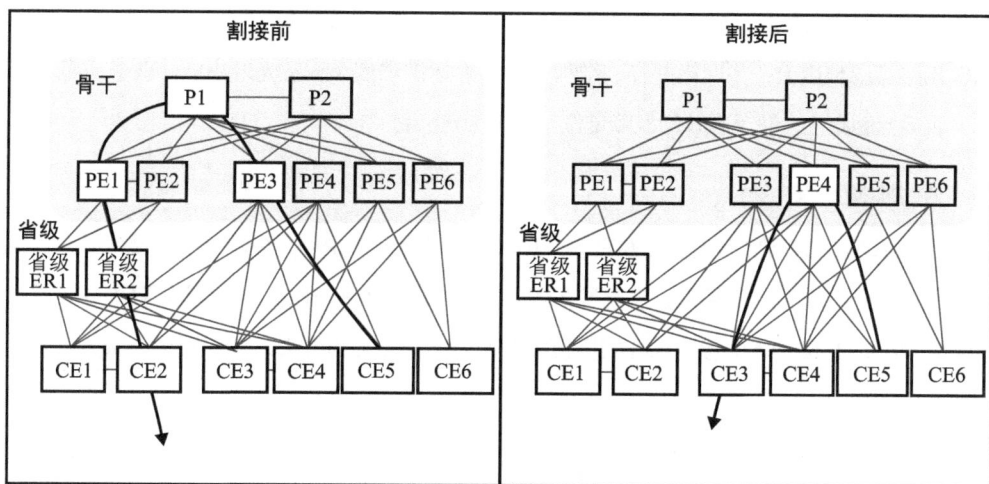

图 5-8　数字地图仿真网络配置变更，预测业务流量流向

注：ER 为 Edge Router，边缘路由器。

3. 客户收益

用户与华为开展深度合作，结合网络数字地图内生高精度仿真服务能力加持，提前感知配置变更对网络的影响，做到风险配置变更事前评估，错误配置不入网，运维效率大幅度提升。未来，用户还将在 IP 网络运维自智方向进一步探索、创新，持续提升网络运维的自动化、智能化水平，助力全国数字经济不断发展。

5.5　基于确定性 SLA 技术的云网自动化

1. 项目背景

随着数字化的快速发展，传统的网络和服务面临着前所未有的挑战。对外，众多业务需要提供差异化的连接和服务保障，以满足不同场景下的 SLA 诉求。对内，需要追求网络建设及运维的简化、智能化、灵活化与高效化等。遇到的具体挑战如下。

- 差异化用户体验难保障：不同业务资源抢占，无法满足不同业务的差异化 SLA 诉求；某些业务（例如普教网）对公网质量的高度依赖使得用户体验难以保障。

- 业务开通效率低：CPE 部署烦琐，工程师现场安装耗时长，加之多级工单协同、VPN 分段拼接等流程复杂，新业务上线周期长，影响市场响应速度。

- 网络运维难度大：多网络并存、结构复杂导致运维难度大，且光纤中断、业务质量不可视等问题频发，缺乏有效的故障定位与快速恢复机制。

2. 解决方案

iMaster NCE 云网自动化解决方案基于 IPv6、网络切片、SRv6、IFIT 等关键技术，具备确定可信、快速开通、超高可靠、智慧服务等特点。如图 5-9 所示，云网自动化解决方案通过切片、SRv6、IFIT、集中管控、智能分析等一系列解决方案和能力，实现网络即服务。该方

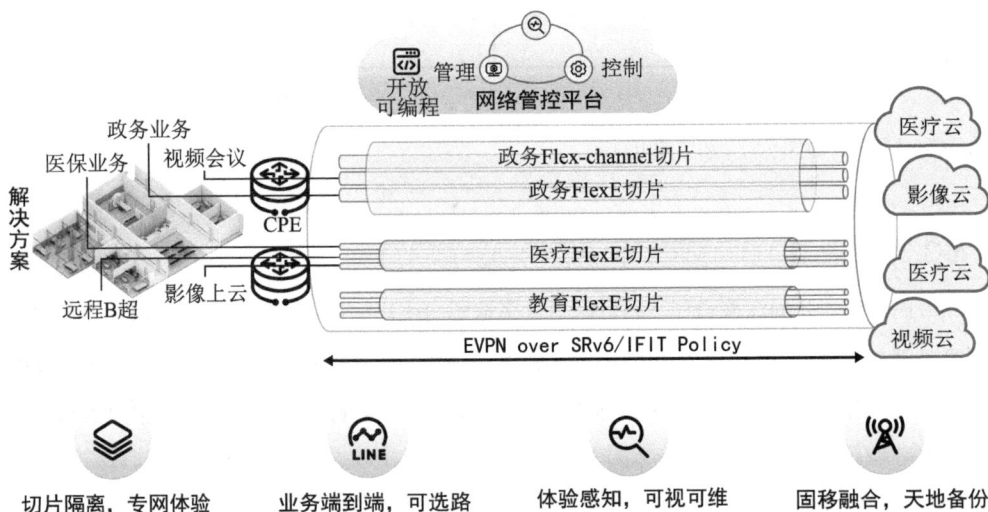

图 5-9　云网自动化解决方案

案将网络的数据和能力释放出来，嵌入运营商的业务系统与业务流程之中，真正实现差异化业务体验保障、业务一站式自助开通和智能化运维体验。

差异化业务体验保障：iMaster NCE 网络数字地图基于业务意图匹配计算最优路径，通过20+ 多因子算法实现秒级算路，满足差异化的业务 SLA 保障需求；切片配置极简下发，业务无损情况下弹性扩缩容，实现关键业务独享车道，保障用户的 SLA。

业务一站式自助开通：通过简化配置下发流程，实现 CPE 即插即用。上线时间由 3h 缩短到 10min；SRv6 一跳直达，免协议拼接，海量终端一点接入；iMaster NCE 北向能力开放，与运营商 OB（Operational Business，运营业务）域深度集成，实现了全业务一站式线上订购。

智能化运维体验：iMaster NCE 实时监测分析网络 8 万 +KPI，对专线业务质量进行实时可视分析，分钟级还原业务路径，故障定界、定位时间从天级缩短到分钟级。同时，结合网络数字地图自动调优功能，自动计算并下发新业务路径，为用户提供近似无感的业务恢复服务。

3. 客户收益

自部署 iMaster NCE 云网自动化解决方案以来，客户取得了显著的收益。

收益一，业务创新与收入增长：成功开通切片专线超过 1000 条，推出多样化的 2B 5G 切片专线产品，助力客户实现业务创新与收入增长，累计增收达数千万元。

收益二，标杆项目孵化：在政务外网、电子警察等多个领域孵化出标杆项目，展示了解决方案的广泛应用价值，特别是国内首个 5G IPv6 单栈试验的商用落地，标志着 IPv6 商业闭环的实现。

收益三，数字化转型加速：该方案已在集团多个省分公司成功部署，为千行百业提供差异化的网络服务，推动了信息化与数字化的深度融合。通过构建坚实的数字底座，为经济社会的高质量发展提供了有力支撑。

5.6 基于 SRv6 智能路径优化技术的业务保障

由于近些年全球经营环境转变所带来的机遇，数字金融、在线教育、远程医疗、智能物流、智能矿业等"非接触经济"全面提速，为经济发展提供了新路径，使经济发展方向快速向数字化和信息化转变。鉴于全球数字化进程加速，客户认识到随着人们的日常工作与生活首次由线下转变为线上，运营商将迎来巨大的数字化服务机遇。

客户始终致力于提供具有最佳用户体验的移动网络，正式发布了"AMBITION 2025"战略，围绕其"连接"+"平台"优势，全面发展数字化业务，为用户提供更敏捷、更灵活、更优质的服务。

1. 项目背景

为了满足未来网络服务需求，客户致力于产品 TTM 的缩短、卓越的用户网络体验及低成本、高效的运营。虽然通过灵活的网络架构以及带宽按需分配等应用，客户已经把 TTM 从几个月缩短到几天，提升了服务质量，降低了成本，减少了投诉。但不可忽视的是，客户 IP 网络的发展仍然面临 3 个巨大的挑战。

挑战一，流量与网络规模的爆炸性增长。随着 LTE 的成熟、普及与 5G 的初步部署，每年新增的基站数量以千计，加之移动网络逐步承担起家庭宽带业务的重任，网络数据流量呈现指数级增长态势，年增长率翻倍。这种快速增长对网络的承载能力和扩展性提出了更高要求。

挑战二，突发事件应对能力的迫切需求。频发的停电、光纤断裂乃至站点故障等突发事件，不仅考验着网络的稳定性，更对业务连续性和用户体验构成了严重威胁。如何在有限的资源投入下迅速恢复业务，最大限度减少突发事件对用户体验的影响，成为亟待解决的问题。

挑战三，用户体验需求的持续升级。近些年由于远程办公、在线会议、在线教育及电子商务等应用的普及，用户对网络服务的依赖性日益增强，对网络的稳定性、可靠性和响应速度提出了近乎苛刻的要求。特别是在中东和非洲地区，子网传输资源不足与流量分布不均的问题尤为突出，流量模式变化及现场维护困难，进一步加剧了网络运营的复杂性。

2. 解决方案

为了应对新需求和新形势的挑战，客户启动自智网络框架构建计划，采用 TM Forum 《IG1252 自智网络分级评估方法论》的等级定义、评估方法、用例和成效指标等来评估自动驾驶网络的商业价值。如图 5-10 所示，在移动承载网中，为了充分发挥网络价值，保障用户体验，客户应用 A—A—D—E（感知—分析—决策—执行）方法，致力于打造自优、自愈、无拥塞的移动承载网。

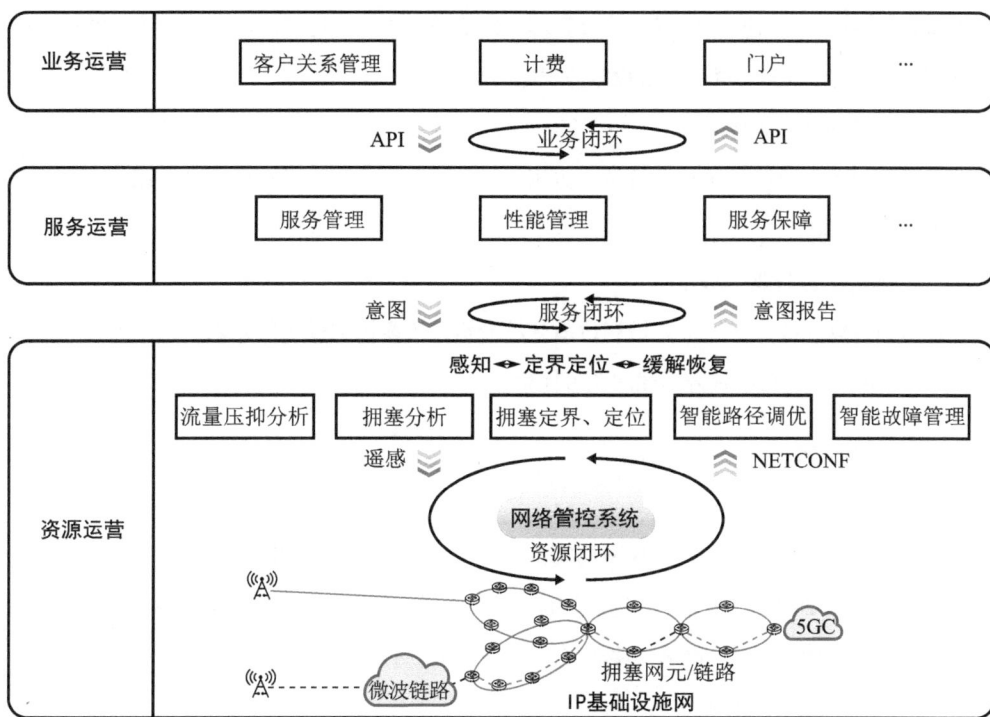

图 5-10 移动承载自智网络架构

（1）资源运营与资源闭环

流量压抑分析：在全网范围内实现无线流量压抑可视化，通过压抑区域比例排名、压抑流量量化显示等，指导网络精准优化投资，助力验证投资效果。

拥塞分析：为应对移动承载网质量劣化、带宽不足等导致的无线流量压抑情况，通过部署 TWAMP 等业务流和网络路径等质量测量方案，恢复移动承载网无线业务流量的真实转发路径，在线识别移动承载网拥塞瓶颈，精准指导扩容规划；为应对瞬时流量激增导致的无线流量压抑，iMaster NCE 自动启动实时高精度随流逐跳测量方案，精准识别质差业务，恢复端到端业务拓扑，并在 3min 内准确识别和定位服务 SLA 劣化情况。

拥塞定界、定位：通过 TWAMP 识别质差的微波段和承载网的拥塞点。

智能路径调优：结合 SRv6 智能路径优化能力，iMaster NCE 支持超过 15 种因子的智能路径计算和分钟级流量调度，精确调整网络路径，平衡网络流量分布，实现网络拥塞的分钟级自动优化。

智能故障管理：针对设备转发、链路或接口故障、降级、路径失效等网络问题导致的意外拥塞，iMaster NCE 通过 AI 智能故障管理，自动关联原因，提供故障处理建议，并根据排障计划，快速排除故障，并自动处理故障引起的拥塞。

（2）服务运营与服务闭环

通过移动承载网流量压抑分析解决方案，实现服务可视化、可管理、可承诺，为用户提供确定性服务体验。

（3）业务运营与业务闭环

运营商持续开展流量压抑分析和价值区域分析，快速识别投资优先级，根据扩容和修复建议进行精准投资，持续提升承载网业务体验。

3. 客户收益

（1）精准扩容与流量增长

通过流量压抑模型持续分析现网拥塞情况，运用该分析结果精准指导扩容规划，日均流量压抑率下降约 28%。部署 SRv6 智能调优方案后，约 91% 的基站服务质量显著提升，日均流量从 370.4GB 增加至 427.6GB，移动流量增长达到 15.4%。

（2）网络稳定性与效率提升

引入华为 iMaster NCE 后，网络规划阶段利用仿真分析功能，确保新业务部署不影响现有业务，简化业务发放操作。通过 iMaster NCE 的 IP 网络智能调优功能，实现网络流量实时监控和自动调度，网络拥塞解除时间从几小时缩短至几分钟，平均带宽利用率提升约 30%，在保障用户体验的同时，显著提升了网络运营效率。

5.7 基于 IP 流量优化技术的 SLA 调优

1. 项目背景

随着 5G 和上云业务的快速发展，消费者享受到了更佳的体验，多样化的业务 SLA 需求对网络提出了更高标准。当前，客户骨干网出口的流量依赖于人工运维和调整，这不仅难度大、响应慢，而且难以满足 VR、AR 等新兴互联网交互类应用对网络带宽和时延的高标准要求。此外，网络中的突发流量也带来了更多的不确定性和挑战。为了应对这些挑战，需解决以下几个关键问题：在消费者获得更佳体验的背后，业务的 SLA 多样化诉求也对网络提出了更高的要求；客户骨干网出口的流量依靠人工进行运维和调整，难度大、时效低，无法应对

VR、AR等互联网交互类应用对网络带宽、时延提出的更高质量要求。网络中的突发流量也给网络带来更多的不确定性，当前需要解决以下两个问题。

问题一：网络运维数字化和智能化不足。全网1200多条链路的时延和带宽等信息不可视，需要通过人工来调整业务路径，配置过程复杂且耗时长。

问题二：高价值用户体验难保障。由于光纤路径长短不一，不同链路的时延差异可能达到10ms，这导致高价值业务的时延体验不稳定。在链路出现故障或拥塞，造成负载过高和业务质量下降时，现有网络难以及时感知，且质量劣化后的调整依赖人工操作，响应时效性差，难以持续保证业务质量。

2. 解决方案

iMaster NCE通过其网络感知与智能调度能力，构建SRv6商用低时延平面，并通过高清网络数字地图、多因子组合算路和全网隧道自动调度等实现资源呈现和统一控制，进而实现自动化和智能化的一键式调优，提升自动驾驶网络等级。

（1）高清网络数字地图

传统网络性能测量依赖人工部署，准确率和效率始终是网络运维人员的痛点。IP网络数字地图通过BGP-LS、BMP等标准协议，实现多厂商网络设备物理资源、切片、隧道、路由、VPN业务、应用等数据的实时采集；同时基于分布式网络性能采集框架，实时采集、呈现超大规模网络的时延、带宽、丢包、能耗等多维指标，帮助用户看清全网，识别业务绕行等问题。运维人员可以轻松掌握网络全局状况，快速定位问题。

（2）多因子组合算路

支持超过15种算路因子的灵活组合，根据用户的具体SLA需求，自动规划最优路径，确保业务传输的高效与稳定。

（3）全网隧道自动调度

实现网络故障的实时监控与主动识别，一旦检测到链路质量劣化或故障，就立即触发自动调优机制，确保业务连续性和用户体验。

3. 客户收益

经过约两年的规划、建设，截至目前，SRv6商用低时延平面已覆盖客户20套核心设备和112条省干传输链路，覆盖面达87%，支撑未来网络机会空间，客户收益如下。

（1）全网状况实时可视

通过网络数字地图技术，实时采集中国移动互联网省网流量、链路时延、带宽利用率等 KPI，进行可视化呈现，秒级感知网络变化，业务评估时间从小时级缩短至分钟级。从传统的人工测量、静态调整、人工维护大量策略路由，向系统实时监测、自动感知业务质量劣化、分钟级调整业务的最优路径方向演进，总体运维效率提升约 30%。

（2）高价值用户体验可保障

整体业务时延优化率达 40% 以上。根据相关部委通报结果，用户平均时延性能从长期劣于竞争对手到大幅领先竞争对手，流量疏导时间从小时级优化至分钟级，实现业务 SLA 可保障。其中游戏业务、SD-WAN（Software-Defined Wide Area Network，软件定义广域网）业务及 DNS（Domain Name System，域名系统）业务的时延优化效果如下。

- 游戏业务：本项目成功落地后，用户所在省内各地市的游戏业务平均链路时延由 11.63ms 优化到 5.16ms，交互式游戏时延体验得到大幅提升。

- SD-WAN 业务：用户访问新国标 SD-WAN 游戏业务时延由 122.37ms 缩短到 113.56ms，访问旧国标 SD-WAN 游戏业务时延由 170.78ms 缩短到 167.1ms。

- DNS 业务：针对家宽用户访问 DNS 的关键痛点，用 SRv6 低时延隧道做专项优化。经过对选定网址进行实际测试，实际时延由 11.39ms 优化到 3.6ms，时延性能提升约 68%。

第**6**章

IP 自动驾驶网络的未来展望

随着科技的发展，网络技术正进入一个高度智能化、自动化的新时代。6G 和自动驾驶网络的兴起，为我们描绘了一幅未来 IP 承载网的愿景。在这个愿景中，网络不再只是传输数据的"管道"，而是一个具有自主决策和自我优化能力的智能系统。通过融合机器学习和大数据分析等前沿技术，未来的 IP 承载网将具备实时感知网络状态、预测潜在问题，并自主调整资源分配的能力。它将以更加灵活、动态的方式应对复杂的业务需求和网络环境变化，从而提供更高效、更可靠的网络服务支持。随着 6G 时代的到来，网络的角色将进一步升级，成为具备智能感知、自动调度能力，并且能够实现全局优化的关键基础设施，为超低时延、高带宽和大规模连接的应用场景提供坚实支撑。这不仅是网络技术的一次飞跃，也是数字化社会迈向智能化未来的重要一步。让我们一同畅想这个激动人心的未来。

完全自动化与自治

未来的 IP 自动驾驶网络将具备近乎完全自动化的能力。网络设备之间将能够自动协作，形成自组织的网络结构。这个网络不仅能自动配置、优化，还能在出现故障时自动处理。这意味着网络管理员可以从繁重的日常维护工作中解放出来，将精力集中在更具战略性的任务上。

在自动驾驶网络的场景中，应用与网络的交互将变得无缝而高效。应用可以随时按需调用网络资源，同时，网络也持续保障着应用的运行质量。这种智能化的网络作为万物互联的核心基础设施，为人类提供可靠、绿色、高效的通信解决方案。

智能边缘与分布式计算

随着 6G 的到来，边缘计算将成为未来网络的重要组成部分。未来的 IP 承载网将不仅依赖于中心化的数据中心，还会在网络的边缘部署强大的计算能力。这种智能边缘计算能够支持智能城市、智能制造、物联网和智能装备的实时需求。例如，在未来的智能城市中，路灯可以与网络设备协同工作，通过传感器收集数据，帮助管理者优化能源消耗情况，甚至可以在检测到异常时发出警报。

分布式计算将使得网络中的每个节点都具备智能决策的能力，网络不再是一个静态的系统，而是一个动态、自我调节的生态系统。

无缝连接与全时覆盖

未来的 IP 自动驾驶网络将提供无缝连接，无论用户在哪里，都能保持稳定的网络连接。

6G 的超高速传输和广泛覆盖将确保无缝的全球连接。你可以想象这样一个世界：在遥远的农村地区，智能农业设备能够通过网络实时监控作物的生长情况，并自动调整灌溉和施肥方案。

全时覆盖意味着即使在高速移动空间中，网络连接仍然稳定、可靠。无论是乘坐高速列车，还是乘坐飞机，未来的 IP 承载网都能确保通信的顺畅。这将彻底改变我们的工作和生活方式，让我们能够随时随地连接到全球的知识和资源。

强化安全与隐私保护

随着网络自动化和智能化的增强，安全和隐私保护将成为未来 IP 承载网的重要特征。自动驾驶网络中的设备将具备高级的安全机制，利用 AI 进行实时监控，识别并抵御网络攻击。数据加密和多因素身份验证将成为标准配置，确保用户数据的安全。

想象一下，未来的智能家居系统可以自动识别家庭成员，并根据他们的偏好调整温度和照明，同时确保未经授权的人员无法访问网络。这种增强的安全特性将为用户提供更多的信任感，使他们能够更加安心地使用网络服务。

可持续性与环境友好

未来的 IP 自动驾驶网络将更加关注可持续性与环境友好。随着公众环保意识的增强，网络设备和基础设施将采用更节能的设计，减少能源消耗和碳排放。网络管理系统将具备智能节能功能，根据流量需求动态调整资源配置，以最大限度地减少能源浪费。

在未来的 IP 自动驾驶网络中，人、网络运营管理系统和网络设备的角色也将发生显著变化。

人的角色

随着网络自动化程度的提高，人的角色将从直接操作转向监督和战略规划。网络工程师将不再主要负责手动配置网络设备，而是通过高级工具和系统来管理网络。这意味着他们需要具备更多的 AI、数据分析和业务等方面的相关知识。工程师们将专注于网络策略和架构设计，而不是日常操作。

同时，人类决策者将承担更大的责任，确保网络系统的稳定性和安全性。跨团队和跨学科的协作也将变得更加重要，网络工程师需要与数据科学家、业务人员和安全专家等紧密合作。

网络运营管理系统

网络运营管理系统是未来 IP 自动驾驶网络的核心。该系统将变得更加智能化和自动化，借助 AI 实现自动配置、性能优化和故障诊断等。基于意图的网络管理将成为主流，网络管理员可以用自然语言描述网络目标，系统自动将其转换为具体的配置。

网络运营管理系统还需要更强的实时监控和快速响应能力，能够即时检测和应对网络异常。此外，网络运营管理系统将越来越多地集成数据可视化工具，帮助工程师更好地理解网络的状态和行为。

网络设备

网络设备的演进同样至关重要。未来的网络设备将具备更高的性能，能够支持 6G 通信和高速传输。此外，网络设备将具备边缘智能，可以自主组网，完成本地流量调度，实现更高的可靠性。同时，网络设备需要更强的安全机制，实时识别攻击和恶意流量，并第一时间阻断和隔离。

在这个未来愿景中，IP 自动驾驶网络不仅是一个技术系统，更是一个能够与人类社会、自然环境和全球经济等协同发展的生态系统。它将推动我们进入一个无缝连接、智能协作的时代，支持更灵活的工作方式、创新的商业模式，以及更具可持续性的发展策略。随着科技不断演进，这个生态系统将为我们打造一个更加智慧、环保、高效的世界，让人类与技术的互动更加和谐，为未来的全球化和数字化转型提供强大的动力。

缩略语表

英文缩略语	英文全称	中文全称
2B	To Business	面向企业
3GPP	3rd Generation Partnership Project	第三代合作伙伴计划
5GC	5G Core Network	5G 核心网
ACC	Access Node	接入节点
ACID	Atomicity, Consistency, Isolation, Durability	原子性、一致性、隔离性和持久性
ACL	Access Control List	访问控制列表
AGG	Aggregation Node	汇聚节点
AGS	Access Gateway Server	接入网关服务器
AI	Artificial Intelligence	人工智能
AMF	Access and Mobility Management Function	接入和移动性管理功能
AN	Autonomous Networks	自智网络
ANE	Autonomous Networks Engine	自智网络引擎
ANIMA	Autonomic Networking Integrated Model and Approach	自主网络集成模型与方法
ANN	Approximate Nearest Neighbor	近似最近邻
ANP	Autonomous Networks Project	自智网络项目
API	Application Program Interface	应用程序接口
APN	Application-aware Networking	应用感知网络
APN6	Application-aware IPv6 Networking	应用感知的 IPv6 网络
APNID	Access Point Name ID	接入点名字代码
AR	Access Route	接入路由器
AR	Augmented Reality	增强现实
ARP	Address Resolution Protocol	地址解析协议

续表

英文缩略语	英文全称	中文全称
ARPANET	Advanced Research Projects Agency Network	高级研究规划局网络
AS	Autonomous System	自治系统
ASBR	Autonomous System Border Route	自治系统边界路由器
ASG	Aggregation Site Gateway	汇聚侧网关
ASIC	Application Specific Integrated Circuit	专用集成电路
ATM	Asynchronous Transfer Mode	异步传输方式
ATM	Automatic Teller Machine	自动柜员机
BA	Business Architecture	商业架构
BBU	Baseband Unit	基带单元
BFD	Bidirectional Forwarding Detection	双向转发检测
BGP	Border Gateway Protocol	边界网关协议
BGP-LS	Border Gateway Protocol-Link State	BGP 链路状态
BIOS	Basic Input/Output System	基本输入输出系统
BMP	BGP Monitoring Protocol	BGP 监控协议
BNG	Broadband Network Gateway	宽带网络网关
BoD	Bandwidth on Demand	按需分配带宽
BRAS	Broadband Remote Access Server	宽带接入服务器
BSC	Base Station Controller	基站控制器
BSP	Board Support Package	板级支撑包
BSS	Business Support System	业务支撑系统
BTS	Base Transceiver Station	基站收发台
BTV	Broadcast TV	视频广播
CAPEX	Capital Expenditure	资本性支出
CCSA	China Communications Standards Association	中国通信标准化协会
CDN	Content Delivery Network	内容分发网络

英文缩略语	英文全称	中文全称
CE	Customer Edge	客户边缘设备
CLI	Command Line Interface	命令行接口
CMN	Coherent Mesh Network	相干网格网络
CMNET	China Mobile Network	中国移动互联网
CORBA	Common Object Request Broker Architecture	通用对象请求代理体系结构
CoT	Chain of Thought	思维链
CPE	Customer Premise Equipment	客户处所设备
CPU	Central Processing Unit	中央处理器
CPV	Control Plane Verification	控制面验证
CR	Core Route	核心路由器
CSG	Cell Site Gateway	基站侧网关
CSPF	Constrained Shortest Path First	基于约束的最短通路优先
DARPA	Defense Advanced Research Projects Agency	美国国防高级研究计划局
DB	Database	数据库
DC	Data Center	数据中心
DCI	Data Center Interconnect	数据中心互联
DD	Detailed Design	详细设计
DDD	Domain-Driven Design	领域驱动设计
DDoS	Distributed Denial of Service	分布式拒绝服务
DHCP	Dynamic Host Configuration Protocol	动态主机配置协议
DiffServ	Differentiated Service	区分服务
DNS	Domain Name System	域名系统
DoS	Denial of Service	拒绝服务
DPV	Data Plane Verification	数据面验证
DSCP	Differentiated Services Code Point	区分服务码点

英文缩略语	英文全称	中文全称
DSV	Delivery Service Vendor	交付服务供应商
DTO	Digital Twin of an Organization	组织数字孪生
E2E	End-to-End	端到端
EANTC	European Advanced Networking Test Center	欧洲高级网络测试中心
ECA	Event-Condition-Action	事件－条件－动作
Edge DC	Edge Data Center	边缘数据中心
EDNS	Expected Demand Not Served	未满足的预期需求
eMBB	Enhanced Mobile Broadband	增强移动宽带
EML	Element Management Layer	网元管理层
EMS	Element Manager System	网元管理系统
ENI ISG	Experiential Networked Intelligence Industry Specification Group	体验式网络智能行业规范工作组
EPC	Evolved Packet Core	演进型分组核心网
ER	Edge Router	边缘路由器
ESN	Electronic Serial Number	电子序列号码
ETSI	European Telecommunications Standards Institute	欧洲电信标准组织
EVPN	Ethernet VPN	以太网虚拟专用网络
FCAPS	Fault, Configuration, Accounting, Performance, Security	故障、配置、计费、性能和安全
FIB	Forwarding Information Base	转发信息库
FRR	Fast Reroute	快速重路由
FTP	File Transfer Protocol	文件传输协议
GFS	Google File System	Google 文件系统
GIS	Geographic Information System	地理信息系统
GPB	Google Protocol Buffer	Google 混合语言数据标准
GPT	Generative Pre-Trained Transformer	生成式预训练模型

续表

英文缩略语	英文全称	中文全称
GRPC	Google Remote Procedure Call	Google 远程过程调用
GSM	Global System for Mobile Communications	全球移动通信系统
GSMA	GSM Association	全球移动通信系统协会
GUB	Green Ultra-Broadband	绿色超宽
HA	High Availability	高可用性
HAL	Hardware-Abstraction Layer	硬件抽象层
HCS	Harmonized Communication and Sensing	通信感知融合
HDFS	Hadoop Distributed File System	Hadoop 分布式文件系统
HLD	High-Level Design	概要设计
HMI	Heterogeneous Wide-Area Internet of Things	广域异构物联
HRL	High Resilience & Low Latency	高韧性低时延
HSB	Hot Standby	热备份
HSI	High Speed Internet	高速上网
HTTP	Hypertext Transfer Protocol	超文本传输协议
HTTPS	Hypertext Transfer Protocol Secure	超文本传输安全协议
ICT	Information and Communication Technology	信息通信技术
IDC	Internet Data Center	互联网数据中心
IDS	Intrusion Detection System	入侵检测系统
IETF	Internet Engineering Task Force	因特网工程任务组
IFIT	In-situ Flow Information Telemetry	随流检测
IGMP	Internet Group Management Protocol	互联网组管理协议
IGP	Interior Gateway Protocol	内部网关协议
IGW	International Gateway	国际网关
IntServ	Integrated Service	综合服务
IOAM	In-band Operation, Administration, and Maintenance	带内操作、管理和维护

英文缩略语	英文全称	中文全称
IoT	Internet of Things	物联网
IP	Intellectual Property	知识产权
IP	Internet Protocol	互联网协议
IP RAN	IP Radio Access Network	IP 化的无线电接入网
IPNetGraph	IP Network Graph	IP 网图
IPPM	IP Performance Measurement	IP 性能测量
IPS	Intrusion Prevention System	入侵防御系统
IPTV	Internet Protocol Television	互联网电视
IPv4	Internet Protocol version 4	第 4 版互联网协议
IPv6	Internet Protocol version 6	第 6 版互联网协议
IRTF	Internet Research Task Force	因特网研究任务部
IS-IS	Intermediate System to Intermediate System	中间系统到中间系统
ISP	Internet Service Provider	互联网服务提供商
ISV	Integration Service Vendor	集成服务供应商
IT	Information Technology	信息技术
ITU-T	International Telecommunication Union-Telecommunication Standardization Sector	国际电信联盟 – 电信标准化部门
IVY	Network Inventory YANG	网络存量 YANG 模型
KPI	Key Performance Indicator	关键性能指标
L2VPN	Layer 2 Virtual Private Network	二层虚拟专用网
L3VPN	Layer 3 Virtual Private Network	三层虚拟专用网
LDP	Label Distribution Protocol	标记分配协议
LLD	Low-Level Design	详细设计
LLM	Large Language Model	大语言模型
LPU	Line Processing Unit	线路板

续表

英文缩略语	英文全称	中文全称
LSM-Tree	Log Structured Merge Tree	LSM 树
LTE	Long Term Evolution	长期演进技术
MANRS	Mutually Agreed Norms for Routing Security	路由安全的共同协议规范
MC	Metro Core	城域核心节点
MEC	Mobile Edge Computing	移动边缘计算
MIMO	Multiple-Input Multiple-Output	多输入多输出
MME	Mobility Management Entity	移动性管理实体
mMTC	massive Machine Type Communications	大规模机器通信
MNA	Multi-Domain Network AI	跨域网络智能化
MO	Managed Object	管理对象
MOP	Method of Procedure	实施方案文档
MPLS	Multi-Protocol Label Switching	多协议标记交换
MPLS TE	Multi-Protocol Label Switching Traffic Engineering	基于 MPLS 的流量工程
MPLS TP	Multi-Protocol Label Switching−Transport Profile	多协议标记交换 – 传送子集
MPU	Main Processing Unit	主控板
MSTP	Multi-Service Transport Platform	多业务传送平台
MTTR	Mean Time To Repair	平均维修时间
MTU	Maximum Transmission Unit	最大传输单元
Multi-SDO	Multi-Standards Development Organization	多方标准组织
NaaS	Network as a Service	网络即服务
NACM	NETCONF Access Control Model	NETCONF 访问控制模型
NAT	Network Address Translation	网络地址转换
NDP	Near-Data Processing	近数据处理
NE	Net Element	网元
NETCONF	Network Configuration Protocol	网络配置协议

续表

英文缩略语	英文全称	中文全称
NETMOD	Network Model	网络模型
NFV	Network Functions Virtualization	网络功能虚拟化
NG MVPN	Next-Generation Multicast VPN	下一代组播 VPN
NGC	Next Generation Core	下一代核心网
NGMN	Next Generation Mobile Networks Alliance	下一代移动网络联盟
NL	Natural Language	自然语言
NL2SQL	Natural Language to Structure Query Language	自然语言转换为 SQL
NLP	Natural Language Processing	自然语言处理
NLRI	Network Layer Reachability Information	网络层可达信息
NMDA	Network Management Datastore Architecture	网络管理数据存储架构
NML	Network Management Layer	网络管理层
NMOP	Network Management Operations	网络管理运维
NMRG	Network Management Research Group	网络管理研究组
NMS	Network Management System	网络管理体系
NoC	Network on Chip	片上网络
NOC	Network Operations Center	网络运行中心
NP	Network Processor	网络处理机
NPE	Network Provider Edge	网络侧运营商边缘设备
NQA	Network Quality Analyzer	网络质量分析
NR	New Radio	新空口
NSFNET	National Science Foundation Network	美国国家科学基金会网络
OA	Office Automatic	办公自动化
OAM	Operation, Administration, and Maintenance	操作、管理和维护
OB	Operational Business	运营业务
OLAP	Online Analytical Processing	联机分析处理

英文缩略语	英文全称	中文全称
OLT	Optical Line Terminal	光线路终端
OLTP	Online Transaction Processing	联机事务处理
OMC	Operation and Maintenance Center	操作维护中心
ONT	Optical Network Terminal	光网络终端
OOD	Object-Orienting Design	面向对象设计
OPEX	Operation Expenditure	营运支出
OPS	Operations	运维
OPS Area	Operations and Management Area	运营与管理领域
OPSAWG	Operations and Management Area Working Group	运维管理域工作组
OSPF	Open Shortest Path First	开放最短通路优先协议
OSS	Operational Support System	运行支撑系统
P	Provider	设备
PA	Policy Administrator	策略管理
PC	Personal Computer	个人计算机
PCEP	Path Computation Element Protocol	路径计算单元协议
PD	Preliminary Design	概要设计
PE	Policy Engine	策略引擎
PE	Provider Edge	运营商边缘
PEP	Policy Enforcement Point	策略执行点
PIM	Protocol Independent Multicast	协议无关多播
POP	Point of Presence	因特网接入点
POS	Point of Sale	电子付款机
PPPoE	Point-to-Point Protocol over Ethernet	以太网承载 PPP
PTN	Packet Transport Network	分组传送网
PW	Pseudowire	伪线

续表

英文缩略语	英文全称	中文全称
PWE3	Pseudowire Emulation Edge-to-Edge	端到端伪线仿真
QoS	Quality of Service	服务质量
RAG	Retrieval-Augmented Generation	检索增强生成
RAN	Radio Access Network	无线电接入网
RDBMS	Relational Database Management System	关系数据库管理系统
RIP	Routing Information Protocol	路由信息协议
RNC	Radio Network Controller	无线网络控制器
RPC	Remote Procedure Call	远程过程调用
RPD	Routing Policy Distribution	路由策略发布
RR	Route Reflector	路由反射器
RSG	Radio Service Gateway	无线业务侧网关
RSVP	Resource Reservation Protocol	资源预留协议
RTBC	Real-Time Broadband Communication	实时宽带交互
RTOS	Real-Time Operating System	实时操作系统
S-GW	Serving Gateway	服务网关
SA	Service Aware	服务感知
SaaS	Software as a Service	软件即服务
SAFI	Subsequent Address Family Identifiers	子地址族标识符
SAV	Source Address Verification	源地址校验
SAVE	Source Address Validation Everywhere	无处不在的源地址验证
SAVNET	Source Address Validation Network	源地址验证网络
SD-WAN	Software-Defined Wide Area Network	软件定义广域网络
SDH	Synchronous Digital Hierarchy	同步数字体系
SDN	Software Defined Network	软件定义网络
	Supervised Fine-Tuning	监督微调

续表

英文缩略语	英文全称	中文全称
SFU	Switch Fabric Unit	交换网板
SID	Segment ID	段 ID 标签
SLA	Service Level Agreement	服务等级协定
SMF	Session Management Function	会话管理功能
SND	Specific NE Driver	特定设备驱动
SNMP	Simple Network Management Protocol	简单网络管理协议
SOAR	Security Orchestration, Automation and Response	安全编排、自动化与响应
SOC	Security Operation Center	安全运营中心
SoC	System on Chip	单片系统
SPE	Superstratum Provider Edge	上层运营商边缘设备
SPN	Slicing Packet Network	切片分组网
SQL	Structure Query Language	结构查询语言
SR	Segment Routing	分段路由
SRLG	Shared Risk Link Group	共享风险链路组
SRv6	Segment Routing over IPv6	基于 IPv6 的段路由
SSH	Secure Shell	安全外壳
SSM	Synchronization Status Message	同步状态信息
SSP	Specific Service Plugin	特定业务插件
SYN	Synchronize Sequence Numbers	同步序列编号
TA	Technical Architecture	技术架构
TAZ	Traffic Autonomous Zone	流量自治域
TCP	Transmission Control Protocol	传输控制协议
TDD	Time-Division Duplex	时分双工
TDM	Time Division Multiplexing	时分多路复用
TFTP	Trivial File Transfer Protocol	简单文件传输协议

英文缩略语	英文全称	中文全称
TLS	Transport Layer Security	传输层安全协议
TLV	Type-Length-Value	类型 – 长度 – 值
TM Forum	TeleManagement Forum	电信管理论坛
TOGAF	The Open Group Architecture Framework	开放组架构框架
TOPN	TOP N Analysis	前 N 项分析
TSDB	Time-Series Database	时间序列数据库
TTM	Time to Market	上市时间
TWAMP	Two-Way Active Measurement Protocol	双向主动测量协议
UBBF	Ultra-Broadband Forum	全球超宽带高峰论坛
UCBC	Uplink Centric Broadband Communication	上行超宽带
UCMP	Unequal Cost Multiple Path	非等值负载分担
UDP	User Datagram Protocol	用户数据报协议
UE	User Equipment	用户设备
UI	User Interface	用户界面
UPE	User-End Provider Edge	用户侧运营商边缘设备
UPF	User Plane Function	用户面功能
uRLLC	Ultra Reliable and Low Latency Communications	超可靠低时延通信
uRPF	unicast Reverse Path Forwarding	单播反向路由转发
UTN	Ubiquitous Trustworthy Network	泛在网络安全
VCID	Virtual Channel Identifier	虚拟通道标识
VDC	Virtual Data Center	虚拟化数据中心
VLAN	Virtual Local Area Network	虚拟局域网
VM	Virtual Machine	虚拟机
VOD	Video On Demand	视频点播
VoIP	Voice over IP	互联网电话

续表

英文缩略语	英文全称	中文全称
VoLTE	Voice over Long-Term Evolution	长期演进语音承载
VPC	Virtual Private Cloud	虚拟私有云
VPN	Virtual Private Network	虚拟专用网络
VR	Virtual Reality	虚拟现实
VRF	Virtual Routing Forwarding	虚拟路由转发
VTM	Virtual Teller Machine	虚拟柜员机
WAN	Wide Area Network	广域网
Wi-Fi	Wireless Fidelity	无线保真
WORM	Write Once Read Many	一次写多次读
WWW	World Wide Web	万维网
XR	Extended Reality	扩展现实
XML	Extensible Markup Language	可扩展标记语言
YANG	Yet Another Next Generation	下一代数据建模语言
ZKFC	ZooKeeper Failover Controller	ZK 故障转移控制器
ZSM	Zero-touch network and Service Management	零接触网络和服务管理

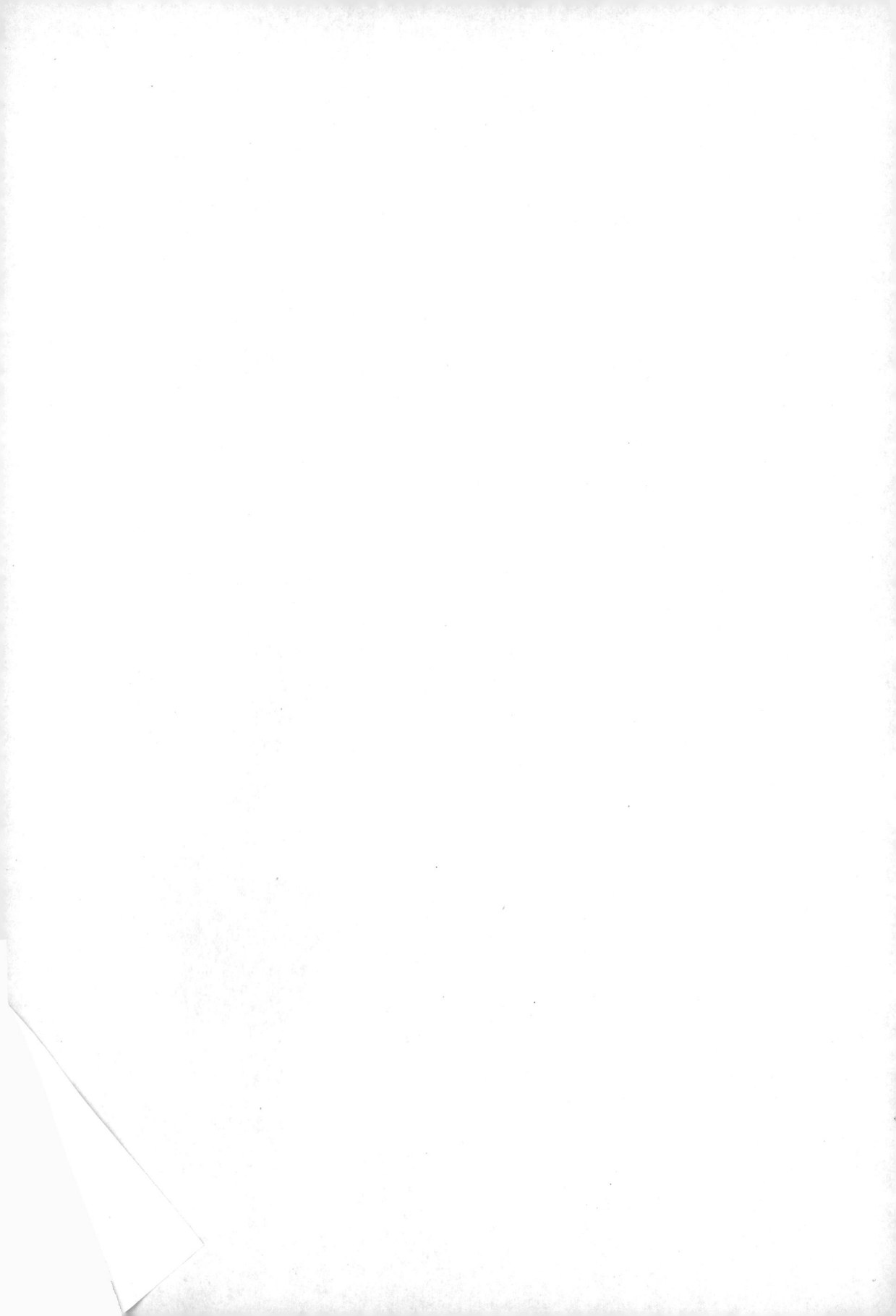